Minha cozinha em Berlim

Luisa Weiss

Minha cozinha em Berlim

Uma história de amor com receitas

Tradução:
Juliana Romeiro

Consultoria gastronômica:
Flavia G. Pantoja

ZAHAR

Para Max

Título original:
My Berlin Kitchen
(A Love History (with Recipes))

Tradução autorizada da primeira edição americana, publicada em 2012 por Viking Penguin, uma divisão de Penguin Group (USA) Inc., de Nova York, Estados Unidos

Jorge Zahar Editor Ltda.
rua Marquês de S. Vicente 99 – 1º | 22451-041 Rio de Janeiro, RJ
tel (21) 2529-4750 | fax (21) 2529-4787
editora@zahar.com.br | www.zahar.com.br

Grafia atualizada respeitando o novo Acordo Ortográfico da Língua Portuguesa

Preparação: Sandra Brazil | Revisão: Eduardo Monteiro, Mariana Oliveira
Indexação: Gabriella Russano | Capa: Bruna Benvegnù sobre arte de Roseanne Serra
Foto da capa: © Jördis Anderson | Fotos da quarta-capa: © Luisa Weiss

CIP-Brasil. Catalogação na publicação
Sindicato Nacional dos Editores de Livros, RJ

Weiss, Luisa
W456m Minha cozinha em Berlim: uma história de amor com receitas/Luisa Weiss; tradução Juliana Romeiro; consultoria gastronômica Flavia G. Pantoja. – 1.ed. – Rio de Janeiro: Zahar, 2013.

Tradução de: My Berlin kitchen: a love history (with recipes)
Inclui índice
ISBN 978-85-378-1143-6

1. Weiss, Luisa. 2. Culinária – Alemanha – Biografia. 3. Culinária – Aspectos psicológicos. 4. Culinária. I. Título.

CDD: 926.415
13-04697 CDU: 929:641.5

Sumário

A coisa mais importante que você aprenderá é
simplesmente amar e ser amado em troca.

Eden Ahbez

Introdução

Uma ilhazinha estranha

Aprendi a cozinhar antes de muita gente, quando era adolescente – mas não tão nova quanto Maria, uma fazendeira italiana que conheço, que foi enviada para trabalhar com uma família rica quando ainda era criança e, aos sete anos de idade, tinha de subir numa cadeira para alcançar a mesa onde abria a massa de macarrão que preparava para a família todos os dias. Minha jornada na cozinha teve um caminho muito mais suave.

Antes de aprender a cozinhar, eu fazia bolos. Minha mãe, que preferia ir ao dentista uma vez por semana fazer uma sessão de limpeza a ter que se encarregar do jantar, tinha um velho livro de receitas, sem capa e com um coração estampado na lombada. Na folha de rosto, o coração estava coberto pelas palavras "The Way to a Man's Heart" [Como conquistar o coração de um homem]. Ora, eu não sabia muito sobre *isso*, o que eu sabia era que *The Settlement Cook Book* [O livro de receitas da conciliação], com esse título tão sensível e de espírito pioneiro, me fazia lembrar de um ídolo: Laura Ingalls Wilder, cujos livros foram meus fiéis companheiros de infância.

Eu os lia na cama, antes de dormir, e os folheava com entusiasmo durante o dia. Sonhava com os bolos de aniversário que faria para cada um de meus amigos. E, então, ansiosa pelos resultados, me ocupava na cozinha, preparando um Bolo com Calda de Maçã e um Bolo de Chocolate Rápido de uma Tigela Só, aprendendo a derreter chocolate com manteiga na leiteira que minha mãe usava para esquentar o leite no café da manhã e como bater manteiga com açúcar até ficar igual a neve. Fazia *fudge* de chocolate, moldava biscoitos amanteigados, cheguei a fazer balas de caramelo, até que, numa tarde, minha mãe me encurralou na cozinha e, sem rodeios, mandou que eu *parasse* com aquilo.

Mas, como as mães bem sabem, é difícil se interpor entre um filho e a paixão que ele alimenta. E, para mim, cozinhar estava se tornando a única coisa que eu realmente amava fazer. Cozinhar e ler livros. Poucas atividades me davam tanto prazer quanto passar o tempo na cozinha, e assistir à manteiga fria e gordurosa se transformar em uma espuma cremosa e amarelada nas pás da batedeira elétrica, ver a massa pegajosa de bolo se transformar num doce aerado ou observar a massa de pão depois de ela crescer, macia e ligeiramente seca, e imaginá-la como a parte interna do braço da minha avó.

Quando fiz dezesseis anos, meu pai me deu um exemplar de *The Art of Fine Baking* [A arte da culinária de forno], que, além de ter deixado minha mãe em pânico, me ensinou a fazer *génoise* e *petits-fours* decorados com glacê rosa, massa folhada e suspiro. E, o melhor de tudo, talvez: ter instigado a ideia de que o desdém de minha mãe em relação a minhas empreitadas na cozinha não era generalizado.

Em meu caminho até a vida adulta, adquiri uma faca de cozinheiro de quinze centímetros, uma panela verde-escura de ferro fundido e a constatação crescente de que cozinhar não era apenas um modo de encher uma travessa de *brownies* ou de deixar uma cozinha com aroma de ensopado de carne. Estar na cozinha era meu jeito de evocar as pessoas e os lugares que eu mais amava no vapor que subia das panelas no fogo. E quando fui acometida pela doença rara e crônica conhecida como saudade, entendi que a cozinha seria minha salvação.

Nasci em Berlim, em 1977, na época em que ainda era conhecida como Berlim Ocidental. Naquele tempo, ainda era possível ver os buracos dos tiros de morteiro na fachada de muitos prédios, e o ar cheirava a fumaça de carvão. Alunos da Alemanha Ocidental torciam o nariz para as viagens obrigatórias que tinham de fazer a Berlim Ocidental. Para eles, a cidade era desagradável e muito distante, e demandava várias horas em um ônibus atravessando as planícies da Alemanha Oriental, além de terem de passar por postos de fronteira controlados por guardas de cara amarrada e sotaque engraçado.

Meu pai, um matemático da Filadélfia, e minha mãe, uma tradutora-intérprete vinda de Roma, se apaixonaram e se mudaram para Berlim no início dos anos 1970, quando Richard Nixon estava em seu primeiro mandato como presidente dos Estados Unidos e o Baader-Meinhof ainda era assunto de família. Meu pai queria fugir das universidades de Boston e encontrou um emprego temporário como professor em Berlim, e minha mãe, que ele tinha conhecido um ano antes num curso de alemão na Áustria, resolveu se juntar a ele. Ambos tinham vinte e poucos anos, e estavam prontos para uma aventura. Naquela época, Berlim Ocidental era uma ilhazinha estranha, seus bairros, repletos de soldados norte-americanos, franceses e ingleses, e o metrô, cheio de punks de cabelos espetados. A cidade era mantida pelas forças de ocupação e pelo governo da Alemanha Ocidental, que injetava dinheiro na Berlim Ocidental para manter o posto avançado sempre vibrante em contraste com o que havia do outro lado.

A princípio, os dois alugavam quartos de paredes finas em casas de senhoras rabugentas nos tranquilos bairros burgueses de Neu-Westend e Schmargendorf. Mas o ano que eles programaram passar em Berlim rapidamente se transformou em dois, e, em pouco tempo, eles decidiram ficar. Meu pai conseguiu um emprego no departamento de matemática da Universidade Livre, e minha mãe assumiu um cargo de tradutora no escritório da Comissão Europeia, como era conhecida na época. Eles encontraram um apartamento na Bamberger Strasse, no tranquilo bairro de Wilmersdorf, no coração da Berlim Ocidental. Numa das extremidades da rua, havia um salgueiro e uma série de prédios largos, construídos depois da guerra, e na outra ficava o prédio deles, uma construção verde-clara da virada do século, com portaria de mármore, corrimão de madeira lustrada e um buraco vazio de elevador. O apartamento ficava no terceiro andar. Tinha pé-direito alto, o quarto ficava num recuo sem janelas e a cozinha tinha vista para as árvores lá embaixo. Todas as ruas daquele pedaço de Wilmersdorf, conhecido como Bayerisches Viertel, ou quarteirão bávaro, tinham nome de cidades da Baviera. Antes da guerra, muitos judeus berlinenses moravam em Bayerisches Viertel, mas na época já não havia mais quase nenhum.

Meus pais fizeram muitos amigos – em geral, norte-americanos expatriados casados com alemães –, e eles se encontravam em partidas de *softball* ou em reuniões para discutir a campanha presidencial de George McGovern, de 1972. No entanto, à medida que o tempo passava e as amizades se intensificavam, os encontros que um dia tiveram um sincero cunho político se transformaram em tardes de bate-papo e fofoca alimentadas por litros de chá e biscoitos caseiros, para total decepção dos militares norte-americanos que grampearam as linhas de telefone dos envolvidos.

"Dá pra imaginar o *tédio* que devia ser a rotina daqueles caras, interceptando a gente?", dizia minha mãe, rindo. "Me ouvindo perguntar à *nonna* Adele como era a receita de berinjela à parmegiana ou marcando uma ida ao cinema com Ann?" Mas não havia nada de tedioso nas histórias que meus pais contavam da vida em Berlim. Era o vislumbre de um mundo que eu não conhecia, em que os dois ainda estavam juntos. Porque, na verdade, não conseguia me lembrar de uma época em que não estivessem separados.

A gravidez de minha mãe foi complicada e acabou mal. Como nasci duas semanas antes do tempo (de olhos arregalados e a cabeça repleta de cabelos), o médico de minha mãe, dr. Erich Saling – que era chefe da obstetrícia e especialista pediátrico da maternidade de Neukölln –, me mandou direto para a incubadora. A história de meu nascimento sempre esteve indissociavelmente ligada ao nome dele, pronunciado com reverência por minha mãe, como se ele fosse uma espécie de guardião do portal do mundo dos vivos.

Meu pai gostava de contar sobre a primeira vez que me vira, olhando para ele da incubadora, atenta e de cabelos pretos, em meio a bebês alemães carecas, rechonchudos e que dormiam. Ele nunca falou muito a respeito daquele dia, se atendo apenas à memória da filha se contorcendo, tão viva, tão ansiosa para sair para o mundo. Meus pais me chamaram Luisa, por causa da tia-avó de minha mãe, mas também porque esse nome era idêntico nas três línguas de nossa família: alemão, italiano e inglês.

Todos concordam que eu era uma criança tranquila; com seis semanas de vida já dormia a noite toda. Alguns meses depois, quando meus pais voltaram ao trabalho, Joan Klakow, uma expatriada norte-americana amiga deles e que tinha três filhos, acabou se tornando, na prática, minha babá.

Joanie, como eu a chamava, e seu marido, Dietrich, me incorporaram facilmente à rotina deles, me dando banho na pia do banheiro, me colocando para dormir no colo de seus filhos, num pufe, me levando para Porto Rico para visitar a mãe de Joanie. Eu amava o cheiro de canela e o calor da casa deles. Amava me sentir como se fosse o quarto filho daquele casal.

Mas, mesmo quando se tem tudo o que se pode querer – no caso de meus pais, uma criança havia muito desejada e fácil de cuidar, uma comunidade acolhedora e afetuosa que era como uma família e, em muitos sentidos, uma vida boa –, ainda assim isso pode não ser suficiente. Logo após meu nascimento, o casamento deles começou a desmoronar. Quando completei três anos, ele já havia se desintegrado por completo. Não me lembro muito desse período, afinal de contas a vida com Joanie e Dietrich era segura e intensa. E eu era muito pequena.

Quando minha mãe deixou claro que não havia mais casamento a ser salvo, meu pai, de bigode e de coração partido, resolveu voltar para os Estados Unidos e me levou com ele. Nós nos mudamos para Brookline, um subúrbio de Boston com parques repletos de árvores e prédios de tijolos vermelhos, enquanto minha mãe permaneceu no mesmo lugar em que fomos, por um breve período, uma família. Embora ainda passasse as férias de verão e de inverno com ela, voando de um lado para outro sobre o oceano, e, anos depois, tenha voltado a Berlim para cursar o ensino médio, nunca superei aquela perda do início da vida. A saudade dela, e de Berlim, se tornou um estado de espírito permanente. Durante minha infância em Brookline, nunca deixei de pensar nos prédios antigos de Berlim, com a fachada desbotada, os parques malcuidados com a grama esmaecida pelo sol, o cheiro de cebolas fritas na manteiga que vinha da janela de um vizinho na hora do almoço, as ruas de paralelepípedos que faziam o carro trepidar. Adorava imaginar que estávamos em nossa ilha particular, que morar dentro dos limites do Muro fazia sermos diferentes, especiais. E sentia saudade do cheiro de minha mãe, de suas mãos macias, seus passos bruscos no corredor diante de meu quarto.

Meus pais, que optaram por me colocar em primeiro lugar e facilitar o divórcio ao máximo, concluíram que a solução mais fácil era me transformar numa viajante internacional, passando o período de aulas em Boston e as férias em Berlim. Eu ia de um lado para outro, aprendendo a me fortalecer diante de tantas despedidas que, às vezes, era como se meu peito fosse explodir. Quando fiz dez anos, não consegui mais suportar a distância e voltei a Berlim, para morar com minha mãe. Mas, depois do final do ensino médio, voltei para Boston, para a faculdade. E cada vez que entrava num avião, o coração apertado, me perguntava se minha vida seria assim para sempre.

Enquanto crescia, indo de Berlim a Boston, Paris e Nova York, descobri que cozinhar era o melhor jeito de me sentir menos sozinha. As panelas e as travessas se tornaram minhas fiéis companheiras, as colheres de pau gastas e o revestimento opaco na base das caçarolas de ferro fundido, uma prova de quanto recorria a elas para encontrar os sabores de casa em cozinhas aleatórias. Cozinhar era fundamental; não fazia o Atlântico diminuir de tamanho nem reduzia as seis horas de fuso, mas tornava meu mundo um pouco menor.

Era na cozinha que eu podia preparar o mesmo molho de tomate com cenoura e cebola que meu pai sempre fazia em nosso espaçoso apartamento de Brookline, que tinha uma varanda coberta e era repleto de coisas e quartos vazios, onde também eu podia ralar chocolate amargo numa tigela de iogurte natural do mesmo jeito que minha mãe sempre fazia em Berlim, quando eu ainda me sentava na cadeirinha de criança e podia ouvir os sinos da igreja numa manhã de domingo, o sol entrando pela janela. Quando cozinhava frango picado com pimentão vermelho e cebola, os vapores traziam minha querida avó italiana de volta à vida. E aprendi a sovar a massa de pão de Joanie até me sentir tão forte e capaz quanto ela. Eu não podia carregar minha adorada cozinha de Berlim pelo mundo ou fazer as pessoas que eu amava aparecerem na hora em que precisasse delas, mas evocando os sabores de Berlim e a comida daqueles que eu amo, minha cozinha se tornou meu santuário, e o fogão, minha âncora.

A distância não significa nada quando sua cozinha tem o cheirinho de casa.

Parte 1

1. Não quero ir embora

Estou com três anos de idade, sentada num banquinho velho de madeira, na porta da cozinha. Na minha frente, em uma pequena mesa de três lugares, há uma pilha de jornais, latas de biscoito, uma cesta de tecido repleta de guardanapos de pano e um pequeno prato de cerâmica de uns dois centímetros de diâmetro cheio de sal. Minhas pernas pendem do banco de madeira, e estou de frente para o fogão.

Joanie, minha *Tagesmutter*, que quer dizer babá em alemão, está de pé diante do fogão, derretendo manteiga numa panela. Os longos cabelos encaracolados estão presos num coque no alto da cabeça. Cachos emolduram seu rosto, e o calor do fogo deixa suas bochechas rosadas. A cozinha cheira, como sempre, a raspas de limão-siciliano e madeira umedecida, a canela quente, anis e um toque de nozes. As paredes são cobertas de louça azul e branca; jarros, taças e bules se aglomeram em cima dos armários e nas prateleiras.

No mural acima de minha cabeça estão pregadas fotografias dos três filhos de Joanie – Nina, Nikolas e Kim – e de mim. Em uma das fotos, estou sentada debaixo de uma tenda feita de lençóis no quarto de Kim e Nikolas, usando pantufas pontudas de pele que ganhei de segunda mão. Kim, fora da foto, me faz rir tanto que mal posso respirar. Ele nasceu seis anos antes de mim e é o mais próximo de um irmão mais velho que jamais vou conhecer.

Tecnicamente, já tenho idade para comer sozinha, mas Kim ainda me ajuda na hora do almoço, quando chega da escola, fazendo elaborados barulhos de decolagem, voo e aterrissagem a cada garfada que coloca em minha boca. Depois do almoço, brincamos de construir paisagens em seu quarto com os lençóis e os travesseiros, e eu me entrego, feliz, a longas sessões de cócegas que sempre me deixam com falta de ar.

Joanie cresceu em Washington, num apartamento grande em Riverside Drive, antes de se mudar para Berlim a fim de estudar arte quando era jovem. Então se apaixonou e se casou com um jovem escultor barbudo chamado Dietrich. Ela adora crianças e sabe exatamente como conversar com elas e como fisgá-las. E, aos meus olhos, Joanie é uma deusa. Pode fazer *qualquer* coisa.

Ela esculpe bustos: a empregada que a criou, com a cabeça jogada para trás, numa gargalhada; a sogra da Alemanha Oriental; eu, de rosto sério e o cabelo repartido ao meio. E então funde as esculturas em bronze, o que faz elas brilharem suavemente sob a luz de velas. Ela faz bonecas com tranças compridas, pernas e braços molengos e as feições do rosto bordadas. E, com retalhos de pano e fita, faz saias, camisas e vestidos de boneca minúsculos. Joanie faz pão e *strudel* de maçã de massa folhada. Sabe todas as letras de canções *folk* e de protesto, e, quando canta, sua voz alta e clara sempre me emociona profundamente. Joanie é puro amor. Amor, segurança e conforto; às vezes, parece que todo o meu mundo gira em torno dela.

Enquanto a manteiga derrete na frigideirazinha de Joanie, bato os pés um contra o outro, num estado de expectativa. Ela derrama uma mistura de ovo batido na frigideira e, conforme a beiradinha começa a endurecer, conversa comigo. "Om-lé-te con-fi-tiii-ur!", gorjeia ela, e eu repito, imitando: "con-fi-TIII-ur!" O ovo batido, aerado e num tom pálido de amarelo infla como uma pequena nuvem. Com destreza, Joanie vira a omelete na frigideira e, assim que está pronta e leve como o ar, então ela a desliza para um prato, passa uma faixa de geleia de framboesa no meio, enrola e polvilha com açúcar de confeiteiro. Adoro o gosto da geleia fria e azedinha em minha boca enquanto devoro a omelete quente.

Depois do almoço, é hora de tirar um cochilo no quarto de Joanie e Dietrich, nos fundos do apartamento, no fim de um corredor comprido, forrado de livros e iluminado por um lustre em formato de lâmpada gigante. O barulho do tráfego em Hindenburgdamm se mistura ao canto dos pássaros e à voz dos vizinhos no pátio lá embaixo. Os despertadores em ambas as mesinhas de cabeceira marcam os segundos tão alto que durmo com o coração batendo como um metrônomo.

No fim do expediente, minha mãe, cabelos curtos e com o aroma cítrico da loção de banho Eau Sauvage, aparecerá na porta da frente do apartamento de Joanie. Ela entrará, talvez fique para uma xícara de chá, mas depois vai dizer em italiano para eu calçar os sapatos, e Joanie rirá o tempo todo, encobrindo a ordem de minha mãe. Minha mãe e eu falamos em italiano uma com a outra, mas Joanie e eu falamos em inglês. Para mim, estas são as duas línguas que se falam em casa: a da minha mãe e a do meu pai. E no mundo lá fora fala-se alemão.

Já tenho idade suficiente para saber que não devo demonstrar decepção quando minha mãe me diz que é hora de ir para casa, mas nunca quero ir embora do apartamento de Joanie, sempre com aquele cheirinho gostoso, as promessas de sessões de cócegas e guerras de travesseiro, onde ouvimos *O livro da selva* na vitrola, onde Joanie lê os contos de Rudyard Kipling para nós, e onde, quando faço alguma coisa para que ela ria, sua gargalhada domina todo o apartamento. Em casa, a vida é mais silenciosa e solitária. Há uma tristeza no ar que ainda não posso compreender.

Mas minha mãe diz que é hora de ir, e sou uma criança obediente. Assim, calço os sapatos, me despeço de Joanie e desço os dois lances de escada, onde um aviso perto de um dos degraus sempre adverte: *"Vorsicht! Frisch gebohnert"* – embora eu nunca tenha visto ninguém encerar o piso –, e minha mãe e eu seguimos de carro para casa.

É o início da década de 1980. Ronald Reagan é o presidente dos Estados Unidos, as Brigadas Vermelhas aterrorizam a Itália e um Muro circunda a antiga capital da Alemanha, construído sob o pretexto de proteger os alemães do lado oriental da força insidiosa do capitalismo, embora tenha apenas a intenção de evitar que seu povo escape para o mundo. E, na Berlim Ocidental, num apartamento de terceiro andar de um prédio antigo num bairro calmo e arborizado reconstruído após a destruição em larga escala provocada pelos bombardeios dos Aliados nos meses finais da Segunda Guerra Mundial, fico acordada em meu quarto grande demais, sentindo saudade da cozinha acolhedora e perfumada de Joanie.

Omelete *confiture*

Rendimento: 1 porção

Pode parecer estranho misturar ovos com geleia, mas a combinação do sabor da fruta, ao mesmo tempo doce e azeda, com a textura leve e macia da omelete é uma delícia. Serve como um lanche reconfortante para as crianças ou um café da manhã leve para o adulto cujo paladar tende para os doces. As melhores geleias são as mais azedinhas: tenho um fraco por cassis e groselha. E não deixe de polvilhar com açúcar de confeiteiro. As pequenas explosões de açúcar na língua tornam esta omelete especial.

- 1 ovo grande
- 1 colher (sopa) de leite
- uma pitada de sal
- 1 colher (sopa) de manteiga sem sal
- 1 a 2 colheres (sopa) de geleia de cassis ou de groselha
- ½ colher (sopa) de açúcar de confeiteiro, para polvilhar

1. Separe a clara da gema. Numa tigela pequena, bata a gema com o leite, até misturar bem. Em outra tigela, bem limpa, bata a clara com uma pitada de sal até ela começar a atingir o ponto de clara em neve. Acrescente a clara à gema, misturando lentamente, de baixo para cima.

2. Em fogo médio, derreta a manteiga numa frigideira pequena e antiaderente. Despeje a mistura na frigideira e deixe cozinhar por 3 minutos, até que as beiradas tenham endurecido, assegurando-se de que o fogo não esteja alto demais para que a omelete não queime. Sacudindo a frigideira de leve, vire a omelete e cozinhe o outro lado por mais 3 minutos. É preciso um pouco de prática, mas não tem problema nenhum colocar um prato sobre a frigideira para virar a omelete.

3. Quando ela tiver endurecido e estiver cozida por inteiro, transfira-a para um prato. Passe a geleia no centro e enrole – uma espátula de plástico pode ajudar. Polvilhe o açúcar de confeiteiro com uma peneira e sirva imediatamente.

2. A menina de seus olhos

Memórias são algo engraçado. Algumas pessoas dizem que não se lembram de nada do que aconteceu antes que tivessem completado dez anos, outras têm apenas lembranças nebulosas de quando eram crianças. Tenho memórias bem-definidas de muita coisa da minha infância, como o vestido rosa bordado que minha avó Ann me deu quando eu tinha três ou quatro anos de idade. Ainda posso ver cada uma das rosinhas de cetim costuradas ao corpete do vestido e me lembro de quando o experimentei pela primeira vez, de pé no tapete felpudo na impecável casa do meio do século de meus avós norte-americanos, e de como ele fazia minha pele coçar terrivelmente. Ou como eu ficava deitada no trocador junto da janela em meu quarto em Berlim, ao entardecer, e minha mãe trocava minha fralda, cantando desafinada e batendo de leve na minha barriga, enquanto uma brisa fresca sussurrava pelas cortinas estampadas.

Lembro-me da cor do carpete do primeiro apartamento que meu pai alugou quando chegamos a Boston, de como a torradeira disparava o alarme de incêndio da cozinha e do rosto gentil da sra. McCurdy, que meu pai às vezes contratava para cuidar de mim. Lembro-me até da dor que senti quando escorreguei no banho, antes de ir para a cama, e caí, batendo o queixo na borda da banheira rosa, e de como aqueles primeiros segundos terríveis de dor me deixaram muda. Mas não me lembro de voar de avião com meu pai quando deixamos Berlim para sempre.

Um ano depois de chegarmos a Boston, meu pai encontrou um apartamento em Brookline, no terceiro andar de uma casa bonita de tijolos na Claflin Road. Era um apartamento grande – grande demais para duas pessoas, uma delas começando o jardim de infância. Acho que meu pai tinha a esperança de que não fôssemos só os dois pelo restante de minha infância. Um dos quartos tinha apenas a escrivaninha dele e uma cadeira de madeira; outro, só um piano e um banco simples. Meu pai gostava de treinar a "Rondo alla Turca", de Mozart, e, mais tarde, por um breve período em que fiz aulas de piano, esmurrava "Heart and Soul" nele regularmente, as teclas brancas afundando com um peso gostoso sob meus dedos. Fora isso, ele jazia adormecido.

Eu tinha um quarto pequeno e acolhedor, do tamanho certo, um alívio depois do quarto imenso em Berlim, que sempre me deixava com a sensação de que estava à deriva. Num canto, ficava uma cômoda bonita e pintada que meu pai comprara numa loja de antiguidades; o outro lado era o local perfeito para alinhar ordenadamente minhas bonecas, ursos de pelúcia e um boneco quebra-nozes sorridente e barbudo sobre o pequeno tapete. Juntos, escolhemos as cortinas grossas, estampadas com desenhos de Peter Rabbit e maços de cenouras.

Mas, apesar de tudo isso, sentia falta do apartamento da Bamberger Strasse e do som do piso solto no corredor, que sempre rangia quando alguém entrava pela porta da frente. Sentia falta de minha mãe e de seu perfume cítrico, sua voz gentil, o jeito como sorria para mim. Sentia falta de Joanie, meu anjo da guarda, e de como era quando ela me pegava em seus braços fortes.

Mesmo tão nova, sabia que não devia falar muito sobre as coisas das quais sentia saudade. Sabia que meu pai estava tentando fazer o melhor possível numa situação que devia odiar. Então achei que tinha que ajudá-lo. Não deve ter sido fácil estar sozinho, aos trinta e poucos anos, num mundo que ele achava já ter deixado para trás, criando a filha praticamente sozinho. Acho que às vezes ele simplesmente não conseguia evitar me tratar como se eu fosse mais madura ou mais capaz do que eu realmente era. E nem sempre ele conseguia esconder sua turbulência emocional. Então, eu tinha que ser corajosa.

Logo nós dois desenvolvemos uma pequena rotina. Todo dia de manhã, de paletó esporte de *tweed* e gravata, meu pai ia para o trabalho, na Tufts University, onde era chefe do departamento de matemática, e me deixava na creche da universidade, onde eu tirava os meus cochilos da tarde debaixo de um cobertor de seus tempos de escoteiro, que pinicava minha pele. Na lã azul, escrito com giz branco, o sobrenome "Weiss" ainda podia ser visto. Enquanto adormecia sob a luz baixa da sala, gostava de imaginar meu pai como um menino, acampando numa barraca em algum lugar, embora fosse difícil visualizá-lo sem o bigode e o paletó.

No fim da tarde, quando saía do trabalho, ele me pegava na escola e íamos para casa; meu pai fazia o jantar e lia alguns capítulos de um livro para mim, nós dois sentados confortavelmente no canto do sofá creme de tecido grosso da sala de estar. Um ursinho marrom muito amado que a fada do dente deixara para mim ficava espremido em meu braço esquerdo. Então ele cantava uma música e me colocava para dormir. Assim era a nossa vida, todo santo dia.

Quando aprendi a ler, comecei a acelerar e atropelar a leitura do meu pai – isso o deixava irritado. Embora estivesse tão ansiosa para ler cada vez mais rápido – havia tantos livros para devorar –, não queria que nossas noites juntos no sofá acabassem. Então, deixei que ele lesse em voz alta por muito tempo depois de ter aprendido a ler sozinha, mexendo a boca em silêncio, enquanto lia em minha mente. Sabia que ele não queria ser deixado para trás.

Quando você é filha única de um matemático que se distrai facilmente com todos os bloquinhos de anotações vazios do mundo à espera de serem preenchidos com fórmulas e teorias a respeito de construções hipotéticas, equações finitas de álgebra e outros pensamentos incompreensíveis, os livros são uma válvula de escape natural. Para mim, não havia nada melhor. A única televisão que tínhamos era minúscula, em preto e branco, e ficava escondida no armário dos fundos para as raras ocasiões em que meu pai contratava uma babá. Então, eu não tinha nada que me distraísse de meus livros e de seus outros mundos, que me engoliam por completo, desde Nárnia até o bosque de Wisconsin, de uma cidadezinha na Suécia à terra vermelha da Ilha do Príncipe Eduardo. Nada e ninguém me interessava tanto quanto meus livros. Como uma criança tímida que se vestia de um jeito engraçado (cabelos curtos, vestidos de flanela cinzentos, camisas de padrão xadrez, sapatos de camurça azul – talvez incrivelmente fofinha para os adultos, mas, no início da década de 1980, em Massachusetts, apenas *estranha*), eu não tinha um monte de amigos para me afastar de meus livros. De qualquer forma, para eles, eu estava sempre indo embora, sempre indo e vindo entre Berlim e Boston.

Em vez de me sentir deslocada em meu próprio mundo, mergulhei nas colinas escarpadas da Inglaterra, escalei os ramos encantados de uma árvore mágica e explorei as margens cinzentas e esverdeadas do grande rio Limpopo, deixando para trás meu preocupado pai, a solidão e a saudade de minha mãe e de Berlim. Devorava todos os livros que chegavam às minhas mãos. Queria ter aquela sensação de ser lentamente sugada para fora do quarto e transportada para toda uma nova existência que se construía a meu redor, de novo e de novo.

Meu pai incentivava essa obsessão literária. Toda semana me levava à biblioteca, onde se despedia de mim solenemente enquanto eu corria para a seção infantil, as mãos nervosas sem saber por onde começar, e comprávamos pilhas de livros na livraria infantil do bairro, onde eu passava horas andando para cima e para baixo pelos corredores de carpete cinzento, os dedos correndo pelas lombadas. Quando me levava a um jantar na casa de alguém e não houvesse crianças com quem brincar, sempre me deixava ler debaixo da mesa depois que eu terminava de comer.

Mais tarde, conforme fui crescendo, ele me levava em peregrinações literárias. Fomos de carro até o centro-oeste dos Estados Unidos para ver a casa de madeira em que Laura Ingalls Wilder nasceu – embora eu não esperasse que fosse tão pequena e vazia. Em minha mente ainda era um lar aconchegante e vibrante, com peles de animais decorando as paredes, lampiões, um sótão e uma família feliz. Fomos até a Ilha do Príncipe Eduardo, visitar a fazenda Green Gables e andar na terra vermelha que Anne Shirley tanto amava. Fomos até Fruitlands, ver onde Louisa May Alcott viveu, e à Plimoth Plantation, com seus atores usando roupas de época, depois que li um livro sobre uma jovem peregrina. Por muito tempo me perguntei se eles contratavam crianças. Meu mundo era uma estranha mistura de literatura de escape e o isolamento dos filhos únicos.

Quanto à hora do jantar, meu pai e eu tínhamos um pequeno ritual para cada dia da semana. Segunda-feira era dia de comida chinesa pronta. Nós ligávamos para o restaurante Golden Temple, na Beacon Street, e pedíamos uma caixa branca de *moo goo gai pan* e arroz branco para viagem. Alguns minutos depois, íamos até lá buscar a comida, passando pela sorveteria da esquina, que sempre me deixava babando, mas na qual raramente entrávamos. Terça-feira era o meu dia preferido, *baked beans** com brócolis. Meu pai abria uma lata de *baked beans* e fervia brócolis na água, temperando com azeite e o suco de um limão-siciliano, e então comíamos os dois juntos. Eu amava o jeito como o feijão agridoce grudava nos meus dentes. E toda semana íamos à pizzaria do bairro, que tinha um *jukebox*. Eu tinha direito a escolher uma música enquanto esperávamos a comida. E depois que descobri que conseguia fazer meu pai, sempre tão sério, cantar "Beat It", de Michael Jackson, sempre escolhia a mesma música. E, na mesa ao lado da janela, comíamos torta de queijo e conversávamos.

Uma vez por semana, ele descongelava um pacote de couve-de-bruxelas, cozinhava no vapor até que ficassem verde-claras e as cobria com um pouquinho de manteiga. Para as couves-de-bruxelas, tivemos que negociar um acordo: primeiro ele se servia e, em seguida, colocava quatro couves no meu prato, duas pequenas e duas grandes. E eu tinha que comer, mesmo não gostando. Eram amargas e moles e pareciam repolhinhos pequenos, o que não ajudava em nada. Ainda assim, tínhamos fechado um acordo justo e direto, e eu me sentia como se tivesse que cumprir a minha parte. Então, toda semana, engolia as couves-de-bruxelas. E, por incrível que pareça, um dia, já adulta, descobri que gostava delas.

Mas o melhor de tudo foi que meu pai me deu uma receita de molho de tomate caseiro. Ele diz que a receita veio da mãe de minha mãe, Ninì, que ele adorava. Mas minha mãe diz que não pode ser verdade, porque Ninì odiava cozinhar. Eles sempre gostaram de discutir sobre quem estava certo nessa história. "Riii-chard, você não acha que eu *saberia* se a minha mãe algum dia tivesse feito esse molho de tomate?" "Ah, nem vem. Você

* Feijões-brancos cozidos, tipicamente em conserva. (N.R.T.)

está me dizendo que eu não lembro quem foi que me ensinou a fazer isso?" A discussão não me incomodava; era bom ouvir as duas vozes no mesmo cômodo. E, além do mais, eu realmente não me importava de onde o molho viera – para mim, era o molho *dele*.

Pode parecer um pouco engraçado falar de molho de tomate. O mais provável é que você nunca precise de uma receita. Mas a questão é que foi a partir disso que tudo começou para mim. Esse molho foi uma das primeiras coisas que preparei. É o que faço quando não tem nada na cozinha e preciso de um jantar rápido. Quando não há nada que preferiria estar fazendo além de cozinhar. Quando preciso de firmeza e segurança. O cheiro me faz lembrar de meu pai e de minha avó italiana, e gosto de pensar que, um dia, essa será a primeira receita que meus filhos vão herdar de mim. Se isso não for tradição de família, então não sei o que é.

Para prepará-lo, meu pai picava uma cebola com um dente de alho, jogava tudo numa panela com um pouquinho de azeite aquecendo no fogão. O cheiro da cebola fritando passava pela despensa até chegar à sala de estar, onde eu estaria sentada, à espera. Quando as cebolas ficavam macias e perfumadas, ele acrescentava cenoura picada e tomate enlatado e deixava ferver até adquirir um gosto doce e picante, e eu podia ouvir meu estômago roncar. Ele então fervia uma panela de água para o espaguete e quebrava os longos fios ao meio. Por fim, cobria o espaguete com o molho e ralava queijo parmesão em cima do prato. Nós nos sentávamos à mesa dobrável da cozinha e comíamos juntos, conversando sobre como fora nosso dia.

Às vezes, antes de dormir, depois de cantar para mim e de me dar boa-noite, ele se voltava à porta, pronto para apagar a luz, e me dizia que eu era a menina de seus olhos, o amor da sua vida. Como se ele realmente precisasse dizer isso. Eu sempre soube.

Molho de tomate com cenoura e cebola

Rendimento: 2 porções (podem-se dobrar as quantidades)

O único segredo deste molho é cuidar para que a cebola cozinhe completamente no azeite antes de se adicionarem os demais ingredientes. Isso suaviza o gosto às vezes metálico da cebola e dá um toque adocicado ao molho.

- 2 colheres (sopa) de azeite de oliva
- 1 dente de alho
- 1 cebola pequena picada bem fininha
- 1 cenoura média cortada em cubos
- 1 lata de 400g de tomate sem pele de boa qualidade (com suco)
- sal
- pimenta calabresa em flocos, a gosto (opcional)
- 150 a 200g de espaguete seco
- queijo parmesão ralado, a gosto

1. Coloque o azeite numa panela pequena em fogo médio. Adicione o alho e a cebola picada e refogue, mexendo sempre, por cerca de 8 minutos. Não deixe a cebola escurecer. Adicione a cenoura em cubos e refogue por mais alguns minutos.

2. Adicione os tomates e o suco da lata, abrindo-os levemente com os dedos antes de colocá-los na panela. Tempere com uma boa pitada de sal e deixe ferver. Se você gosta de molhos picantes, adicione a pimenta calabresa. Abaixe o fogo, tampe a panela e deixe cozinhar por 25 a 30 minutos, mexendo de vez em quando. Prove o tempero. Descarte o dente de alho.

3. Enquanto isso, ferva uma panela de água com sal para cozinhar o espaguete.

4. Cozinhe a massa até ficar *al dente*. Reserve um pouco da água do cozimento antes de escorrer a massa. Misture o macarrão com o molho de tomate e adicione, se necessário, um pouco da água reservada para diluir o molho. Cubra com queijo parmesão ralado e sirva imediatamente.

3. Uma memória distante

Estou sentada quietinha, como me instruíram, no banco de trás da perua de Joanie. Ela está ao volante, e o carro está repleto das coisas de sempre: sacolas de plástico velhas, brinquedos de madeira comprados no mercado das pulgas, botas enlameadas dos meninos. É fim de julho, e estou com oito ou nove anos, passando as férias de verão em Berlim.

Toda semana, Joanie visita o sogro, Hans, em Brieselang, uma cidadezinha no interior, logo ao norte de Berlim, que tem um pequeno lago e uma única rua principal bem comprida. Ela traz consigo alguns mimos do Ocidente e um pouco de companhia desde que, fazia alguns anos, Lottchen, a esposa dele, morreu. Hans é escultor e vive numa casinha acolhedora que cheira a mofo e a umidade. Anos depois, eu entenderia que esse era o cheiro do Oriente, e não só da casa de Hans; isso e o cheiro de carvão queimando.

Estamos cruzando a fronteira para a Alemanha Oriental em Staaken, a noroeste de Berlim, uma das entradas que os berlinenses do lado ocidental podem utilizar. A fila de carros é tão comprida que as pessoas desligaram os motores para economizar gasolina. Sempre que a fila parece prestes a andar, os motoristas saem e empurram os carros em ponto morto, forçando as pernas contra o asfalto, o sol de verão quente sobre o teto dos carros. A fronteira parece uma praça de pedágio congestionada, só que em vez de funcionários lacônicos recebendo o troco, *Grenzpolizei* carrancudos da Alemanha Oriental conferem nossos documentos. Quando a polícia chega ao nosso carro, o ar se torna pesado pela tensão. Joanie escondeu algumas revistas no estofado do banco da frente, material ilegal num país decidido a isolar seus cidadãos do progresso do lado ocidental, mesmo se tratando de algo tão banal como tricô.

Quando o Muro subiu da noite para o dia, em agosto de 1961, Joanie e Dietrich estavam de férias em Paris. Ninguém havia previsto que aquilo pudesse acontecer, e ele foi construído em questão de dias. De uma hora para outra, a fronteira entre o setor soviético – o lado oriental de Berlim – e a área repartida entre a França, os Estados Unidos e a Inglaterra – o lado ocidental – tornou-se intransitável. E os pais de Dietrich ficaram presos do lado errado. Sete anos transcorreram até que o filho pudesse vê-los de novo, embora eles vivessem a apenas 25 quilômetros de distância. Joanie, como cidadã norte-americana, podia passar um dia em Berlim Oriental. Mais tarde, quando nasceram os dois filhos do casal, os três podiam visitar Hans e Lottchen em Brieselang. Mas Dietrich teve de esperar até 1968, quando foi assinado um acordo entre as duas Alemanhas que permitia que ex-cidadãos da Alemanha Oriental visitassem o lado oriental pelo período de um dia a cada visita. O governo da Alemanha Ocidental conseguiu uma promessa do lado oriental de que não prenderiam por traição os antigos cidadãos que estivessem em visita. Aquele que porventura estivesse no lado ocidental antes ou no dia 13 de agosto de 1961, como Dietrich, já não poderia ser considerado criminoso pela República Democrática Alemã. Mas não havia como proteger os que escaparam depois que o Muro foi erguido.

Na mala do carro, há um enorme cacho de bananas e barras de chocolate suíço variadas. Não existe banana para vender na Alemanha Oriental, e as barras de chocolate disponíveis nos supermercados estatais são horríveis, parecem blocos de gordura congelada misturada com cacau em pó. Não é ilegal levar bananas ou chocolate para presentear. Coisas que *são* ilegais: eletrodomésticos feitos no Ocidente, revistas para adolescentes, quantias altas de dinheiro.

Em Brieselang, na casinha acolhedora de Hans, um aquecedor de cerâmica verde-abacate esquenta a sala de estar, e nós nos sentamos com as costas apoiadas nos azulejos para nos aquecer. O quintal é repleto de caracóis gorduchos, além de algumas de suas esculturas de ferro fundido e um gramado exuberante. Às vezes, para meu encanto, encontro até uma lesma coberta de gotinhas de orvalho. O ateliê de Hans fica nos fundos do quintal, que tem grandes arbustos de frutas silvestres emaranhados perto da porta. As groselhas agridoces são minhas preferidas.

Joanie e eu vamos passar o dia lá, fazendo companhia a Hans e visitando os vizinhos da casa ao lado, que têm uma criação de ratões-do-banhado e uma incontrolável plantação de ruibarbos no quintal. Eles têm um filho da minha idade chamado Martin, e quando assistimos à televisão juntos, ele me mostra com orgulho os canais ocidentais que só recentemente o aparelho começou a receber. Os vizinhos do outro lado têm uma ginjeira em que posso subir. Os frutos são de um vermelho bem vivo, quase laranja, e ao mastigar um punhado deles, é como se amarrassem todo o interior da minha boca.

Na hora do almoço, Joanie vai assar um *Quarkauflauf*, um suflê rústico que tem cheirinho de limão-siciliano e é feito com ginja e *quark*, um queijo azedo de leite fresco cujo gosto está a meio caminho entre o queijo *cottage* e o iogurte natural. Cada um de nós vai comer duas porções, e raspar, felizes, as tigelas até ficarem "limpinhas". Depois, nas horas tranquilas após o almoço, vou tirar um cochilo no quarto de visitas sob um cobertor que pinica meu queixo. Um silêncio tão vasto.

Na entrada para a Alemanha Oriental, a polícia passou os olhos bem depressa pelo carro, evitando contato visual. É na volta para Berlim Ocidental – as estradas esburacadas e mal-iluminadas, quase sem nenhuma luz –, tarde da noite, enquanto durmo no banco de trás, que a polícia vai nos fazer descer do carro e com as lanternas perscrutar os cantos mais escuros do porta-malas, verificar debaixo dos bancos e atrás das almofadas, enquanto permanecemos sob os holofotes do posto de controle, os campos além do alcance da luz que queima nossa cabeça num breu completo.

Sei o que estão procurando e, ainda assim, não sei de verdade. Vejo como são cuidadosos em sua revista, mas ainda não consigo entender como seria se esconder no carro de alguém, tentando desesperadamente escapar na calada da noite de uma Alemanha para a outra, em busca de uma vida melhor.

Joanie me envolve em seus braços enquanto esperamos, meus olhos embaçados de sono, nós duas sozinhas na fronteira, a fila de carros do início do dia é apenas uma memória distante. Poucas pessoas deixam a Alemanha Oriental depois que escurece, mas passar a noite ali exigiria um monte de licenças e selos adicionais, sem falar do aviso prévio de, no mínimo, uma semana. Na pista ao lado, há um grande caminhão de transporte de gado. Vejo uma ovelha branca enfiar a cara entre as ripas de madeira na lateral da caçamba, e depois outra e mais outra.

Os *Grenzpolizei* encerram a busca e acenam bruscamente para sairmos. Entramos de novo no carro e seguimos em frente, as silhuetas uniformizadas diminuem depressa no retrovisor. Eu me enrolo no banco de trás e fecho os olhos enquanto voltamos para casa, de volta para as ruas bem-iluminadas de Berlim Ocidental, onde os supermercados estão cheios de bananas e várias marcas diferentes de chocolate. Onde os soldados aliados e suas famílias vivem tranquilamente entre nós, onde o Muro não é uma barreira opressora para um mundo diferente, mas uma parte da vida cotidiana estranhamente invisível e aparentemente inevitável.

Estacionada na frente do prédio de minha mãe, Joanie tentará me acordar. "Hora de levantar, mocinha", ela dirá, enquanto aperta minha perna com carinho. Vou fingir estar dormindo, doida para ser carregada escada acima. E, assim, com um pouquinho de esforço, Joanie erguerá meus membros frouxos e subirá os três lances até o apartamento de minha mãe, o buraco do elevador ornamentado com ferro fundido vazio desde a Segunda Guerra Mundial.

Quarkauflauf de ginja

Rendimento: 6 porções

O *quark* é figurinha fácil nas cozinhas alemãs. Aromatizado ou puro, esse queijo é utilizado para passar no pão no café da manhã ou para ser servido com batatas cozidas. Mas também pode ser cozido e usado tanto em receitas doces quanto salgadas, como no caso deste suflê rústico de ginja. É possível encontrar *quark* em supermercados bem-abastecidos ou em alguns mercados de produtos orgânicos.

- manteiga para untar
- 3 ovos grandes, claras e gemas separadas
- ½ xícara de açúcar
- 450g de *quark*
- raspas da casca de 1 limão-siciliano orgânico
- ½ colher (chá) de fermento em pó
- ½ colher (chá) de canela em pó
- ¼ de xícara de farinha de trigo tipo 1 ou especial
- 2 xícaras de ginjas descaroçadas, frescas ou em conserva (sem a calda)
- uma pitada de sal

1. Aqueça o forno a 190°C. Unte com manteiga uma fôrma de pelo menos 6cm de altura e cerca de 20 por 30cm. Reserve.

2. Numa tigela grande, bata as gemas e o açúcar por 1 ou 2 minutos, até a mistura se tornar clara e ficar com a aparência de espuma. Sem deixar de bater, acrescente o *quark*, as raspas de limão-siciliano, o fermento, a canela e a farinha especial até a massa se tornar homogênea e cremosa. Com uma colher, acrescente lentamente as ginjas à massa.

3. Em outra tigela, bem limpa, bata as claras em neve com uma pitada de sal. Com uma espátula, misture cuidadosamente metade das claras batidas à massa de *quark*, para torná-la mais leve. Em seguida, misture o restante das claras até a massa ficar homogênea.

4. Despeje a mistura na fôrma untada e leve ao forno por 30 minutos, até que o suflê tenha assado e comece a ganhar cor. Às vezes, na superfície da massa surgem uma ou duas rachaduras. Retire do forno e sirva quente ou em temperatura ambiente.

4. Uma vantagem injusta

HÁ PESSOAS QUE estão certas de que ter uma mãe italiana é uma vantagem injusta para quem quer ser cozinheiro. É como ter uma carta na manga ou alguma arma secreta. Mas, embora minha mãe faça meias de tricô, saiba tirar manchas de qualquer tipo e fale *cinco* idiomas – cinco! –, ela não gosta de cozinhar. Na verdade, eu diria que ela mal tolera ter que cozinhar.

Por causa disso, ela teve que aturar ao longo dos anos muitas piadinhas da irmã mais velha, que, ao se casar, entrou para um clã siciliano que é uma lenda no mundo da culinária. (Prometo que vou falar mais deles em breve.) Mas, na maioria das vezes, minha mãe não se importava com a gozação; na verdade, ela achava que merecia. Meu tio siciliano consegue passar várias horas felizes na cozinha, preparando o jantar. Para minha mãe, no entanto, ela podia dedicar o mesmo tempo para plantar um canteiro inteiro de rosas ou ler um dos três jornais que lê todos os dias, e, assim, se divertir muito mais. Além disso, ela pergunta, se a fábrica de biscoitos Krumiri faz biscoitos muito melhores do que qualquer um que já tenha saído do forno dela, para que os fazer?

Sim, minha mãe jamais vai envolver um pato com uma massa de torta e recheá-lo com uma mistura francesa complicada. Ela prefere encomendar um assado no açougue a prepará-lo ela mesma. Bolos então, pode esquecer! Ainda assim, acho que ela é muito dura consigo mesma. Talvez nunca tenha tido entusiasmo desenfreado pelo fogão para acender em mim o desejo de cozinhar. No entanto, ao longo dos anos, minha mãe me ensinou um bocado de coisas sobre cozinha.

Foi ela quem me mostrou como fritar costeletas de porco cortadas fininhas numa frigideira de aço com fatias de limão-siciliano que chiavam no fogo, acrescentando um gosto amargo e marcante à carne suculenta. Eu a vi assar pimentões no forno até eles se desmancharem em pedaços macios e adocicados, que ela rasgava com os dedos e temperava com azeitonas picadas, salsinha, farelo de pão e anchovas. Também sabia improvisar uma salada de inverno deliciosa com endívias, fatias de laranja-de-sangue e nozes tostadas. E, em 1988, quando eu estava no sexto ano, chegou até a me ensinar que rechear um frango com um limão-siciliano e cobri-lo com flor de sal antes de assá-lo deixa a carne suculenta e perfumada, e a pele, incrivelmente fina e crocante.

Passei todo o sexto ano escolar em Berlim com minha mãe. Por acaso, foi o último ano em que Berlim ainda era uma cidade dividida, embora, claro, não tivéssemos como saber disso. Depois de sete anos em Brookline, já tinha sentido saudade demais de minha mãe e pedi a meu pai se podia voltar para Berlim. Ele me fez prometer que seria só por um ano, então deixou que eu fosse. Mas não se pode confiar numa criança de dez anos. Depois de seis meses vivendo com minha mãe, eu já sabia que não queria outra coisa além de morar em Berlim. Adorava a escola, e os colegas de lá combinavam muito mais comigo do que os de Brookline. Eu me sentia em casa novamente – mesmo que para permanecer com minha mãe eu tivesse de abandonar meu pai. Mas uma promessa era uma promessa, foi o que meu pai disse, irritado, quando no meio da experiência perguntei se podia mudar de ideia e ficar de vez. Sua resposta foi não. Afinal, eu tinha dado a minha palavra.

E assim, obediente, voltei para Brookline seis meses depois, espumando de raiva. Melancólica, suportei o primeiro semestre do sétimo ano em minha antiga escola. Então, numa fria noite de novembro, poucos meses depois de eu ter deixado Berlim, um burocrata alemão do lado oriental se confundiu ao ler uma diretriz numa coletiva de imprensa e disse aos jornalistas que as fronteiras para o Ocidente seriam abertas imediatamente naquele dia para os cidadãos da Alemanha Oriental. Essa leitura equivocada fez com que milhares de alemães do lado oriental corressem para a fronteira, sem acreditar no que acontecia – alegres, rindo, cantando e pedindo aos cada vez mais sobrecarregados *Grenzpo-*

lizei que os deixassem passar para o outro lado. Milagrosamente, não houve violência. Os *Grenzpolizei* eram apenas homens que usavam um uniforme verde-acinzentado e tentavam fazer seu trabalho (até que tiveram a sensatez de deixar a história seguir seu curso, e observavam, impotentes, a fileira de pessoas chorando e aos gritos de felicidade crescer rapidamente, como se fosse um córrego, até se tornar um enorme e caudaloso rio).

Naquela noite, minha mãe estava num jantar com o namorado, Florian, na casa de amigos, e, embora tenham ouvido, por acaso, o anúncio do burocrata na televisão, nada daquilo fizera sentido para eles. Assim como não fizera sentido para quase ninguém, na verdade. Eles desligaram a televisão e continuaram o jantar. No entanto, mais tarde naquela noite, no caminho de casa, Florian e minha mãe viram diversas viaturas policiais correndo na direção do Muro. Sentindo-se aventureiros, fizeram meia-volta com o carro e seguiram as viaturas, lembrando-se daquele anúncio enigmático que haviam visto no noticiário. A curiosidade dos dois valeu a pena: naquela noite, minha mãe dançou no Muro junto com milhares de outros berlinenses que haviam saído para ver por conta própria se o que tinham ouvido no rádio e na televisão era mesmo verdade. E, no Natal, poucas semanas depois, meu pai, meu generoso Gorbachev, permitiu que eu voltasse de vez para Berlim.

Eu adorava a impulsividade e o senso aventureiro de minha mãe. Ela não suportava sentimentalismos ou ter que assumir papéis convencionais. Preferia viver a vida de acordo com seus próprios termos, numa intensidade que parecia ser uma contradição em relação a sua baixa estatura. Para que você não fique com a impressão errada, garanto que minha mãe também tinha seu lado gentil e maternal – tricotou um vestido de lã rosa macia para meu aniversário de cinco anos, enviava chocolates clandestinos no início de dezembro de cada ano para as celebrações alemãs de são Nicolau, quando eu ainda morava com meu pai, e sempre sabia como abaixar minha febre com apenas um toque de suas mãos frias e secas em minha testa. Mas, para ela, cozinhar sempre foi mais uma obrigação do que um prazer, tanto quanto o fora para sua mãe, Ninì.

Ninì, como minha avó era chamada, era de Puglia, terra de coisas deliciosas como a *burrata*, a focaccia feita com batata cozida e amassada, para dar viscosidade à massa, e o *orecchiette* caseiro, servido com *rapini* cozido no alho. Mas ela cresceu numa família pobre – a mãe dela ficara viúva aos 35 anos, com cinco filhos, quando o marido morreu na primeira batalha depois de a Itália entrar na Primeira Guerra Mundial –, e comida não era mais que um combustível.

Ninì deixou sua cidadezinha, Bisceglie, assim que teve idade suficiente para se mudar para Ancona, no norte, e ser professora de filosofia no ensino médio. Foi lá que conheceu meu avô e teve três filhos – minha mãe, seu irmão e sua irmã. Então meus avós decidiram levar a família para Roma, quando as crianças eram ainda bem pequenas. Em algum lugar ao longo de sua trajetória, Ninì aprendeu umas poucas receitas que repetiu pelo restante da vida. Você já conhece o molho de tomate que ainda é motivo de discussão entre meus pais. Havia também um guisado muito gostoso feito com pedaços de frango refogado com pimentões vermelhos e amarelos que minha mãe fez durante muito tempo, até ninguém suportar mais olhar para ele e ela acabar abandonando a receita para sempre. Mas um simples ensopado de alcachofra com batata, prato que não agrada nem um pouco aos olhos, era o meu favorito.

Esse é um daqueles pratos caseiros de camponeses italianos que têm uma aparência gosmenta horrorosa. Um estudo dos variados tons de marrom, por assim dizer. Uma dona de casa francesa que se preze jamais serviria algo do tipo. Mas os italianos têm uma relação diferente com os legumes. Eles sabem que, ao cozinhá-los em fogo baixo por muito tempo, são capazes de elevá-los a outro patamar. Vale a pena sacrificar a aparência se o resultado for um ensopado pálido de legumes, mas rico em doçura e sabor.

Minha mãe não sabia muito bem o que pensar quando assumi o preparo do jantar, ainda no ensino médio. No início, eu não fazia muita coisa. Preparava várias saladas de tomate temperadas com orégano seco, muito espaguete, e a levava à loucura com meus bolos e guloseimas. ("Quem é que vai comer tudo isso?", ela reclamava, apontando para as bancadas cobertas de biscoitos amanteigados mergulhados no chocolate.) Mas um dia assei um frango do jeito que ela me ensinara, polvilhando com flor de sal. Algumas semanas depois, experimentei assar pimentão vermelho e amarelo e temperar do jeito que ela gostava, com azeitonas picadas, anchovas e bastante salsinha. Logo, estava mais do que compensando a bagunça que fazia com meus doces e tinha evoluído de *The Settlement Cook Book* para *Il talismano della felicità* [O talismã da felicidade], de Ada Boni, o único livro de receitas que minha mãe jamais consultou. Muito pesado, a lombada estava se soltando e suas mais de mil páginas de papel-bíblia abordavam absolutamente tudo, desde uma torta rústica de legumes até o elegante *timballi*.

Minha mãe herdara esse livro da tia com quem vivera quando era criança. Diz a lenda que, na época, meus avós não tinham como sustentar três filhos nos difíceis anos do pós-guerra, e os tios de minha mãe estavam relativamente bem de vida, e moravam num apartamento grande em uma cidade perto de Roma. Os irmãos de minha mãe ficaram com meus avós e chegaram até a passar fome em alguns momentos, enquanto, para minha mãe, na casa dos tios, nunca faltara nada. No entanto, é claro, embora houvesse comida, casa e até mesmo afeto, sempre lhe faltara a sensação de pertencer a um lugar, de ser amada pelos pais, apesar de eles terem feito isso com a melhor das intenções.

Ninì morreu vítima de um tumor cerebral fulminante, que a levou em menos de um ano, quando eu ainda era pequena. Sua morte foi um choque para a família, especialmente para minha mãe, que ainda tentava de forma desesperada recuperar o tempo perdido. Ela nunca superou a perda. Sei que ainda sente falta de Ninì mais do que qualquer coisa no mundo. Então, acho que ela gostava de fazer o guisado de frango com pimentão e o ensopado de alcachofra com batata mais em memória da mãe do que por qualquer outra coisa.

Era seu jeito de evocar Ninì, de senti-la perto novamente. Afinal, minha mãe nunca fora do tipo que se entrega à autopiedade e sempre preferiu enfrentar a vida com sua grossa armadura e de punhos erguidos. E, ao longo do caminho, além do ensopado de alcachofra e do *peperoni al forno*, minha mãe me ensinou o que significa ser forte.

Ensopado de alcachofras com batatas

Rendimento: 4 a 6 porções (como acompanhamento)

Para este prato, use apenas minialcachofras, e não as alcachofras grandes, que ficam muito mais saborosas quando cozidas inteiras no vapor e saboreadas folha por folha. Para lavar as minialcachofras, encha uma tigela grande com água fria e o suco de um limão e deixe ao lado da tábua de cortar. Pegue uma minialcachofra numa das mãos e retire as folhas exteriores. Quanto mais perto do coração da alcachofra, mais macias serão as folhas. Quando tiver exposto a maior parte do coração – o miolo amarelo macio –, pegue uma faca afiada e descasque o caule, tirando toda a pele verde-escura e deixando apenas uma haste verde-clara. O caule é delicioso, não o descarte. Enquanto você limpa o caule, tome o cuidado de também retirar qualquer pedaço verde-escuro na base do coração da alcachofra. Na dúvida, o melhor é errar cortando demais – uma garfada de alcachofra dura e fibrosa pode estragar seu jantar. À medida que ganhar experiência, a tarefa parecerá mais fácil. Por fim, corte cerca de 1cm do topo das folhas remanescentes da minialcachofra. Corte a alcachofra limpa em quatro e mergulhe na água com limão. Repita o procedimento com as demais alcachofras até que todas estejam limpas, cortadas e prontas para serem cozidas. Retire os pedaços de alcachofra da água logo antes de usar. Descarte os restos e a água com limão.

- ½ xícara de azeite de oliva
- 2 dentes de alho
- 450g de batatas-inglesas descascadas e cortadas em cubos de 2 a 3cm
- 6 minialcachofras limpas e cortadas em quatro
- 1 colher (chá) de sal
- ½ xícara de vinho branco
- suco de ¼ de limão-siciliano
- 4 talos de salsinha picados

1. Coloque o azeite numa panela de 3l de fundo grosso no fogo médio. Adicione os dentes de alho e deixe refogar por alguns minutos, até ficarem levemente dourados. Em seguida, adicione a batata, abaixe o fogo e deixe cozinhar por 10 minutos, mexendo vigorosamente de vez em quando, para impedir que a batata grude no fundo (a menos que você utilize uma panela antiaderente). Adicione as alcachofras e o sal e mexa bem. Agora use o fogo médio e cozinhe por 5 minutos, mexendo de vez em quando.

2. Adicione o vinho branco, mexa bem e deixe levantar fervura. Acrescente o suco de limão-siciliano, abaixe o fogo, tampe a panela e deixe cozinhar por 20 minutos, mexendo uma ou duas vezes. Se os legumes começarem a parecer secos durante o cozimento, adicione algumas colheres de água e misture bem.

3. Acrescente a salsinha logo antes de servir. Prove o tempero e sirva. O prato pode ser guardado em geladeira por um ou dois dias.

Peperoni al forno conditi

***Rendimento:** 4 porções (como salada)*

Esta salada de pimentão assado é figurinha fácil em minha casa e nunca deixa de impressionar as pessoas. Hoje, muitos livros de receitas e personalidades do mundo da culinária dizem que se deve assar o pimentão com um garfo comprido diretamente na chama, queimando a pele (e muitas vezes a carne) para descascá-lo. Na Itália, no entanto, os pimentões são assados no forno por cerca de uma hora, o que garante pimentões macios e uma casa perfumada. Eu imploro: optem pelo caminho mais longo, o resultado é mais doce e muito mais gostoso.

- 2 a 3 fatias de pão branco italiano amanhecido
- 3 pimentões vermelhos
- 3 pimentões amarelos
- ¼ de xícara de azeitonas pretas em conserva, sem caroço e picadas

- 3 filés de anchova cortados bem fininhos (opcional)
- ¼ de xícara de alcaparras em conserva, lavadas e escorridas
- 1 xícara rasa de salsinha picada
- 4 colheres (sopa) de azeite de oliva da melhor qualidade, ou a gosto
- flor de sal

1. Corte o pão amanhecido em pedaços e passe num multiprocessador até obter uma farinha de rosca grossa. Coloque num prato e reserve, para que endureça e resseque.

2. Acenda o forno na temperatura de 190°C. Forre um tabuleiro com papel-alumínio. Lave e seque os pimentões e arrume-os no tabuleiro. Leve ao forno e asse por 45 minutos, virando os pimentões a cada 10 ou 15 minutos para se certificar de que cozinharam de modo uniforme (eu uso os dedos, mas você pode usar um pegador de cozinha). Ao final do cozimento, os pimentões devem ter bolhas na superfície, e seu suco, borbulhar.

3. Retire o tabuleiro do forno e deixe esfriar sobre uma grelha até que você consiga manusear os pimentões. Separe um prato limpo ou uma tigela ao lado da assadeira e retire a pele dos pimentões, trabalhando sobre o papel-alumínio. Cuidado ao retirar o caule no topo do pimentão: normalmente isso faz desprender vapor ou líquido quente. Suas mãos ficarão bem molhadas durante o procedimento; seque-as periodicamente para facilitar o processo. Transfira os pimentões descascados, sem as sementes, para o prato ou a tigela, usando os dedos para rasgá-los em tirinhas. Descarte o papel-alumínio, o caule, as sementes e a pele dos pimentões.

4. Polvilhe os pimentões com a farinha de rosca, as azeitonas, as anchovas (caso queira), as alcaparras e a salsinha e regue com azeite. Misture delicadamente e adicione, a gosto, algumas pitadas de flor de sal. Sirva imediatamente ou deixe descansar, coberto e em temperatura ambiente, por até 4 horas. Caso prefira não servir imediatamente, deixe para polvilhar a farinha de rosca no último minuto antes de servir. Assim, ela permanece crocante.

5. Meu tio siciliano

Sou da opinião de que todo mundo tem que ter um tio siciliano. Não para intimidar seu primeiro namorado ou para espantar aquele sujeito estranho de terno que sempre a examina de cima a baixo no metrô, mas para transmitir a você todo o seu conhecimento na cozinha. Pois tios sicilianos sabem muito de como limpar minialcachofras e de como grelhar peixes e dessalgar anchovas em conserva para colocar no azeite e fritar berinjela de modo que ela fique praticamente sem gordura nenhuma. Eles têm opiniões sobre quais marcas de macarrão comprar, colocam escarola na pizza de massa grossa e, se deixados sozinhos com uma panela de água salgada e uma pilha de brócolis, são capazes de fazer mágica. Um tio siciliano pode ser sua porta de entrada para uma vida diante do fogão.

Sem meu tio Pietro, jamais teria conhecido o prazer de, na véspera de Ano-novo, usar um palito de dente para puxar de suas conchas pretas pequenos caramujos-do-mar cozidos no molho de tomate. Foi ele quem me ensinou a rechear a flor de abobrinha com um pedaço de muçarela de búfula e um filé de anchova e então torcer as pontinhas, mergulhar numa mistura de ovo para empanar e fritar até ficar bem sequinho. Comi ostra crua pela primeira vez obedecendo a suas ordens (ela grudou feito gelatina em minha garganta, enquanto ele me observava na outra ponta da mesa) e meu primeiro ouriço-do-mar também, no pão com manteiga, à noite, numa mesinha na parte externa de um café, em Nice. Meus melhores espaguetes foram os que aprendi vendo meu tio na cozinha, e nunca conheci ninguém que saiba limpar alcachofras tão bem quanto ele e, em seguida, executar o tipo de magia culinária com elas de que só ele é capaz (fritas, assadas ou cozidas, elas são *incríveis*). Eu o chamo secretamente de o Mago da Alcachofra.

Quando eu era criança, tinha certo medo de Pietro. Ele era muito alto e solene, sério até, alguns diriam. Impunha respeito. Pietro deixara a Sicília na adolescência e se mudara para Bruxelas com o propósito de trabalhar para a Comissão Europeia, onde conhecera minha tia Laura, que também havia deixado Roma durante a adolescência e se mudado para o norte. Segundo o que minha mãe me conta, a Itália, na década de 1960, era um lugar muito provinciano. Qualquer um que conseguisse sair e visse um pouquinho do mundo não perderia a chance. E, numa espécie de fuga de cérebros da Itália, esses jovens iam para a Alemanha, a Bélgica e para os Estados Unidos em busca de trabalho. Foi assim que Pietro e minha tia acabaram em Bruxelas.

Todos os verões, Laura e Pietro voltavam com os filhos para a Itália, assim como minha mãe e eu. Nós nos reuníamos numa cidadezinha na região de Marcas, onde eles tinham uma casa – uma antiga casa de paróquia, com capela e tudo e um damasqueiro no jardim –, e onde meus avós viviam numa fazenda que meu avô comprou e reconstruiu depois de se aposentar e sair de Roma. Meus primos e eu passávamos o verão todo correndo de uma casa para a outra, que eram ligadas por uma das duas ruas que cruzam a vila de Torre San Tommaso, parando só para comprar picolé na única lojinha da cidade a fim de matar a sede. Torre não tinha muito mais que algumas fazendas espalhadas por campos de trigo e paisagens espetaculares vistas do alto das montanhas, algo que os pintores renascentistas imortalizaram em quadros para as paredes do palácio Ducal de Urbino, perto dali. Para nós, era perfeito. Certas vezes descíamos até a praia, em Pesaro, a meia hora dali, ou fazíamos uma caminhada pelas pequenas colinas ao redor da vila. Mas sempre voltávamos para casa na hora do almoço.

Tanto o almoço quanto o jantar eram servidos na casa de Laura e Pietro, com raras exceções. Eles tinham uma mesa grande que acomodava duas dúzias de pessoas, e uma cozinha enorme o bastante para dar conta de todos nós. Só a lareira que eles tinham na casa era capaz de comportar uma mesa de quatro lugares. Além do mais, eles eram os cozinheiros oficiais da família. Logo antes do almoço, meu avô e minha mãe entravam no antigo Renault R4 dele e seguiam para a velha casa de paróquia, a poucos minutos dali, o motor reclamando de leve na subida. Nenhum de nós queria perder a oportunidade de comer o que Pietro havia preparado. Era sempre delicioso.

Às vezes ele servia umas fatias grossas de pizza siciliana para o almoço. Pietro fazia a massa e colocava numa fôrma de bolo para crescer. Mas, em vez de cobrir com molho de tomate e muçarela, usava escarola crespa com filés de anchova, tomate cortado em cubinhos e pedaços de queijo *scamorza*. Uma comida de adulto, um tanto amarga e com aromas fortes; não era exatamente o tipo de pizza que uma criança semiamericana – que crescera comendo torta de queijo na pizzaria Regina – pudesse apreciar. Mas, à medida que os anos passaram, aprendi a gostar: amarga, salgada, compacta e esponjosa.

Outro almoço delicioso da cozinha de Pietro era uma tigela grande de *penne* com um molho de tomate simples (que nossos vizinhos em Torre engarrafavam todo ano no fim do verão, numa iniciativa de preservação), cozido com alho e manjericão e finalizado com uma colher generosa de ricota de leite de ovelha comprada numa fazenda na estrada, o que deixava na massa um toque rico e cremoso. Pietro cozinhava enquanto nós, as crianças, tínhamos que pôr a mesa, e então nos sentávamos em silêncio, a barriga roncando, e Laura servia o macarrão fumegante nos pratos fundos.

Em ocasiões especiais, Maria, que morava do outro lado da rua, matava um coelho ou uma galinha de sua criação, e Pietro assava a carne com ramos grandes de alecrim do jardim. Sempre tinha batata assada, cortada em cubos e salpicada com sal grosso, além de travessas de verduras amargas cozidas no vapor e servidas com azeite verde e bastante suco de limão-siciliano.

Laura e Pietro preparavam refeição após refeição para nós, todos os dias, o verão inteiro. Tudo o que tínhamos que fazer em troca era pôr e tirar a mesa, encher o lava-louça e limpar as migalhas que sobrassem sobre a toalha de mesa. (Também tínhamos que comer toda a comida do prato, mas isso jamais foi um problema.)

Todo verão, a mãe de Pietro, Antonietta, pegava o trem de Messina até Torre e passava algumas semanas conosco. Antonietta era tão pequena e de aparência frágil quanto Pietro era alto e imponente. Prendia os cabelos brancos num coque gracioso na altura da nuca e usava brincos antigos pendurados nas orelhas. Não era minha avó, mas, como todos os outros, eu a chamava de *nonna* Antonietta – todos, exceto Pietro, que a chamava de *Mamma*, e Laura, que a chamava de *signora*. A ausência deixada por minha avó Ninì era enorme, e às vezes acho que ter tido Antonietta por perto era um conforto até mesmo para minha mãe, apesar de Antonietta ser muito mais quieta e formal do que Ninì, mesmo com seu senso de humor malicioso. O melhor de tudo era que ela era uma cozinheira de mão-cheia. Na verdade, quando Antonietta não estava passando roupa, silenciosamente, dos lençóis às cuecas de meus primos, em geral estava na cozinha, debruçada sobre a bancada, fazendo Coisas Muito Importantes com legumes e murmurando baixinho com ela mesma em dialeto siciliano – que nenhum de nós, exceto Pietro, era capaz de entender.

Adorava observar Antonietta na cozinha, seus dedos finos e elegantes esfregando farinha de rosca em tirinhas finas de carne que ela então enrolaria e colocaria num espeto. Ela fazia pilhas e pilhas desses *bracioline*, espetinhos passados em farinha de rosca, e, então, pouco antes do jantar, Pietro levava a travessa de espetinhos até a grelha montada na garagem. E ficava lá, grelhando a carne com paciência e perícia na brasa fumegante, deixando a farinha crocante e a carne macia, enquanto corríamos pela cozinha, colocando a mesa e roubando, vorazes, nacos do pão sem sal da região. Quando os *bracioline* ficavam prontos, devorávamos os espetinhos em questão de minutos, sentindo os rolinhos de carne, tão macios e delicadamente adocicados, derreterem na boca, e tudo o que sobrava era o leve cheiro de fumaça e ervas.

Antonietta também fazia a melhor *bandiera* do mundo, que é uma espécie de versão italiana do *ratatouille*, mas cerca de 4 mil vezes mais gostosa. Apesar dos meus melhores esforços, nunca consegui reproduzir a receita. Em vez de cozinhar todos os legumes separadamente, como no método francês, Antonietta montava camadas metódicas numa panela.

Primeiro as batatas, porque elas demoram mais a cozinhar. Depois uma camada de cenoura cortada em cubinhos pequenos, fatias de pimentões vermelho e amarelo, uma camada de berinjela cortada em cubos, uma camada de abobrinha e, por cima e em volta de tudo, pedaços de tomate-italiano. Ela colocava mais azeite do que qualquer um julgaria necessário e temperava com bastante sal e manjericão. A panela então ficava no fogo por horas, os legumes assando lentamente, ficando macios e se misturando num guisado pesado e perfumado. Ninguém reclamava de ter que comer legumes quando a comida era *bandiera*. Eles ficavam lisinhos e aveludados, e era impossível parar de comer.

Às vezes, enquanto brincava com meus primos no quintal, eu me via hipnotizada pela janela da cozinha. Espiava lá dentro e via Antonietta e Pietro trabalhando em silêncio, lado a lado no balcão da cozinha, descascando legumes ou cortando carne. Vê-los me deixava curiosa para saber como as compras que Pietro trazia do mercado de Urbino toda manhã se transformavam em almoços e jantares cheirosos e deliciosos. Eu adorava observar o jeito como *nonna* Antonietta sempre temperava um recheio de farinha de rosca com a quantidade exata de sal, ou como Pietro lavava metodicamente uma pilha enorme de chicória, devagar e com cuidado, sem nenhuma pressa. Eu ainda levaria um tempo até começar a cozinhar por conta própria, mas Pietro e sua mãe me ensinaram que passar horas lavando legumes ou que preparar um almoço para dez era um jeito perfeitamente agradável de passar o dia.

Anos depois, sempre que me via na cozinha por longos períodos, com, por exemplo, uma pilha de verduras para lavar na minha frente, eu me acomodava confortavelmente, apoiando o quadril contra a bancada, exatamente como Antonietta fazia, e deitando o pescoço de leve, concentrada, como Pietro ainda faz. Meu tio siciliano não me ensinou apenas a cozinhar, mas também a alimentar as pessoas.

Pizza siciliana

Rendimento: 1 pizza redonda de 25cm

Esta pizza grossa de anchovas com escarola é, definitivamente, para o paladar adulto, mas eu acho que você ficaria feliz em não ter que dividi-la com ninguém. Pode parecer estranho colocar um tipo de alface numa pizza, mas a escarola é uma verdura deliciosa quando cozida e no forno seu sabor amargo se suaviza ligeiramente. Não tente substituir o queijo *scamorza* por muçarela; a muçarela tem muita água e vai deixar a pizza ensopada.

- 2⅓ xícaras (ou mais, caso necessário) de farinha italiana "00" ou farinha de trigo tipo 1 especial
- 15g de fermento biológico fresco
- 1 xícara de água morna
- uma pitada de açúcar
- sal
- 3 colheres (sopa) de azeite de oliva
- 1 maço pequeno de escarola (cerca de 200g) lavado e escorrido
- pimenta-do-reino moída
- 6 a 8 filés de anchova fatiados
- 300g de queijo *scamorza* ou provolone cortado em cubinhos
- 2 tomates maduros ou 10 tomates-cereja cortados em cubinhos

1. Coloque a farinha numa tigela e abra um buraco no meio. Quebre o fermento biológico no buraco feito na farinha e acrescente metade da água morna e o açúcar. Usando um garfo, combine o fermento, o açúcar e a água, misturando só um pouco da farinha, até que o fermento tenha se dissolvido. Cubra com um pano de prato e deixe descansar por 15 minutos, até adquirir a consistência de espuma.

2. Adicione o restante da água aos poucos enquanto mistura o fermento com o restante da farinha. Em seguida, coloque uma colher (chá) de sal e 2 colheres (sopa) de azeite e continue misturando até a

farinha ter sido incorporada. Coloque a massa numa superfície polvilhada com farinha e sove lentamente por vários minutos, com as mãos também envolvidas por farinha, acrescentando mais farinha conforme necessário até que a massa comece a tomar forma. Cuidado para não acrescentar farinha demais – a massa deve ficar num ponto bem macio e mole (você pode usar uma espátula para ajudar a evitar que ela grude na bancada). Quando a massa não estiver mais pegajosa, faça uma bola.

3. Com um fio de azeite, unte o fundo e a lateral de uma fôrma redonda de bolo de 25cm de diâmetro e coloque a massa para descansar. Cubra com um pano de prato limpo e deixe num ambiente quente e livre de correntes de ar (um forno desligado é uma boa opção) por cerca de 1 hora ou até que a massa tenha dobrado de tamanho. Enquanto a massa cresce, rasgue a escarola em pedaços pequenos e tempere com azeite, sal e pimenta a gosto. Reserve.

4. Quando a massa tiver dobrado de tamanho, empurre-a de leve com a ponta dos dedos para que ela se esparrame até a lateral da fôrma e fique com uma espessura uniforme de, aproximadamente, 1,5cm.

5. Distribua as anchovas picadas sobre a massa e cubra com ⅔ dos cubos de *scamorza*. Coloque a escarola por cima do queijo e cubra com o tomate picado. Deixe a pizza descansar por 20 minutos em temperatura ambiente, coberta por um pano de prato. Enquanto isso, aqueça o forno a 190°C.

6. Asse a pizza por 30 minutos. Em seguida, retire-a do forno e polvilhe com o queijo restante. Volte ao forno e asse por mais 15 minutos. A camada superior de queijo deve ficar dourada (alguns pedacinhos de escarola podem até mesmo ficar levemente chamuscados). Tire a fôrma do forno e, com uma espátula e um pouquinho de força, verifique se o fundo da pizza está escuro. Se a massa ainda estiver muito branca, leve-a de volta ao forno e asse por mais 15 minutos na grade mais baixa do forno (você pode cobrir a fôrma com papel-alumínio se quiser evitar que a escarola escureça demais).

7. Retire do forno, deixe esfriar por alguns minutos e, em seguida, desenforme com cuidado. Fatie e sirva imediatamente.

Le bracioline di Antonietta (espetinhos de carne grelhada)

Rendimento: 4 porções

A farinha de rosca temperada é a arma secreta do cozinheiro italiano. É usada para dourar tudo, de legumes a macarrão e carnes grelhadas. Estes *bracioline* são um tanto trabalhosos de fazer – é preciso cortar a carne, mergulhar na farinha, enrolar e colocar no espetinho –, mas, sem dúvida, vale a pena o trabalho. A carne, cozida rapidamente na brasa ou no forno, de tão macia derrete na boca.

- aproximadamente ¾ de xícara de azeite de oliva extravirgem
- sal
- 450g de *carpaccio* de carne cortado bem fino em pedaços de 5×7cm
- 1¾ de xícara de farinha de rosca
- ½ xícara de salsinha picada bem fina
- ½ xícara de queijo parmesão ralado
- pimenta-do-reino moída

1. Coloque ½ xícara de azeite numa travessa grande e tempere com algumas pitadas de sal. Deite os pedaços fininhos de carne no azeite. Reserve em temperatura ambiente por pelo menos 1 hora e até no máximo 3 horas.

2. Enquanto isso, numa tigela média ou num prato de sopa, misture a farinha de rosca, a salsinha, o queijo ralado e o azeite restante. Tempere com sal e pimenta a gosto. A farinha de rosca deve ficar bem temperada e úmida, mas não gordurosa.

3. Aqueça o forno a 175°C. Pegue cada pedaço de carne, agitando de leve para eliminar o azeite em excesso, e passe na farinha temperada de modo que a carne fique toda recoberta. Depois de passados na farinha, enrole firmemente cada pedaço e enfie num espeto de metal fino. Repita o processo com os demais pedaços de carne, colocando cerca de 7 *bracioline* em cada espetinho. Reserve os espetinhos numa assadeira forrada com papel vegetal.

4. Leve a assadeira com os espetos ao forno por cerca de 15 minutos, virando-os a cada 8 minutos. Se você tiver uma grelha ou uma churrasqueira, não deixe de usar: os *bracioline* ficarão ainda mais saborosos. Quando a carne começar a escurecer e a borbulhar, e a farinha de rosca estiver crocante, os espetinhos estão prontos. Retire do fogo e sirva imediatamente.

6. O problema do café da manhã

Quando se é criado numa salada cultural, como aconteceu comigo – passaporte norte-americano, cidadania italiana e certidão de nascimento emitida em Berlim Ocidental –, às vezes pode-se levar um pouco mais de tempo que o normal para descobrir seu lugar no mundo. Você é uma pessoa mista, flexível, fluente em muitas línguas, um estranho onde quer que esteja. Na verdade, o cenário perfeito para se tornar um espião, embora, para meu desgosto, a CIA jamais tenha me chamado para nada. Espionar turistas se torna um dos melhores passatempos, bem como identificar os pedestres na calçada pelos sapatos que usam. Mas você tem que bolar uma resposta direta para quando as pessoas perguntam de onde você é. Você se vê respirando fundo e avaliando quem lhe fez a pergunta. Quanto essa pessoa precisa saber? Quanto tempo ela tem? Será que vai ficar entediada com uma história comprida ou vai querer saber mais? Porque a resposta nunca é simples.

E então precisa decidir onde exatamente é seu lar. (O que também não é tarefa fácil, como se pode imaginar.) Como você não tem muita certeza, tem que batalhar contra o isolamento, a dificuldade de estabelecer laços e uma constante sensação de solidão. Nós, gente misturada, não conseguimos determinar com precisão onde é nosso lar ou mesmo o que significa isso. E, no entanto, vivemos constantemente à procura dele. É um pepino, para dizer o mínimo.

E aí tem o problema do café da manhã.

Italianos comem biscoitos doces, mergulhando no café quente e levando à boca antes que o biscoito molhado se quebre e se afogue nas profundezas da xícara. Quando eu era criança, os preferidos de minha mãe eram os *krumiri*, palitinhos de fubá em formato de zigue-zague, com uns sete centímetros de comprimento, assados até ficarem marronzinhos e crocantes. Ela guardava seus *krumiri* numa lata antiga que tinha um selo com cara de oficial e um homem de rosto severo na tampa (o próprio *signor* Krumiri, quem sabe). Toda vez que ia para a Itália visitar os pais, voltava com algumas caixas de *krumiri* escondidas na mala. Os biscoitos aguentavam bem a viagem, tirando as migalhas a mais no fundo do pacote. Eu adorava vê-la transferi-los das embalagens para sua lata de direito. Às vezes, até ganhava uns pedaços quebrados.

Meu pai não teria aprovado. Em Brookline, ele se alternava entre me dar uma tigela de cereal Raisin Bran (isso era antes da época do xarope de milho com alto teor de frutose, quando as uvas-passas no Raisin Bran reluziam com seu revestimento natural de açúcar, e não o tipo de coisa que pode ser culpado pela onda de violência nas ruas, o distúrbio de déficit de atenção e a crise financeira) e me levar a uma pequena delicatéssen da Beacon Street. Nesses dias, nós sentávamos ao balcão e comíamos mingau quente de trigo, enquanto um cozinheiro negro americano, com um vistoso chapéu de papel, virava ovos numa chapa quente em ritmo vertiginoso. Eu adorava a sensação cremosa na boca e o gosto saudável do cereal quente, e sempre me emocionava quando encontrava uns carocinhos no fundo da tigela para mastigar. Levaria anos para descobrir que carocinhos de cereal são algo a ser evitado. Mesmo na casa de meus avós, nos arredores de Filadélfia, comia-se uma tigela de aveia quente com uma colherada de manteiga no café da manhã. Minha avó tinha que me convencer a comer, mas nem precisava se esforçar muito, eu fazia qualquer coisa que ela pedisse.

E quanto aos alemães, bem, os cafés da manhã alemães são lendários. Tábuas enormes abarrotadas de fatias de queijo, presunto – cozido, defumado e curado –, pepino fatiado, ovo cozido, pedaços de tomate, *Leberwursts* lisos e com pedacinhos, manteiga, queijo *quark*, manteiga de ameixa e geleia de groselha, tudo com o propósito de adornar fatias de pão preto integral *Vollkornbrot* ou pãezinhos de rápido preparo recém-saídos do forno. Na verdade, os cafés da manhã alemães são tão bons que, na hora do jantar, as pessoas repetem tudo de novo. O *Abendbrot*, ou pão da noite, é sinônimo de jantar na Alemanha. E, embora comer sanduíches abertos no café da manhã e no jantar não seja a praia de todo mundo, definitivamente você acaba entrando no clima.

Percebe o dilema? Biscoitos crocantes de fubá mergulhados no café, cereal integral com leite frio ou uma fatia de pão de centeio de fermentação natural tão fresquinho que quase chega a ser elástico, coberto com uma camada de manteiga fresca e presunto fatiado bem fininho – desse jeito, como alguém pode saber qual café da manhã é o seu por definição? É de tirar o sono.

Quando achei que as coisas não podiam ficar mais complicadas, a resposta para o meu dilema surgiu: *whirligig buns* com sementes de papoula. Pães lisinhos e brilhantes que, enrolados iguais aos cabelos da princesa Leia, se fundem um ao outro na travessa que vai ao forno. São um tanto psicodélicos e lindos, dourados e marronzinhos. Esse pão parece o clássico pão de açúcar e canela norte-americano, mas o recheio de semente de papoula, preparado quase como uma sobremesa com uma semolina cremosa, é definitivamente alemão. E, bem ao modo italiano, se enquadram na categoria de café da manhã doce, uma pequena indulgência para os gostos mais ascéticos.

E então, como escolher? Acontece que não preciso escolher, uma vez que existem *whirligig buns* com semente de papoula.

Whirligig buns com semente de papoula

Rendimento: cerca de 15 pãezinhos

Estes pães parecem complicados – massa com fermento biológico, recheio cozido –, mas, na verdade, são bem fáceis de fazer. O importante é comprar as sementes de papoula numa loja de bastante movimento – você não vai querer sementes rançosas. E então tudo o que precisa fazer é uma massa rápida, cozinhar o creme de semolina, o leite e as sementes de papoula num recheio que é tão bom que dá para comer direto da panela. A massa assa maravilhosamente bem: cresce macia, mantendo a borda durinha e o miolo fofinho; e as sementes de papoula crocantes contrastam muito bem com o miolo do pão. Mas eles não duram muito, por isso coma-os sempre fresquinhos na mesma manhã em que forem feitos, com uma bela caneca de café com leite fumegante para mergulhar.

MASSA

- ¾ de xícara de leite integral ou semidesnatado
- 7g de fermento biológico fresco
- ¼ de xícara de açúcar
- 4 xícaras de farinha de trigo (ou mais, se for necessário)
- 2 ovos grandes em temperatura ambiente
- 4 colheres (sopa) de manteiga em temperatura ambiente
- ½ colher (chá) de sal
- óleo vegetal neutro

RECHEIO

- 2 xícaras de leite integral ou semidesnatado
- raspas da casca de ½ limão-siciliano grande
- 1 colher (chá) de canela em pó
- 1 colher (chá) de essência de baunilha
- ⅓ de xícara mais 1 colher rasa (sopa) de açúcar
- uma pitada de sal
- ⅓ de xícara mais 2 colheres (sopa) de semolina
- 1 xícara de sementes de papoula
- manteiga para untar
- 1 gema de ovo
- 2 colheres (sopa) de leite integral ou semidesnatado

1. Primeiro, faça a massa: aqueça o leite até ficar morno. Quebre o fermento dentro do leite e mexa com uma colher de pau até dissolvê-lo. Adicione uma pitada de açúcar. Reserve por alguns minutos, até que a mistura comece a espumar ligeiramente.

2. Coloque a farinha numa tigela grande e faça um buraco no meio dela. Acrescente o açúcar restante em torno das bordas do buraco. Derrame a mistura de fermento no meio e mexa com uma colher de pau, incorporando a farinha aos poucos. Adicione os ovos, a manteiga e o sal, e comece a amassar com as mãos dentro da tigela. Quando a massa começar a tomar forma, passe-a para uma bancada levemente polvilhada de farinha e sove até ficar bem macia, por cerca de 3 a 5 minutos. Você pode precisar de um pouco mais ou um pouco menos de farinha, dependendo do clima do lugar em que mora.

3. Lave a tigela e unte-a com um fio de óleo vegetal. Coloque a bola de massa na tigela, cubra com um pano de prato e reserve dentro do forno (desligado!) ou em algum lugar aquecido e sem correntes de ar. Deixe crescer por 1 hora, até dobrar de tamanho.

4. Enquanto a massa cresce, faça o recheio: coloque o leite numa panela de 2l em fogo médio e adicione as raspas de limão, a canela, a baunilha, o açúcar e o sal. Deixe levantar fervura e, então, lentamente, acrescente a semolina, sem parar de mexer. Deixe a semolina cozinhar por cerca de 1 minuto, mexendo sem parar. Em seguida, acrescente as sementes de papoula. Misture bem e tire a panela do fogo. Deixe a mistura crescer e esfriar um pouco, por cerca de 10 minutos.

5. Numa superfície polvilhada com farinha, bata e sove a massa por 1 minuto ou 2. Deixe descansar por mais 1 minuto ou 2. Em seguida, abra a massa num retângulo grande, com 1,5cm de espessura. Se estiver muito elástica e difícil de abrir, apenas deixe descansar por alguns minutos e tente novamente. Espalhe o recheio já frio uniformemente sobre a massa, até quase alcançar as bordas. Enrole a massa no sentido do comprimento (eu uso uma espátula, com muito cuidado, para facilitar o procedimento) e, em seguida, envolva-a bem fechadinha com papel-alumínio e coloque no congelador por 1 hora.

6. Unte duas fôrmas redondas de bolo de 25cm de diâmetro ou uma travessa grande. Tire a massa do congelador e descarte o papel-alumínio. Corte o rolo em fatias de 4cm. Coloque as fatias nas fôrmas ou na travessa untada. Cubra com um pano e deixe crescer por 45 minutos. Enquanto isso, aqueça o forno a 190°C.

7. Misture a gema com o leite e pincele os pães com a mistura. Asse no forno preaquecido por 30 minutos, até que os pães estejam douradinhos.

8. Os pães ficam melhores se consumidos no mesmo dia. Mas se você quiser guardá-los, embale-os muito bem já assados e frios com papel-alumínio e congele numa embalagem de plástico. Degele, sem o papel-alumínio, em forno a 150°C por cerca de 15 minutos.

7. Ensopadinho da Depressão

Aos 21 anos de idade, decidi me mudar para Paris. Eu tinha acabado de me formar na faculdade, em Boston, onde passara quatro anos estudando literatura e recuperando meu atraso na cultura pop norte-americana, que tinha perdido durante meus anos de ensino médio, em Berlim. Havia muito tempo que deixara os bolos e os doces de *The Settlement Cook Book* para trás e já tinha aprendido a refogar pernil de carneiro na panela de ferro fundido verde, que meu pai me dera quando fiz dezenove anos, e a fazer polenta do zero, mexendo fubá e água no fogão por quase uma hora.

No fim da faculdade, tinha uma vaga ideia de que queria trabalhar com produção de livros. Minha paixão de infância nunca arrefecera e achei que trabalhar com eles fazia todo o sentido do mundo. Também gostava da ideia de continuar estudando. Já tinha uma graduação em língua inglesa, mas depois que um professor de redação me dissera que entrar num mestrado em belas-artes seria uma cruel perda de tempo, me dediquei a outra graduação, em língua francesa. Carole, minha chiquérrima orientadora francesa, que usava as madeixas louras descabeladas e belíssimas roupas drapeadas, me falou de alguns programas de pós-graduação em Paris, de um ano de duração, para os quais eu poderia me candidatar.

Hum, Paris, isso, *sim*, poderia ser legal, pensei. Já tinha ido a Paris em excursões de colégio, mas a cidade me encantara mesmo durante a faculdade, quando viajei até lá nas férias de primavera para visitar meu pai. Ele tinha um colega importante em Paris e passara bastante tempo trabalhando lá, alugando pequenos estúdios perto da Bastilha e no Marais. Todos os dias, ele usava um cartão telefônico para ligar para meu alojamento, em Boston, e me contar das ruelas maravilhosas que estava descobrindo, dos ensopados de feijão deliciosos que estava fazendo no jantar, as faquinhas de cozinha afiadas que tinha comprado na feira do Boulevard Richard Lenoir e como os tocadores de acordeão no metrô o faziam chorar. Meu pai *amava* Paris.

E quando a esposa dele, Susan, e eu fomos visitá-lo numa primavera, os belos edifícios, as baguetes crocantes, as crianças bem-vestidas e as senhoras elegantes também me encantaram. Guardo uma foto em preto e branco dessa viagem que Susan tirou com uma antiga câmera de filme que eu tinha. Meu pai e eu estamos de pé numa ponte perto da Île Saint-Louis, ele com o braço em torno de meus ombros. Tínhamos acabado de tomar sorvete (ainda me lembro do sabor alcoólico na garganta da minha casquinha de ameixa com Armagnac), e meu pai está tão orgulhoso, como se fosse a cidade *dele* reluzindo atrás de nós.

Na segunda metade do último ano de faculdade, já estava decidido. Eu iria para Paris fazer mestrado em estudos de cultura francesa. Enquanto meus colegas da faculdade se preparavam para se mudar para Nova York e trabalhar na área de finanças e publicidade e propaganda, eu estava relendo Rousseau e procurando moedinhas de franco perdidas em minhas gavetas.

Cheguei a Paris na primeira semana de setembro. O programa em que estava inscrita colocava os alunos da pós-graduação em estúdios alugados por toda a cidade. Quando cheguei a meu endereço tive certeza de que havia ganhado na loteria dos apartamentos. Meu estúdio ficava no sexto andar de um prédio grandioso com pátio interno na rue Bonaparte, no lendário bairro de Saint-Germain-des-Prés, a poucos metros do café Les Deux Magots, onde Jean-Paul Sartre e Simone de Beauvoir tomavam incontáveis xícaras de *café crème*. Tinha uma cozinha pequena, duas janelinhas de sótão com vista para o telhado e até elevador. Minha senhoria, uma mulher imponente chamada *madame* La Carrière, morava com a família no prédio da frente. Em seu enorme apartamento – no qual cada cômodo tinha um papel de parede diferente, escuro e todo elaborado – ela se erguia diante de mim, com um capacete de cabelos louros cuidadosamente penteados. Eu tinha certeza de que seus filhos, já quase adultos, ainda se dirigiam a ela e a *monsieur* La Carrière pelo pronome formal *vous*.

Naquele primeiro dia em Paris, meio perdida com a diferença de fuso horário, desfiz as malas, guardei tudo no armário de madeira e saí para uma longa e sinuosa caminhada pelo bairro; passei pela Place Saint-Sulpice, onde minha mãe me apontou a cobertura de Catherine Deneuve, a pequena rue de Fleurus, onde Gertrude Stein e Alice B. Toklas moraram por um tempo, e cruzei o Jardim de Luxemburgo ali perto, os sapatos quebrando o cascalho do chão enquanto jovens de bermuda de corrida e meias pretas passavam correndo por mim. Vi as crianças colocando barquinhos de madeira para boiar no chafariz, enquanto os pais e as babás ficavam sentados nas cadeiras de metal ao redor deles. O sol projetava seus longos raios por entre as árvores enfileiradas, e tudo parecia simplesmente saído de uma pintura. No fim da tarde, no caminho do parque até em casa, comprei uma casquinha de *sorbet* de cassis de um vendedor numa barraquinha em estilo antigo na entrada do parque. Era uma sensação fria e inebriante em minha boca, meus lábios manchados por um vermelho profundo.

Durante as primeiras semanas em Paris, fiquei apenas embasbacada com a beleza da cidade, exatamente como imaginei que aconteceria. Passei dias andando a esmo, surpresa ao descobrir que a cidade era menor do que eu pensava. Podia atravessá-la em poucas horas. Enquanto cruzava suas ruas, jamais cansei de olhar os grandiosos edifícios e avenidas projetados por Haussmann, poupados pela guerra que tanto arruinara Berlim. Comprava uma baguete fresca todas as manhãs (e, às vezes, à noite também), e, com uma chuva de migalhas, quebrava o pão crocante e saía mastigando enquanto caminhava. Passei horas nas feiras, cobiçando as ostras escarpadas e os lagostins reluzentes e cor-de-rosa arrumados sobre algas marinhas de aspecto suculento, as pilhas enormes de maços de alface e a impressionante circunferência de um verdadeiro *brie* de Meaux, manchado e perfumado.

Mas havia um outro lado da cidade que eu não experimentara quando a visitara apenas como turista. Em primeiro lugar, não sabia como fazer para conhecer outras pessoas exceto a meia dúzia de alunos do meu programa de pós-graduação. Então passei muito tempo sozinha. E, depois de algumas longas caminhadas exploratórias por Paris, comecei a desejar ter alguém, qualquer um, com quem compartilhar aqueles passeios comigo. A complexa burocracia que governava tudo, desde abrir uma conta no banco a pagar uma conta de luz, era incrivelmente frustrante; às vezes, parecia que os funcionários públicos se orgulhavam de seu papel em atravancar cada movimento seu. Mais desanimador ainda, estava cada vez mais claro que a pós-graduação não era bem o que eu tinha em mente. E, por fim, tinha aquela chuva que não acabava nunca. No outono de 1999, enquanto a Torre Eiffel brilhava com seus milhares de lampadazinhas e uma contagem regressiva dos dias que faltavam para o fim do século, deve ter chovido setenta por cento do tempo. Eu me sentia oprimida: pelos céus escuros e densos, por meus professores entediantes e por minha própria incapacidade de me adaptar.

As poucas amigas que tinha feito na pós-graduação eram muito mais ousadas do que eu. Saíam à noite para bares enfumaçados e discotecas mal-iluminadas e conheciam as pessoas que queriam conhecer. Não se mostravam tímidas quando o assunto era homem e tinham casos com estranhos misteriosos. Sem dúvida, suas histórias eram divertidas, mas eu não estava interessada em conhecer homens. Queria amigas para ir a um café ou fazer um jantar improvisado em casa e comer à mesinha bamba que me servia de escrivaninha, mesa de jantar e mesa de cabeceira. Queria conhecer a Paris delas, me sentir como se eu realmente fizesse parte da cidade em vez de ser uma observadora silenciosa e quase invisível. Mas era tímida e estava um tanto apavorada com o fato de ter de ser corajosa para ser notada em Paris, especialmente por mulheres.

Eu frequentava as aulas durante o dia e caminhava sozinha pelas ruas à noite. Às vezes, para fugir do isolamento crescente que sentia, entrava numa das pequenas salas de cinema da cidade, escondidas em ruelas laterais. Assistia a filmes franceses antigos, a comédias em preto e branco e a deprimentes filmes dinamarqueses contemporâneos. E tinha que lutar para conseguir um lugar nas retrospectivas de Woody Allen. Quando vi Annie Hall e Alvy Singer se atrapalhando com um monte de lagostas, perdi o fôlego de tanto rir e morri de saudade desse tipo de amizade descontraída, da simpatia dos americanos, de lagostas.

Minha companhia mais frequente na época era um bebê de oito meses chamado Cassandra de quem eu era babá uma vez por semana. Cassandra gentilmente se deixava levar em longas caminhadas pela sempre inspiradora rue Mouffetard, com seus vendedores de queijo e frango assado, pilhas de morangos e cogumelos frescos, ou pelo Boulevard Montparnasse até a Avenue des Gobelins. Toda vez que passava com o carrinho na frente da Closerie des Lilas, pensava em Ernest Hemingway rabiscando em seus cadernos, tão inspirado por seu entorno. E comecei a me perguntar o que tinha em Paris que enfeitiçara assim tantas pessoas ao longo dos anos. Será que a beleza da cidade realmente fora o suficiente para elas? Será que se sentiam tão sozinhas como eu? Como se viravam numa sociedade que me parecia tão impenetrável? Na hora do almoço, Cassandra e eu dividíamos uma quiche que a mãe dela comprava numa pâtisserie sofisticada do bairro, e mastigávamos juntas num silêncio companheiro.

De manhã, no primeiro tempo, as amigas da pós me inteiravam de suas aventuras românticas, e eu ouvia, distraída, enquanto minha mente vagava para a outra vida que eu deveria estar levando, cercada de amigos franceses que haviam sido facilmente conquistados. Não quero dizer que não gostava da companhia das norte-americanas que se tornaram minhas amigas naquele ano: Melissa, que me apresentou ao seriado *Sex and the City* e se encontrava fielmente comigo todos os domingos para um brunch; e Amy, que foi comigo ao parque de Bois de Vincennes para ver a Cartoucherie de Ariane Mnouchkine, que fazia o possível para provar todas as tortinhas de limão à venda em Paris, que uma vez fez um jantar taiwanês em sua pequena cozinha – onde havia um chuveiro na parede de frente para o fogão –, suas mãos movendo-se incansáveis enquanto ela fazia um refogado perfumado com soja e gergelim, e que me apresentou ao Pineau des Charentes, um vinho doce e rosado que deve ser bebido bem gelado.

Mas achei que a imersão seria parte da meta do ano. E, ingenuamente, pensei que ela se daria naturalmente, por isso, fazer amizade com norte-americanos parecia uma trapaça. Levei muito tempo para entender que não havia problema nenhum em perceber que viver em Paris era muito menos mágico do que apenas visitar a cidade.

A cozinha minúscula da minha *chambre de bonne* no número 47 da rue Bonaparte era praticamente do tamanho da distância entre minhas mãos quando abro os braços e só um pouco mais alta do que eu. Era da metade do tamanho do banheiro, que parecia um spa com sua banheira enorme, o bidê e a máquina de lavar de frente para a pia. Na cozinha havia uma pequena janela com uma grade empoeirada e suja de fezes de passarinho que dava ao lugar um ar de presídio. Na parede mais estreita havia um fogão de duas bocas e uma pia. Mas não havia bancada, o que significava que se eu quisesse cozinhar alguma coisa, tinha de equilibrar a tábua de cortar sobre a pia com as bocas acesas e depois tinha de esperar que elas esfriassem para ter onde colocar a louça lavada para secar. Isso, no entanto, não me incomodava. Só significava que eu não poderia fazer mais do que uma refeição simples com no máximo duas panelas, que era, afinal, como eu gostava de cozinhar.

Eu ia até o mercado e comprava uns pimentões pequenos e verde-claros, que comia fritos com arroz – uma vez um deles estava tão quente que meus lábios incharam como os da Jessica Rabbit enquanto eu mastigava –, ou beterrabas enormes e cozidas, que os vendedores espetavam com um garfo de cabo comprido e jogavam numa sacola de papel que ficava manchada e rasgava no caminho de casa. De volta à cozinha, cortava as beterrabas em rodelas e temperava com um vinagrete forte antes de comer a salada com uma baguete crocante que crepitava como uma labareda de fogo quando eu mordia. Fazia uns refogados escuros de abobrinha fatiada com tomate e cebola, tudo ensopadinho e adocicado, mas dificilmente apresentável. E sempre tinha mel francês, faquinhas de cozinha afiadas, cereal de café da manhã com chocolate e, exatamente como meu pai me dissera para fazer, latas de feijão *flageolet*, que eram da cor de espuma do mar.

Ainda estava na faculdade quando meu pai me falou do Ensopadinho da Depressão. Era assim que ele chamava a refeição que preparava em uma panela só, quando estava em Paris. Começava com uma base de molho de tomate, dourando cebola e alho no azeite. Então acrescentava alguns legumes, talvez uma cenoura ou o que estivesse sobrando na cozinha. Podia ser um aipo ou uma batata. Depois, jogava uma lata de tomate e, em seguida, uma lata de feijão *flageolet* sem o caldo. Eles eram mais delicados e saborosos do que o feijão em lata comum. Ele temperava tudo isso com sal e pimenta calabresa, colocava a tampa na panela e se entregava a seus cálculos, o ensopado borbulhando silenciosamente no fogão. Segundo ele, você sabia que a comida estava pronta quando os legumes estivessem macios, o caldo tivesse se reduzido e a mistura toda estivesse com uma textura entre uma sopa e um refogado, fácil de servir com uma colher. A melhor maneira de comer o Ensopadinho da Depressão era num prato fundo, e com a ponta crocante de uma baguete, para ao final limpar o prato. Era depois de acabar de comer que ele costumava me ligar para dizer como seu jantar tinha sido bom.

Meu pai gostava de pensar que o Ensopadinho da Depressão era o tipo de comida que se comeria num período de depressão financeira: barata, saudável e de matar a fome. Mas, para mim, era também uma solução para problemas mais pessoais. Preparar um Ensopadinho da Depressão em minha pequena cozinha parisiense fazia com que eu me lembrasse de meu pai e de como ele encontrava coisas para amar em todas as cidades para onde ia, especialmente em Paris. Então, sempre que me sentia melancólica, preparava um Ensopadinho da Depressão, e só o ato de descascar a cenoura, cozinhar o tomate, assistir aos pequenos grãos de feijão *flageolet* nadarem como um cardume de peixinhos verdes na panela me faziam sentir um pouco menos sozinha.

Ensopadinho da Depressão

Rendimento: 2 porções

Você pode colocar quantos legumes quiser neste ensopado, dependendo do que tiver na geladeira. Mas ele fica muito bom também só com os ingredientes básicos: tomate, cebola e feijão em lata. O importante é comer com pão de boa qualidade. Eu recomendo a ponta de uma baguete crocante ou uma fatia grossa de pão italiano torrada, esfregada com alho e temperada com azeite.

- 3 colheres (sopa) de azeite de oliva
- 1 dente de alho descascado
- 1 cebola média cortada em cubos
- 1 cenoura cortada em cubos
- 1 batata (opcional)
- 1 abobrinha pequena (opcional)
- 1 lata de 400g de tomate sem pele
- sal
- pimenta calabresa em flocos (opcional)
- 1 lata de 400g de feijão-branco sem o caldo, ou feijão *flageolet* (você pode substituir por feijão romano)
- baguete ou pão italiano torrado com alho e azeite, para acompanhar

1. Em fogo médio, aqueça o azeite numa panela pequena. Adicione o dente de alho e a cebola em cubos e refogue por cerca de 5 minutos, mexendo sempre, até a cebola se tornar translúcida. Tome cuidado para que a cebola não escureça. Adicione a cenoura e cozinhe por mais alguns minutos. Se tiver uma batata ou uma abobrinha pequena sobrando, corte em cubinhos e acrescente à panela. Mexa bem e deixe cozinhar por mais alguns minutos.
2. Adicione os tomates da lata com o suco, amassando-os com os dedos ou com uma colher de pau. Tempere com sal a gosto e pimenta calabresa, caso aprecie molhos picantes. Mexa bem e deixe cozinhar por 5 a 7 minutos.
3. Acrescente o feijão, misture bem e deixe levantar fervura. Abaixe o fogo e deixe cozinhar, com a panela tampada, por 30 minutos.
4. Sirva quente acompanhado da ponta de uma baguete crocante ou coloque o pão com alho e azeite num prato fundo e cubra com o Ensopado da Depressão. Use garfo, faca e colher.

8. À primeira vista

Paris, no entanto, tinha ainda algumas surpresas na manga para mim. Poucos meses depois de chegar, liguei para um velho amigo de Berlim que tinha se mudado para Paris depois do ensino médio, pensando que já que eu não fazia novas amizades francesas pelo menos poderia rever um rosto amigo e conhecido de minha antiga casa. Numa ligação entrecortada, Malte me disse que estava passando uns meses num projeto de arquitetura numa ilha no oceano Índico.

"Mas você se lembra do Max, de Berlim?"

Eu me lembrava, vagamente. Eu o tinha visto uma ou duas vezes, mas não conseguia me lembrar de seu rosto. Tudo o que me vinha à memória eram as maçãs do rosto proeminentes, um corte de cabelo estranho que consistia de um rabo de cavalo alto e as laterais da cabeça raspadas e o fato de que algumas amigas minhas tinham uma quedinha por ele, com suas feições bem-marcadas, a boca delicada e os olhos azul-claros.

"Ele está por uns meses na minha casa", eu o ouvi dizer com um ligeiro atraso na ligação. "Ele está fazendo um estágio em Paris. Você deveria ligar para ele! Vou dar o seu número para ele também. Vocês podem tomar algo juntos. Acho que ele está se sentindo meio sozinho."

Tudo bem, eu pensei. *Eu posso sair com esse cara para tomar uma cerveja e a gente pode se lamentar sobre como é difícil conhecer meninas (para diferentes fins, claro) nesta estranha e bela cidade. Vai ser bom ver um rosto conhecido e sair um pouco de casa à noite, com outra pessoa, por algumas horas*. Não tinha a menor ideia do que Malte estava planejando. Nem de que ele havia ligado para Max depois de falar comigo e lhe dito a mesma coisa.

Max e eu nos desencontramos por alguns dias. Então, deixamos mensagens desajeitadas na secretária eletrônica um do outro, daquele modo excessivamente educado, quando não se conhece bem quem está do outro lado. Por fim, combinamos de ir a um bar chamado Le Breguet, no 15º *arrondissement*. Marcamos um encontro na plataforma do metrô Pasteur e dali caminharíamos até o bar juntos, do jeito que fazíamos em Berlim, na época em que ainda não existia celular.

E foi assim que, em 12 de outubro de 1999, desci de um vagão de metrô, virei-me para esperar o trem se afastar e vi Max de pé na outra plataforma. Ele estava usando uma calça azul larga e um casaco preto fino, forrado com um tecido xadrez vermelho, e o aro dourado de seus óculos brilhava sob a luz fria da estação, enquanto sorríamos um para o outro. Eu estava em dúvida se iria reconhecê-lo; fazia seis anos que o vira pela última vez, no último ano do ensino médio. Mas as feições borradas em minha mente encontraram seu foco assim que o vi na plataforma oposta. Já não tinha mais o corte de cabelo moderninho, que substituíra por um cabelo louro cheio e dividido de lado. As maçãs do rosto proeminentes eram *exatamente* como eu me recordava. Mas percebi que não me lembrava de como seu sorriso era bonito.

No Le Breguet, que era enfumaçado e tinha as paredes grafitadas sem deixar de ser aconchegante, bebemos, ao longo da noite, uma caneca de cerveja de um litro e meio cada um, embora eu quase não tenha percebido o álcool. Enquanto eu tinha vindo a Paris para a pós-graduação, Max estava completando um estágio na Siemens, no norte da cidade. Como a maioria dos alemães, ele só entrara na universidade havia um ano, aos vinte e poucos anos de idade. Os anos após o ensino médio tinham sido ocupados com o serviço militar e um curso técnico. E enquanto eu tinha frequentado a escola germano-americana em Berlim, fundada em 1960 e administrada pelo estado de Berlim e pelo Departamento de Estado dos Estados Unidos, Max tinha estudado no Lycée Français, cujas raízes em Berlim remontavam ao século XVII, quando os huguenotes fugiram para a Alemanha depois de serem expulsos da França.

Portanto, Paris era um bicho completamente diferente para Max do que era para mim. Ele tinha amigos aos montes, da época do ensino médio e do trabalho. Não tinha dificuldade com a língua, nem passava muito tempo se perguntando por que era tão difícil conhecer meninas parisienses. Além disso, não estava nem perto de ser tão tímido como eu. Foi então que comecei a desconfiar que Malte não tinha sido exatamente sincero quando me disse que Max estava se sentindo sozinho.

Passamos quatro horas conversando e perdemos o último metrô da noite. Na rua, no escuro, quando nos despedimos com dois beijinhos, fiquei surpresa de ver como me sentia feliz e tranquila depois da melancolia que tinham sido os últimos meses em Paris. Fora tão bom conversar com Max. Depois de todas aquelas semanas de noites silenciosas e solitárias, esta tinha sido, enfim, divertida. Max era algo familiar, um lembrete de meus anos felizes em Berlim. E havia outra coisa também, uma pequena faísca de empolgação que me atingiu naquela noite, na mesinha ao lado da janela. Quando nos inclinamos para nos despedir, percebi que estava agitada pela ideia de tê-lo perto de mim. Isso era tão incompatível comigo, sempre cautelosa, sempre tímida. Coloquei a culpa na cerveja e no prazer de ver um rosto conhecido, ajeitei a gola da capa de chuva e fui para casa caminhando pelas ruas escuras. Mas não conseguia parar de pensar em seu sorriso de esguelha e no modo como os lábios se moviam quando ele falava.

Nos dias que se seguiram, Max e eu pegamos o RER para Versalhes e caminhamos ao longo de um canal comprido atrás do palácio sob um céu cor de chumbo. Ele cozinhou para mim no apartamento de Malte, enquanto eu o observava colocar pasta de amendoim e *crème fraîche* numa panela grande cheia de pedaços de frango salteados com pimentão vermelho e milho. A mistura era surpreendentemente boa. Nenhum homem havia cozinhado para mim antes, então imagino que parte do charme era esse. Fomos ao cinema assistir a *Buena Vista Social Club*, mas em vez de me concentrar nos cantores cubanos, só conseguia pensar no fato de que podia sentir o calor do braço de Max a apenas alguns centímetros de mim, e que podia sentir o cheiro dele, limpo e agradável.

Uma noite, compramos uma garrafa de sidra de uma mercearia árabe perto do Boulevard Saint-Michel e nos sentamos no promontório da Île de la Cité, as pernas balançando sobre a margem do rio enquanto a cidade reluzia à nossa volta, a Torre Eiffel brilhando constantemente a distância. Nos revezamos bebendo da garrafa, as bolhas secas arranhando minha garganta. Minhas mãos estavam úmidas, e meu coração, acelerado.

Tinha sido apenas uma semana, mas parecia que toda uma vida havia se passado desde que nos encontráramos pela primeira vez na plataforma da estação Pasteur. Minha mente repassou cada um dos dias que passamos juntos. Sete dias não era muito, mas eu estava com uma sensação engraçada, lá na boca do estômago, de que algo monumental estava acontecendo. Agora, tinha que usar de todas as minhas forças para não ficar encarando Max quando estava com ele. E parecia ser mútuo: nunca tinha sido encarada tão intensamente por ninguém. Era a sensação mais maravilhosa de estar sendo engolida por inteiro.

Terminamos a sidra à meia-noite e nos levantamos devagar, agitando a câimbra das pernas geladas naquela noite de outono. Max caminhou comigo até minha casa, do outro lado do rio escuro e do movimentado Boulevard Saint-Michel. Enquanto eu me atrapalhava digitando o código para abrir o portão do prédio, ele permaneceu num silêncio desconfortável a meu lado. Atravessamos o pátio, o barulho de meus sapatos ressoou nos paralelepípedos antigos, e depois nos esprememos no pequeno elevador, a manga de nosso casaco se tocando. Então ele me seguiu para dentro de meu pequeno estúdio. Deixei as luzes apagadas, tiramos os casacos e nos sentamos lado a lado na cama estreita (onde mais?).

Ficamos assim por um tempo, olhando para as janelas escuras de meus vizinhos do outro lado do pátio, enquanto o relógio na cozinha marcava os segundos muito mais alto do que jamais me parecera. E então Max se aproximou e me beijou, e tudo que havia à nossa volta desapareceu lentamente – o quarto, o relógio barulhento, o céu aveludado da noite. Achei que podia até ter ouvido as engrenagens da Terra pararem. Então o ouvi sussurrar: "Estou me apaixonando por você."

Quando entrei na sala de aula na manhã seguinte, grogue, mas vibrando com uma energia assustadora e maravilhosa, era como se o mundo tivesse ganhado uma faxina de um dia para outro. Tudo brilhava e as paredes dos edifícios estavam mais nítidas. Eu estava tão cansada que podia ter dado de cara num poste, mas também nunca me sentira tão desperta, tão viva. O mais louco era que eu nem sabia que havia uma parte de mim que precisava ser acordada.

Max e eu passamos a sair para descobrir Paris juntos, que era, concluí, como a cidade deveria ser descoberta, *à deux*. Nós subíamos o bairro de Ménilmontant e tomávamos sopa de macarrão chinês em pequenos restaurantes que expunham pés de galinha cozidos na vitrine. Ficávamos até tarde no Le Breguet e passávamos horas sentados nos degraus da Sacré-Coeur, vendo o céu sobre a cidade mudar de cinza para lilás até o rosa mais pálido. Max ia comigo às pequenas salas de cinema que eu havia descoberto em minhas caminhadas solitárias e me levou para a área mais industrial ao norte da cidade, onde ele trabalhava. Saímos para dançar num barco ancorado no Sena, e Max me apresentou às *grec frites*, à carne de porco desfiada e batatas fritas enroladas num pão árabe quente que se comia com a mão e que era muito mais gostoso bem depois da meia-noite. E, às vezes, só ficávamos sentados em silêncio, olhando um para o outro. Eu queria memorizar cada centímetro dele. Era a coisa mais estranha: ele se encaixava como uma peça de quebra-cabeça numa parte de mim que nunca tinha percebido que ainda estava vazia.

Logo, Max estava sentado à pequena mesinha redonda que me servia de escrivaninha, mesa de cabeceira e mesa de jantar. Ele abria uma garrafa de sidra, e eu fazia algo simples para o jantar, como risoto com açafrão ou espaguete. Às vezes, eu preparava uma salada com *mâche*, uma folha verde-escura tão macia quanto relva nova, e fatias de laranjas-de-sangue azedas. O suco vermelho manchando o molho da salada. A melhor parte eram os piqueniques feitos em casa. Pegávamos uma bela baguete na padaria da rua e íamos até o supermercado Monoprix, onde comprávamos queijo de cabra, fatias de salame *rosette de Lyon*, um patê que nos lembrava o *Leberwurst* de casa, azeitonas e tomate-cereja. A gente empilhava tudo na mesa e comia com as mãos. Mas foram as endívias refogadas que firmaram o acordo: elas realmente faziam os olhos dele se arregalarem.

A primeira vez que comi endívias refogadas foi com meu pai no início daquele ano, numa lanchonete simples de Paris, onde uma refeição de três pratos custa o equivalente a nove dólares e a cozinha é especializada na culinária clássica de bistrô francês, com pratos como *hachis Parmentier*, alho-poró com vinagrete e *blanquette de veau*. As endívias refogadas em nossos pratos pareciam não ter graça nenhuma. É sério, eram molengas e pálidas. Mas o garfo as atravessava como faca cortando manteiga, e o que lhes faltava em cor sobrava em sabor: amargas e cremosas ao mesmo tempo, levemente caramelizadas e com um toque cítrico. Era um gosto tão interessante, tão diferente da maioria das verduras que eu gostava de comer. Eram um pouco estranhas, mas eu simplesmente não conseguia parar de comer – como eu gostava disso…

Alguns meses depois, meu pai encontrou uma receita de endívias refogadas num livro de receitas francesas bem genérico, que ele encontrara numa pilha de promoções em sua livraria favorita de Boston, a New England Mobile Book Fair. Ele me ligou, animado, para me passar a receita por telefone. O prato não tinha nada de mais. Tudo o que você tinha que fazer era cortar as endívias ao meio e fritar em azeite até que o lado cortado ficasse dourado. Então você as virava na caçarola, jogava um pouco de sal e açúcar para caramelizar e acrescentava o suco de um limão-siciliano. Com o fogo bem baixo e a panela tampada, as endívias deveriam cozinhar no caldo agridoce por apenas meia hora, até se tornarem macias e adocicadas.

O que o mundo deseja é que você pense que a chave para o coração de um homem é um belo bife ou uma pilha de *pancakes* com bacon no café da manhã depois de uma longa noite na cama. Mas estou aqui como prova de que, às vezes, uma verdura amarga refogada já é o suficiente. Afinal, foram as endívias refogadas que fizeram o homem que eu começava a adorar se virar para mim depois do jantar com um suspiro de satisfação e dizer: *"Eu amo que você ame cozinhar."*

Endívias refogadas

Rendimento: 2 porções (como acompanhamento)

Neste prato simples, o suco do limão-siciliano dá um toque ácido que equilibra o amargor das endívias. Para realçar o limão, você pode acrescentar raspas da casca do limão no fim do cozimento. Ou, se você gosta da combinação de laranja com endívia, substitua o suco de limão pelo suco de meia laranja. Sirva com frango assado ou com uma posta de peixe frito para um jantar rápido num dia de semana.

- 3 ou 4 endívias
- 3 colheres (sopa) de azeite de oliva
- uma pitada de açúcar
- sal e pimenta-do-reino moída a gosto
- suco de 1 limão-siciliano
- 1 colher (sopa) de manteiga (opcional)

1. Lave e seque as endívias e retire as folhas externas mais pálidas. Corte-as ao meio, ao comprido, e retire a pontinha da raiz, deixando os pedaços intactos. Retire o miolo.

2. Em fogo médio, aqueça o azeite numa frigideira larga e pesada de 3l, com tampa. Coloque as endívias, com a lateral cortada para baixo. (Se as endívias forem muito grandes, ou se você dobrar a receita, este passo terá de ser feito em etapas.) Deixe as endívias refogarem por 3 a 5 minutos de cada lado, até ficarem douradas, mas sem queimá-las.

3. Quando as endívias estiverem douradas de ambos os lados, aperte-as para caberem todas na panela e polvilhe o açúcar, o sal e a pimenta. Deixe o açúcar derreter por alguns segundos. Em seguida, adicione o suco de limão, abaixe imediatamente o fogo e tampe a panela.

4. Deixe as endívias cozinharem por 15 minutos. Elas devem ficar macias e caramelizadas. Retire-as da panela e coloque-as num prato

de servir. Aumente o fogo para médio e reduza o caldo até obter um xarope fino, mexendo bem por 2 a 3 minutos. Se você quiser um caldo mais grosso, acrescente uma colher (sopa) de manteiga na panela e mexa por mais uns 3 a 5 minutos, até que a manteiga tenha derretido e se incorporado ao molho. Com ou sem manteiga, despeje o molho sobre as endívias e sirva imediatamente.

9. Nem um pouco pronta

Não sei como você era aos 21, caro leitor, mas, em retrospecto, acho que se pode dizer que eu era um tanto apegada à rotina. É verdade que havia muito tempo que eu já tinha superado minha aversão infantil a comidas diferentes, mas ainda evitava coisas como maionese, mostarda e picles como o diabo foge da cruz (uma façanha e tanto num lugar como Paris, você pode imaginar). Eu tirava o coentro com cuidado de minhas sopas vietnamitas, evitava os *gravlax* perfeitamente saborosos e temperados com aquele endro hediondo e peludo (ai, como odiava aquilo) e ficava muito, mas muito nervosa com a ideia de amor à primeira vista.

Amor à primeira vista é praticamente o maior clichê do mundo. E é um clichê ainda maior quando acontece em Paris. Mas se você for alguém com um coração normal, não fará cara feia para as circunstâncias nem ficará envergonhado de ter se tornado um clichê ambulante. Tudo o que precisa fazer é se abrir e deixar as coisas acontecerem. Foi exatamente o que o Max fez. Ele me escrevia cartas apaixonadas e se vangloriava de sua sorte grande. Ele me beijava com fervor a cada esquina e me dizia que eu estava linda, mesmo quando eu estava mais ou menos, e se pudesse gritar que me amava do alto de um prédio, imagino que o teria feito. Ele se entregou ao amor com todo o prazer.

Mas eu fiquei na dúvida por um bom tempo. Estava apavorada com a profundidade de nossos sentimentos. Nunca tinha experimentado nada como aquilo na vida, e, para ser sincera, estava um pouco desconfiada. Aquilo não podia ser de verdade, aquele amor que sentíamos um pelo outro e que consome tudo. Tinha que ter uma pegadinha. Tinha que ter. Era como odiar picles a vida toda (aquelas coisas gosmentas e adocicadas) e depois comer um *cornichon* pela primeira vez, crocante, azedo e perfeito, e não querer aceitar que aquela coisa maravilhosa que você queria passar o resto da vida comendo feito bala é a mesma para a qual você fez cara feia a vida toda. (Está me acompanhando?)

Em alguns momentos era como se eu não precisasse de mais nada no mundo além dos braços de Max ao meu redor. Aquela sensação de que o mundo estava se distanciando, de que só nós dois existíamos era simplesmente arrebatadora. Quando ele estava comigo, eu me sentia completa, inteira. Mas também ficava nervosa. Passei muito tempo me preocupando que era tudo muito intenso e muito rápido, que estávamos nos entregando demais para nosso próprio bem. Eu me alternava entre momentos de êxtase – o tipo de empolgação natural que nunca experimentara antes – e de extrema suspeita. O que ia sair disso tudo? Amor à primeira vista não era uma conversa fiada? Não podia acontecer na vida real. Eu estava em guarda.

Estou tão feliz que podia morrer, pensei um dia. E logo depois, *preciso tomar cuidado. Isso é uma loucura. Tenho apenas 21 e eu mal o conheço.*

E ainda tinha o problema da geografia. No fim do ano, o estágio de Max acabou e ele voltou para a pequena cidade da Bavária onde fazia faculdade enquanto eu fiquei em Paris. Com a aprovação de meu pai, encontrei a coragem de abandonar a pós-graduação e, com a ajuda de *madame* La Carrière, que sem dúvida não queria perder um inquilino pagante de uma hora para outra, consegui um emprego numa editora na esquina do meu prédio. Nos meses seguintes, Max e eu trocamos centenas de e-mails e dezenas de cartões-postais e cartas. De vez em quando ele vinha a Paris para me ver ou eu pegava um avião até Passau para visitá-lo, mas nosso romance diário era levado na ponta da caneta e nas teclas do computador. E havia espaço para muito mal-entendido. Estávamos desesperadamente apaixonados, mas nossa realidade não refletia isso.

Amava o trabalho que tinha encontrado no departamento de inglês de uma editora francesa, revisando livros de receitas e livros de arte traduzidos. Alguns dias eu ficava até organizando em ordem alfabética a enorme biblioteca de livros de receitas do setor. Quando tinha um tempo, me sentava de pernas cruzadas na frente das estantes e transcrevia receitas irresistíveis de omelete tricolor, bolo de chocolate francês ou *Riz Impératrice* em páginas soltas que eu dobrava e guardava no bolso. Na hora do almoço, ia até minha casa e esquentava uma sobra de Ensopadinho da Depressão ou passava em minha padaria preferida e comprava um sanduíche de baguete com salame e *cornichon* fatiado – que tinham se tornado minha nova obsessão – e comia sentada na fonte da Place Saint-Sulpice. Max adorava *cornichon* e comia aos potes quando vinha me visitar. Foi ele quem me fez também cair de amores por eles, com a sua casca irregular e o sabor intenso.

Mas depois que Max foi embora, viver em Paris não ficou mais fácil. Apesar dos colegas de trabalho muito gentis que fiz na editora, a simpatia deles nunca se estendeu para além da porta da empresa às cinco da tarde. E havia muito tempo que Amy e Melissa tinham arrumado namorados com quem passavam a maior parte do tempo. Max estava longe, e os e-mails, cartões-postais e cartas que fielmente me enviava não compensavam sua ausência. Noite após noite sozinha em casa, comendo *cornichon* diretamente do pote e cozinhando espaguete com farinha de rosca e alcaparras para um, eu me sentia como se estivesse murchando por dentro.

Depois de um ano em Paris, quando o verão estava chegando ao fim, decidi ir embora. Tinha ficado um ano inteiro, o que parecia quase impossível no início, quando estava atolada nas aulas de pós-graduação, com professores se perdendo em ladainhas sobre o modo imperativo. E me permiti achar que já era o bastante. Na vez seguinte em que Max veio me visitar, empacotamos minhas facas de cozinha, meus recortes de receita e os patins que tínhamos comprado para correr a cidade juntos e alugamos um carro que dirigimos de Paris a Berlim em dois dias, parando para dormir num hotel de beira de estrada perto de Düsseldorf, onde o barulho dos carros na estrada e a sensação de que concluía um capítulo na vida me mantiveram acordada a noite toda. Quase não falamos um com o outro.

Meu plano era encontrar um emprego em Berlim. Quando cheguei lá, me instalei no quarto de hóspedes de minha mãe e passei semanas procurando emprego, mandando meu curto currículo para as poucas editoras que restavam em Berlim depois do fim da Segunda Guerra Mundial, quando a maioria das empresas e indústrias se mudaram para as cidades prósperas da Alemanha Ocidental e ficaram por lá. Mas não obtive nenhuma resposta. Logo ficou claro que, com meu diploma de ensino médio norte-americano (eu tinha optado por não seguir o diploma alemão na escola) e a minha graduação numa universidade norte-americana, eu não iria muito longe. As reformas acadêmicas que mudariam o modo como a Alemanha reconhece diplomas estrangeiros, especialmente os norte-americanos, ainda estavam a anos de acontecer.

Os limites de minha existência em Berlim logo se tornaram desconfortavelmente óbvios. Talvez eu tenha nascido lá e chamasse aqueles paralelepípedos de meus, mas na hora do vamos ver, eu era uma estranha, uma estrangeira com uma educação que não era muito aos olhos do sistema, apesar de meu alemão quase perfeito e do fato de que não havia nenhum outro lugar que pudesse chamar de casa. Era muito perturbador perceber que, na prática, eu não tinha muito futuro na cidade em que sempre achei que iria envelhecer. E entendi por que meu pai tinha, em parte, se sentido compelido a sair de Berlim depois que seu casamento acabou. Como estrangeiro, mesmo um estrangeiro incorporado à cultura local e que só queria ser um membro e um contribuinte responsável da sociedade alemã, ainda havia um telhado de vidro, uma barreira educada, porém firme.

Depois que percebi que não havia muito em Berlim para mim, me senti sufocada. Estava no início de minha vida profissional. E estar de mãos vazias em Berlim, enquanto em Nova York abriam inúmeras novas vagas, me fez ter vontade de ir embora na mesma hora. Max, por outro lado, ainda tinha anos de faculdade pela frente. Se eu ficasse em Berlim por ele, sem nenhuma perspectiva de emprego, não iria, mais cedo ou mais tarde, me ressentir?

E, fora a situação profissional, estava com medo do comprometimento que Max queria. E disfarcei meu medo com preocupações profissionais, mas ele percebeu tudo. Desesperado, me disse que esse tipo de amor que consome tudo e dá significado à vida não acontece duas vezes. Acontece uma vez só na vida. Você não *vê* isso? O problema é que eu não acreditava nele. Quando estivesse pronta, quando tivesse idade suficiente, tinha certeza de que o amor aconteceria. Era mais sensato partir.

E assim ficou decidido: eu iria para Nova York. Pararia na casa de meu pai, em Boston, enquanto arrumava um emprego na cidade grande. Algumas amigas no Upper West Side tinham um quarto vago na hora certa. Meu caminho estava delineado e, de repente, o futuro parecia muito seguro. Desisti de Berlim e, naquele instante, senti um alívio.

Max não podia acreditar na velocidade com que tomei a decisão. E, tarde da noite nos últimos dias antes de ir embora, eu me perguntava se não estava cometendo um erro terrível. Mas fui mesmo assim. Não sabia mais o que fazer. E, às vezes, isso é tudo o que se pode dizer.

Espaguete com farinha de rosca, alcaparras e salsinha

Rendimento: 1 porção (podem-se dobrar as quantidades)

- 2 colheres (sopa) de azeite de oliva
- 1 dente de alho esmagado
- 1 pimenta vermelha seca esfarelada
- 1 filé de anchova (opcional)
- sal, caso necessário
- 3 colheres (sopa) de farinha de rosca
- 2 colheres (sopa) de salsinha picada
- 100g de espaguete

1. Coloque água em uma panela para ferver. Adicione sal.

2. Enquanto isso, numa panela pequena em fogo médio, coloque uma colher (sopa) de azeite e o alho esmagado, a pimenta e a anchova (caso opte por utilizá-la). Quebre a anchova com uma colher de pau enquanto o azeite esquenta, fazendo com que ela se dissolva no óleo. (Se você não usar a anchova, adicione uma pitada de sal na panela.)

3. Adicione a farinha de rosca e frite, mexendo sempre, até que a farinha esteja dourada e crocante (não deixe queimar). Descarte o alho, acrescente a salsinha e prove o sal. Reserve.

4. Cozinhe o espaguete em água fervente até ficar *al dente*. Reserve algumas colheradas da água do cozimento antes de escorrer o espaguete.

5. Despeje a massa na panela com a farinha de rosca e misture, em seguida acrescente a segunda colher (sopa) de azeite. Se o espaguete estiver seco, adicione um pouco da água do cozimento para soltar o molho. Sirva imediatamente.

Parte 2

10. De quatro

Quando eu tinha quatro anos de idade, meus avós me levaram ao Rainbow Room, no alto do prédio da GE, no Rockefeller Center. A pista de dança era encerada e brilhante, havia garçons de smoking e comemos pato no jantar, a carne macia e o sabor intenso, uma revelação para mim. De sobremesa, um garçom simpático me trouxe um biscoito preto e branco num pratinho de porcelana. Se você acha que, para uma criança de quatro anos, algo tão especial como uma noite no Rainbow Room seria um desperdício, não se preocupe: nunca me esqueci daquela noite. No entanto, por incrível que pareça, não foi ali que me apaixonei por Nova York, embora tenha ficado encantada.

O fim de semana em que me apaixonei por ela veio alguns anos depois. Eu tinha nove anos, e meu pai e eu visitávamos a cidade com meus avós de novo. Minha avó Ann tinha crescido no Brooklyn, e meu avô Dave, um entre oito filhos, crescera no Bronx. Eles saíram da cidade recém-casados, quando meu avô conseguiu um emprego no Arsenal da Marinha da Filadélfia, e os dois se estabeleceram num subúrbio tranquilo de lá, onde criaram os filhos e passaram o resto da vida. Mas eles deixaram o coração em Nova York. Os subúrbios da Filadélfia estavam muito aquém da vibrante cidade grande em que haviam crescido, e mesmo depois de cinquenta anos na Filadélfia, quando alguém perguntava onde eles tinham crescido, meus avós sempre respondiam: "Nova York!"

Vovó e vovô se cercaram de outros nova-iorquinos e voltavam com frequência a Manhattan para passar o dia. Eles iam de ônibus e assistiam a um espetáculo de ópera à tarde ou iam a uma matinê no teatro. Depois, antes de voltar para casa, jantavam cedo com amigos num restaurante italiano do Queens, com toalhas de mesa brancas e grossas, garçons napolitanos e macarrão com molho de tomate.

Num fim de semana de 1986, meu pai e eu os encontramos em Manhattan. Assistimos a *Madame Butterfly*, no Lincoln Center, onde fiquei no colo de minha avó enquanto a triste moça de cabelos compridos que usava um quimono cantava, e depois cruzamos a cidade num carro amarelo dirigido por um taxista com sotaque carregado do Brooklyn. Almoçamos com velhos amigos deles e caminhamos até a Quinta Avenida, a cidade pulsante e viva à nossa volta.

Tudo me deixava boquiaberta: a quantidade de táxis, os edifícios gigantescos, as pessoas, tão coloridas e ousadas quanto eu jamais vira. E me apaixonei pelas ruas estreitas perto da 20th Street e pelo brilho do hotel Plaza. Passamos por restaurantes vegetarianos *kosher* indianos e por empresárias de terno e ombros largos na Quinta Avenida. E caí de quatro pela cidade. Comprei uma bolsa de pano com a estampa "I ♥ New York" de um vendedor de rua e voltei para casa exultante, proclamando meu amor e com uma certeza enraizada em meus ossos: *Um dia, vou morar em Nova York.*

E fui, quinze anos depois.

Deixei Paris e Berlim para trás, com toda a confusão e a tristeza que se escondiam lá, e consegui um emprego numa editora no Rockefeller Center. Eu tinha uma mesinha do lado de fora da sala do editor e atendia aos telefonemas dele, filtrando ligações de agentes e autores, além de tomar nota em reuniões, ir a lançamentos com outras assistentes e me esbanjar com as bolsas cheias de provas finais de livros gratuitas. Caminhava até a ponte do Brooklyn no pôr do sol, com a cabeça nas nuvens e uma vista fenomenal da Lower Manhattan, e senti um orgulho presunçoso quando aprendi a me orientar no West Village sem precisar de um mapa.

Consegui um pequeno quarto num apartamento que dividia com duas amigas no Upper West Side, em frente ao Zabar's, a poucas quadras do Central Park. Elas também trabalhavam em editoras, e depois do trabalho nós assistíamos a velhos filmes da Meg Ryan cujas locações eram em ruas logo ali do lado. Nos fins de semana, ficávamos na rua até tarde ou organizávamos jantares com cadeiras emprestadas e lampadazinhas de Natal penduradas nas janelas; no inverno, brigávamos com a proprietária do apartamento por causa do aquecimento.

Naquele primeiro ano em Nova York, todos os dias eu me encontrava num estado febril de alegria: descobria a emoção dos filmes em preto e branco do Film Forum nas tardes de domingo; tomava Bloody Mary em copo de cerveja em jantares no Tile Bar, no East Village; apertei a mão de Bill Clinton num lançamento de um livro em Tribeca; andava de ônibus pela cidade toda, só para conhecer cada bairro; a caminho do trabalho, ouvia o lacônico condutor do metrô anunciar a Times Square como o "ponto de encontro do mundo" todo dia de manhã, e via todos os passageiros a meu lado abrirem um sorriso.

Nunca me senti sozinha em Nova York. Nada da solidão que tanto me abatera em Paris. Mesmo nas longas caminhadas sozinha pelo Central Park ou nos táxis de madrugada, depois de uma noite com os amigos, eu me sentia como se estivesse rodeada de pessoas, da melhor forma possível. As multidões nunca me incomodaram. Depois da dor de deixar Max para trás, parecia que Nova York estava me curando.

Mas houve muitos momentos em que também sentia culpa. Eu escolhera a mim mesma, em detrimento dele. Não era para ser, tentava me consolar, embora as palavras soassem ocas em meus ouvidos. Não era a hora. E tenho certeza de que a essa altura ele já deve ter seguido em frente. Isso me deixava ainda mais angustiada. Então baixei a cabeça e tentei esquecer Max.

Estar em Nova York era como ganhar na loteria. Eu estava no centro do Universo, e era muito melhor do que eu podia imaginar. Nos primeiros anos, muitas noites, eu chegava em casa do trabalho, trocava de roupa, fazia um jantar rápido e saía de novo, cruzando o Upper West Side do Boat Basin, na 79th Street até o Central Park, do imponente edifício residencial Apthorp até o Metro Theater, fechado, na esquina da 76th com a Broadway. Às vezes, andava todo o caminho da Columbia até a 116th Street, passando pelos portões de ferro fundido em Riverside Drive, me perguntando em qual prédio Joanie tinha crescido. Então, seguia para a Amsterdam Avenue, que, naquela altura, ainda era um pouco arriscada, e voltava para o burburinho da 80th Street, onde os restaurantes e bares ficavam cheios de gente jovem entupindo até a calçada.

Nossa rua era meio malcuidada, escondida entre os quarteirões de fachadas bonitas de arenito à nossa volta. No fim da rua, havia um brechó famoso, e um pouco adiante uma livraria pornô, onde entravam uns sujeitos mal-encarados desviando o olhar. Às vezes, no caminho para o trabalho de manhã, um homem no prédio ao lado se exibia para nós por trás da segurança da porta de vidro do edifício, o rosto encoberto pelo moletom. Uma vez, vi um rato do tamanho do meu antebraço correr de um saco de lixo jogado na calçada de volta para a segurança de um edifício. Era tudo parte da aventura, embora eu dispensasse o tal exibicionista.

Às vezes, eu pegava o caminho ao longo do rio Hudson. Andava em direção ao sul com passadas rápidas na brisa fria da manhã. Via as construções ao redor do Lincoln Center, os prédios feios da região de Hell's Kitchen, o heliporto na 30th Street. E descia até Chinatown, onde enfrentava as multidões na Canal Street para comprar *dumplings* de carne de porco feitos no vapor ou um pequeno cone de papel cheio de bolinhos de ovo bem quentinhos e os comia na calçada. Nas ruas menos movimentadas do East Village, podia ouvir o canto dos pássaros por trás do barulho do trânsito. Conheci todos os mercados de pequenos produtores da cidade e sabia onde comprar os melhores tomates e as melhores maçãs. No outono, caminhava segurando copos de papelão de chá quente pelo Central Park, onde as folhas secas em tons de ferrugem e ocre se empilhavam ao pé das árvores. Na primavera, via Nova York através daquela luz pura, viva e clara, filtrada pelas folhas jovens nos galhos das árvores.

E, assim como em Paris, sempre que precisava de um tempo sozinha, ia ao mercado. Comprava azeite barato e arroz importado no Fairway, dava uma olhada nos feijões secos e na seção de cereais enquanto empurrava meu carrinho por entre as pessoas. O Fairway vendia pacotinhos de *quark*, que me faziam lembrar de Berlim, e potes de *cornichon* e embalagens de pão fatiado de fermentação natural da padaria parisiense Poilâne, que me faziam pensar em Max. Ia até o Zabar's para comprar arenque em conserva, que comia com pão ázimo – como meu pai me ensinou –, azeitonas pretas enrugadas e verdes, grandes e lisinhas, as preferidas de minha mãe. Às vezes, subia até o segundo andar e ficava horas namorando as panelas de cobre reluzentes e os equipamentos de cozinha, me perdendo entre sacos de confeitar e raladores Microplane.

Em casa, misturava uma lata de atum com molho de tomate, alho e alcaparras e usava como molho de macarrão. Fazia pão de fôrma com cereais, e eles ficavam lindos no forno. Uma vez, assei uma berinjela inteira para fazer *baba ghanoush*, mas esqueci de perfurá-la com um garfo antes de levar ao forno, e ela explodiu lá dentro com um estrondo terrível, e se fundiu às paredes do forno quente. Aprendi a fazer Devil's Food Cake de três camadas e carregava o bolo até o Central Park para comemorar algum aniversário, ou fazia *brownies* molhadinhos para levar a festas. Toda quarta-feira, eu me deliciava com a seção de receitas do jornal, fantasiando sobre uma vida em que cozinhasse coisas como uma Torta de Cebola Caramelizada com Massa de Manteiga Dourada ou um Bolo Lady Baltimore. E recortava receitas como uma louca, juntando-as às que copiara a mão em Paris, acumulando-as em pastas e livros, colando-as com cuidado e dizendo a mim mesma que um dia precisaria fazer um Robalo Listrado Assado com Molho La Boca ou um Guisado de Carne com Ameixa.

Como a maioria das nova-iorquinas jovens, minhas colegas de quarto não cozinhavam tanto quanto compravam. Kirsten comprava fatias de um queijo pegajoso norueguês chamado *gjetost*, que ela cortava com cuidado e comia com biscoito integral. Julie, que substituiu Kirsten depois que ela se mudou, sobrevivia à base de sorvete Tasti D-Lite. Betsy uma vez fez uma receita de purê de batatas de sua mãe, bem grosso, com leite quente, manteiga e cebolinha. Mas, na maior parte das vezes, quem cozinhava era eu. E, por um tempo, convivemos em harmonia na cozinha. Até que descobri uma receita de frango com tomate e vinho branco. Foi aí que tudo mudou.

Eu estava lendo um livro engraçado chamado *Clementine in the Kitchen*, do artista americano Samuel Chamberlain, que escrevia sob o pseudônimo de Phineas Beck. Ele descrevia a vida de uma família norte-americana que vivia na França antes da Segunda Guerra Mundial e tinha uma intrépida cozinheira da Borgonha chamada Clementine. O livro era recheado de receitas francesas simples com nomes líricos, embora talvez fosse apenas o modo como soavam em francês: *Côtelettes de porc aux navets*, *Foie de veau poêlé à la bourgeoise*, *Langue de boeuf en gelée*. Mas a que mais me encantou foi o *Poulet sauté à la paysanne provençale*.

Era um prato simples. Você só tinha que dourar um monte de pedaços de frango em azeite antes de adicionar vinho branco, echalotas e tomate, e refogar o frango numa espécie de molho até que a carne estivesse tenra e suculenta e os tomates tivessem desmanchado naquele suco adocicado. Então, era só jogar um punhado de azeitonas no final e o prato todo levava um pouco mais do que meia hora para chegar à mesa. E, pelo menos para um grupo de meninas que não aguentava mais comer espaguete ou sorvete no jantar, o resultado final era recompensador diante do pouco trabalho que dava.

Betsy foi a primeira a prestar atenção quando comecei a fazer o *poulet*. Ela me ouvia preparando a cozinha e se juntava a mim, a princípio um tanto tímida, olhando por cima do meu ombro enquanto eu lavava o frango e passava farinha. Então, ela foi ficando mais solta e começou a fazer perguntas. "Para que secar o frango?" "Por que você tira o frango da panela para colocar de volta depois?" "Como você sabe quando ele está pronto?" Eu respondia o que sabia, o que tinha aprendido por tentativa e erro e nas intermináveis noites ao longo dos anos lendo livros de receitas. Você tem que secar o frango para ele fritar com uma casquinha crocante, em vez de só cozinhar no vapor. Você tira o frango da panela enquanto cozinha a cebola, para ele não passar do ponto. E para saber quando está pronto, só com prática, prática e mais prática. Então, continue cozinhando.

Logo Betsy estava me ajudando a cortar os tomates e a colocar os pedaços de frango no óleo quente. Um dia, cheguei em casa e a encontrei cozinhando tudo por conta própria: azeitonas já sem o caroço, a echalota picada, o vinho na panela. Depois disso, as aulas começaram de verdade. Ensinei minhas amigas a fazer molho de espaguete e a fritar flor de abobrinha como Pietro fazia na Itália, a cozinhar vôngole com alho e pimenta e a fazer um bolonhesa bem cheiroso. E, em algum ponto no meio do caminho, entre o vapor de cebola cozinhando nas janelas e os jantares iluminados com lampadazinhas de Natal, cimentamos nossa amizade por meio da culinária. Anos mais tarde, muito depois de nos mudarmos do pequeno apartamento, Julie ainda me ligava do mercado de pequenos produtores para perguntar se devia comprar flor de abobrinha para rechear e fritar, e Betsy ligou de Londres para me contar da noite em que fez o nosso frango para seu futuro marido, certa de que o pedido de casamento estava na ponta da língua.

Eu ainda não tinha me dado conta de que cozinhar era uma habilidade especial ou algo do qual se orgulhar. Sempre me perguntara se minha mãe estava certa, se minha obsessão por livros de receitas e recortes de jornal era um pouco estranha. Não conhecia mais ninguém que lesse livros de receitas antes de dormir ou que se divertisse tanto toda semana com a seção de receitas de quarta-feira no jornal e uma tesoura. Mas também não conhecia ninguém da minha idade que cozinhasse de verdade. A expressão de alegria no rosto de minhas amigas quando fizeram um jantar de verdade, do zero, pela primeira vez, foi fantástica. Isso fazia me sentir muito melhor do que qualquer dia bom no trabalho.

E não demorou muito para que eu descobrisse como alcançar essa sensação de novo e de novo.

Poulet sauté à la paysanne provençale

Rendimento: 4 porções

Esta é uma receita rústica de frango refogado que, por ser tão rápida e fácil de fazer, combina perfeitamente com um jantar de dia de semana. Como o frango é cozido na panela, a pele não fica crocante como a de um frango assado. A carne fica macia e ensopada. Mas os sabores da echalota, do vinho e do tomate penetram o frango, que fica muito suculento. Sirva com purê de batatas ou arroz branco para absorver o delicioso molho.

- farinha de trigo, para cobrir o frango
- 1 frango de 1,8kg, cortado em 8 pedaços (2 coxas, 2 sobrecoxas e 2 peitos com osso cortados ao meio horizontalmente; reserve as asas e a carcaça para fazer caldo)
- sal e pimenta-do-reino moída
- ¼ de xícara de azeite de oliva
- 1 echalota pequena picada bem fininha
- ½ xícara de vinho branco seco
- 4 tomates-italianos médios, descascados, sem sementes, cortados em cubos, ou 2 punhados de tomates-cereja cortados ao meio
- 1 dente de alho pequeno picado e amassado
- 12 azeitonas em conserva, sem o caroço
- 1 colher (sopa) de salsinha picada

1. Coloque a farinha num prato. Lave os pedaços de frango em água fria e seque-os. Tempere generosamente com sal e pimenta, em seguida mergulhe-os na farinha. Reserve.

2. Esquente o azeite em fogo médio numa frigideira grande de 3l ou numa panela de ferro fundido de 4l. Quando o azeite estiver quente, acrescente os pedaços de frango com farinha. Cozinhe por uns 15 minutos, até que os dois lados estejam dourados. Retire o frango e coloque-o num prato e descarte quase todo o azeite, mantendo aproximadamente 2 colheres (sopa) na panela.

3. Adicione a echalota e deixe refogar em fogo baixo até dourar. Acrescente o vinho branco e levante fervura. Cozinhe por 5 a 7 minutos, até que ele tenha reduzido à metade.

4. Adicione o tomate picado, o alho e as azeitonas, e mexa bem. Em seguida, coloque novamente o frango na panela. Tampe e cozinhe em fogo baixo por mais 15 a 20 minutos. Acrescente a salsa picada alguns minutos antes do final do cozimento. Então desligue o fogo e deixe o frango repousar alguns minutos antes de servir.

11. *The Wednesday Chef*

Um dia eu estava no trabalho quando minha amiga Barbara me mandou um e-mail. "Você já ouviu falar numa menina chamada Julie Powell? Ela está fazendo todas as receitas do livro da Julia Child e escrevendo sobre isso num blog. Me fez lembrar de você." Eu tinha uma vaga ideia do que era um blog, mas os poucos que tinha visto eram escritos por nerds do mundo da tecnologia. Nunca imaginei que se poderia escrever um blog sobre culinária. Cliquei no link do e-mail de Barbara e, em poucos minutos, estava perdida. Ali estava uma garota, um pouco mais velha que eu, que, para se distrair de um trabalho que não gostava, preparava o jantar e escrevia sobre isso na internet. Era espetacular. (E muito engraçado.)

Eu deixara o emprego de assistente de editor e tivera muita sorte de encontrar um emprego como *scout* de uma agência que representava editores estrangeiros. Eu tinha que ler manuscritos, escrever relatórios sobre livros e viajar para feiras literárias na Europa e, de modo geral, mal podia acreditar que estava sendo paga para fazer coisas que ficaria contente de fazer de graça. Mas, à medida que os anos foram passando e fui me aproximando do topo metafórico na agência, comecei a me perguntar o que mais haveria para mim naquele mercado.

Por meses acompanhei religiosamente o blog de Julie, verificando todos os dias se ela tinha postado algo novo, comemorando quando ela conseguia fazer o complicado *Pâté de Canard en Croûte* ou a *Charlotte Malakoff au Chocolat* e me compadecendo quando ela se entregava, exausta, à refeição Tex-Mex que o marido fazia uma vez por semana para que eles tivessem uma folga da constante dieta de carne, creme de leite e manteiga de Julia Child. Havia algo de inebriante em ser convidada para o mundo de Julie como leitora. Na verdade, era melhor e mais direto do que todos os livros de receita que eu lera como romance ao longo dos anos. Havia uma conexão entre a escritora e os leitores que parecia íntima do melhor modo possível. Eu estava envolvida no sucesso de Julie simplesmente por ler seus posts todos os dias. Quando o ano chegou ao fim e, com ele, o blog deveria terminar, eu estava tão desolada quanto ficava ao terminar a leitura de um livro quando era criança. O que iria ler então? Quem poderia me entreter e se aproximar tanto de mim? E, mais importante, como seria não saber o que estava acontecendo na vida de Julie todos os dias?

Entrei no Google e em pouco tempo tinha encontrado outros blogs para acompanhar: *Chocolate & Zucchini* era um deles, escrito por uma parisiense apenas um ano mais nova que eu e que estava aprendendo a cozinhar. Tinha também *The Amateur Gourmet*, escrito por um aluno de pós-graduação de Atlanta que estava aprendendo a cozinhar por conta própria, seguindo receitas e postando os resultados. Havia um italiano que gostava de assar pães artesanais e um banqueiro de Cingapura que era obcecado pelas receitas de bolo de baixo teor de gordura de Alice Medrich. Foi como mergulhar num buraco sem-fim de pessoas parecidas comigo que não queriam mais nada além de escrever o dia inteiro sobre o que fizeram para o almoço (ou para o jantar ou de sobremesa). Foi a mesma sensação de descobrir Plimoth Plantation quando criança. Eu mal podia acreditar na minha sorte. Não queria nunca mais me separar desse mundo novo e maravilhoso.

Eu já não morava mais com as meninas desde que Betsy se mudara para Londres e Julie finalmente ficara noiva de seu antigo namorado, Mike. Estava dividindo outro apartamento na 18th Street, em Chelsea, quando comecei a me perguntar se não devia escrever um blog também. Afinal de contas, eu mandava e-mails para o meu pai contando o que fizera para o jantar o tempo todo e meus dedos estavam coçando de vontade de escrever. Alguns de meus livros preferidos eram sobre comida, desde a coletânea com as colunas sobre cozinha de Laurie Colwin para a revista *Gourmet* até as memórias de Ruth Reichl sobre se tornar uma crítica gastronômica. Além do mais, estava me afogando em recortes de receita, e, no entanto, não estava, de fato, *usando* nenhuma delas. Vinha construindo com muito cuidado uma biblioteca cada vez maior de receitas para experimentar um dia, mas esse dia nunca chegava. E, naquele instante, não pude deixar de me perguntar: será que esse dia chegou?

"Acho que você devia fazer", disse Sam. Estávamos namorando havia alguns meses. Ele morava a alguns quarteirões da minha casa e vinha jantar comigo quase todas as noites durante a semana. "A ideia é genial. Além do mais, vou poder comer tudo o que você fizer, certo?", disse, sorrindo. "Você *vai ter* que comer tudo o que eu fizer", corrigi. "De que outro modo eu iria me livrar de tanta comida?" Nunca fui de comer muito, mas Sam, de quase dois metros de altura, era famoso por bater um prato de meio quilo de espaguete de uma vez só. "Negócio fechado, Weezie. Desde que não tenha anchova e bacon." Ninguém me chamava de Weezie desde o quarto ano, quando um professor de quem eu não gostava muito insistiu no apelido. Mas vindo de Sam, o nome soava diferente. Além do mais, ele dava apelidos a todos de quem gostava.

A vida de Sam e a minha tinham diversas pequenas semelhanças. Nossos pais eram separados. Ambos os pais tinham se casado de novo e moravam a pouco mais de um quilômetro de distância um do outro, num subúrbio de Boston. Nossas mães nunca se casaram de novo e moravam no exterior. Nós até frequentáramos a mesma escola primária por uns poucos meses no sétimo ano, antes de eu me mudar para Berlim. Quando conheci Sam, decidi que todas essas coisas eram pequenos sinais positivos. Isso e seu riso tranquilo.

Fácil parecia ser a própria definição de Sam. Com ele não havia nada do relacionamento sufocante em que minhas amigas costumavam embarcar – Sam apenas estava lá, disponível, desde o começo. E eu gostava do fato de que ele não esperava muito de mim e nunca se irritava com coisa alguma. Tinha descoberto que o amor pode ser uma coisa assustadora pelo modo como o engole por inteiro, exigindo sacrifícios e decisões difíceis. E decidi que era mais seguro estar com alguém que fosse gentil e engraçado, que me ligasse todos os dias, risse de minhas piadas e me fizesse me sentir bem. Com Sam, eu tinha alguém que cuidava de mim. Em poucos meses, mal conseguia me lembrar de um tempo em que ele não estivesse lá.

Quanto mais ruminava sobre a ideia de começar um blog, mais pensava que ele precisava de uma estrutura – algum tipo de missão, por falta de palavra melhor. Resolvi que passaria um ano fazendo as receitas de meus recortes de jornal, para então me decidir se eram boas ou não. E iria peneirar minha pilha de recortes e manter um diário on-line do processo. Achei que seria útil para me livrar das receitas ruins, além de ser uma boa forma de praticar, me forçando a escrever e a cozinhar coisas que fossem diferentes dos pratos de família que já fazia de olhos fechados. Em homenagem à coluna de culinária das quartas-feiras, chamei o blog de *The Wednesday Chef*.

Em 22 de agosto de 2005, escrevi meu primeiro post. E, por muito tempo, estava certa de que meu pai era o único leitor diário do blog. Ele me mandava e-mails me encorajando depois de cada post.

"Querida Luisa,
Excelente post!
Com amor, Papi"

"Querida Luisa,
Aqueles pimentões parecem deliciosos!
Com amor, Papi"

"Querida Luisa,
Esse foi o melhor post até agora!
Com amor, Papi"

Se meu pai era meu leitor mais fiel, Sam era meu freguês mais fiel. Ele comia tudo o que eu colocava na sua frente (embora uma vez o tenha visto tirando metodicamente o bacon picado de uma tigela de couve com lentilhas no dia de Ano-novo), e eu sempre relatava em meus posts a opinião dele a respeito do molho da salada de frango enrolada em pão *naan* ou dos *waffles* feitos com trigo-sarraceno. Sam se tornou o mascote guloso do blog, seu segundo pilar. Sem ele para degustar minhas receitas, jamais teria cozinhado tanto. Eu cozinhava para ele e escrevia para meus leitores.

Meus leitores, sim, porque, para minha felicidade completa, clique por clique, as pessoas começaram a encontrar o blog. Primeiro era um punhado de gente, depois algumas dezenas e então havia centenas e milhares de leitores. Eu tinha um *público* sincero, um monte de gente que gostava o suficiente do que eu escrevia para voltar, e que se sentia compelido a escrever comentários e a mandar e-mails, e que ria quando eu estava sendo boba e me dizia que seus olhos se encheram d'água quando escrevi sobre solidão. Nunca tinha pensado que tocaria as pessoas dessa forma. Ou que suas reações me tocariam tanto.

A premissa inicial – repassar toda a minha pilha de receitas e avaliá-las – foi logo abandonada. Decidi manter a ideia de fazer os pratos de meus recortes de jornal. Mas estava claro que quando eu escrevia sobre minha vida cotidiana encontrava ressonância muito maior com meus leitores do que qualquer avaliação fria de uma receita. E também era muito mais agradável para mim, como uma espécie de diário, um que eu não tinha vergonha de compartilhar com desconhecidos. Então escrevi sobre a primeira vez que cozinhei, nervosa, para a mãe de Sam, Evelyn (truta passada na frigideira com vagem no creme de vinagre), e como era passar o Dia de Ação de Graças no norte do estado com a família dele (guisado de couve-de-bruxelas e *chutney* de oxicoco). Escrevi sobre sentir saudade de casa (pudim espanhol) e chamar os amigos para jantar (patê de salmão).

E exatamente como quando eu ensinara Betsy e Julie a cozinhar em frango e fritar flor de abobrinha, minha maior recompensa era a reação dos leitores, que cozinhavam e comiam comigo, aprendendo que, ao derreter anchovas no azeite, você dá a seu prato um sabor sofisticado e que em nada lembra o gosto de peixe, que colocar pimentão vermelho no forno quente por quarenta minutos é o único jeito de conseguir que ele fique macio e elástico, ou que sopa de tomate com pão no auge do verão é talvez a comida mais gostosa do mundo. E me tornei meio mandona com meus leitores, dizendo logo quais receitas eles tinham de imprimir, plastificar e ir correndo para casa fazer e quais podiam jogar direto no lixo. Eu me alongava epicamente sobre frango cozido com *crème fraîche* e raspas de limão-siciliano e encontrava uma plateia empolgada, ansiosa para fazer o mesmo para o jantar.

Embora tenha iniciado o blog mais como um exercício do que qualquer outra coisa, fiquei muito feliz de descobrir que ele era muito mais do que só uma prática regular da escrita. A partir do site, estava conhecendo novas pessoas que sentiam o mesmo que eu, que adoravam estar na cozinha tanto quanto eu, e para quem a comida era uma moeda de troca tão forte e verdadeira quanto qualquer nota de dólar. No meio de toda a imensidão, meu blog era o meu cantinho no mundo, e eu celebrava cada um dos comentários que os leitores deixavam.

Sopa de tomate com pão

Rendimento: 4 porções

Às vezes alguém me pergunta qual é minha receita preferida do blog, que é um pouco como perguntar a uma mãe qual é seu filho predileto. Acho difícil escolher uma só. No entanto, se você realmente me obrigar a responder, tipo, literalmente colocar uma arma na minha cabeça, diria que é esta sopa de tomate engrossada com pedaços de pão. A receita foi adaptada de Bill Telepan, o chef dono do restaurante Telepan, no Upper West Side, em Manhattan. Quando o pão é acrescentado aos tomates, eles ficam cremosos e macios. Manjericão e ricota salgada perfumam e dão sabor ao prato. É simples de fazer, mas absolutamente requintado. O fundamental é que essa receita só deve ser feita, sem exceções, nos meses em que for época de tomate nos mercados de pequenos produtores. Você também vai precisar de um bom pão de fermentação natural (*sourdough*), mas hoje em dia não é tão difícil de encontrar. Caso não consiga, pode substituir por pão italiano ou assar o maravilhoso pão de Jim Lahey (a receita está no meu blog: "No-Knead Bread"; thewednesdaychef.com).

- 1,3kg de tomates-italianos frescos e maduros
- 2 colheres (sopa) de azeite de oliva extravirgem
- 1 cebola pequena picada
- 3 dentes de alho
- sal e pimenta-do-reino moída
- 2 xícaras de pão de fermentação natural (*sourdough*) sem casca cortado em cubinhos, ou de pão italiano cortado em cubinhos
- ½ xícara de ricota salgada ralada
- 1 colher (sopa) de manjericão fresco picado

1. Retire as sementes dos tomates e corte-os em quatro. Coloque os tomates e o suco num multiprocessador e ligue-o na função "pulsar" algumas vezes, para cortá-los em pedaços grandes. Cuidado para não virar um purê de tomate.

2. Aqueça o óleo numa panela de 4l. Adicione a cebola e o alho e refogue até a cebola ficar macia, mas sem deixar dourar. Adicione o tomate e o suco. Tempere com sal e pimenta, levante uma leve fervura e cozinhe por 45 minutos, com a panela tampada, mexendo de vez em quando.

3. Quando a sopa tiver fervido por 45 minutos, misture os cubos de pão e cozinhe por mais 10 a 15 minutos. Verifique o tempero e descarte os dentes de alho.

4. Sirva ligeiramente fria ou em temperatura ambiente, polvilhando cada tigela com a ricota salgada ralada e o manjericão picado.

12. Fácil demais

Em pouco tempo, o blog tinha reordenado minha vida, estabelecendo uma nova rotina. Meus dias eram mais ou menos assim: acordava de manhã e me arrumava para o trabalho. Antes de sair de casa, dava uma olhada nos recortes e nas receitas preferidas e escolhia algo para fazer à noite, para o jantar. Uma vagem gratinada, talvez, ou uma salada de *mizuna* com ovo cozido. No escritório, desempenhava minhas funções como *scout* estrangeira, ligando para editores e agentes em toda a Manhattan para conversar sobre os manuscritos que eles estavam lendo e dos quais estavam gostando. Mandava e-mails para meus clientes no exterior e ajustava um parecer de leitura. Mas, nos intervalos de almoço, abandonava aquele mundo e saía pela cidade, para o mercado de produtos orgânicos da Union Square ou para o Garden of Eden, na 14th Street, onde comprava os ingredientes para o jantar, às vezes correndo até o Curry Hill, se precisasse de uma garrafa de *ajowan*, e, invariavelmente, voltava para o escritório com algo como limão seco ou folhas frescas de curry para triturar.

À noite, depois do trabalho, ia para casa para cozinhar e fotografar o que estava acontecendo no fogão, antes de Sam chegar para o jantar. Às vezes, escrevia logo depois do jantar. Às vezes, acordava mais cedo para escrever um post novo antes de ir para a academia e depois para o trabalho. Nunca me senti tão produtiva ou criativa na vida. Eu amava aquilo: escrever no blog me fazia sentir tão livre e solta. Quando um prato de repolho recheado com cordeiro e cozido no molho de tomate me fazia lembrar de minha merenda escolar em Berlim, era disso que falava ao colocar a receita no blog. Quando *rigatoni* grosso com couve refogada e ricota fresca comprada na lojinha italiana da esquina me fazia pensar em meus verões na Itália com a família de minha mãe, era esse ângulo que eu seguia. Quanto mais escrevia, mais fácil se tornava, e mais eu queria escrever. Adorava essa nova vida semissecreta que estava levando, o mundo que estava descobrindo do outro lado da tela de meu computador. Sam ajudou, lavando a louça sem eu jamais pedir e comendo quase tudo que eu fazia com muito gosto.

Quando Sam e eu completamos um ano de namoro, eu já conhecia a família dele melhor. Eles me receberam de braços abertos, especialmente sua irmã, Liza, que tinha um doutorado em história italiana e imediatamente me encarou como uma alma gêmea. Eu adorava passar o tempo com ela, ouvindo sua voz macia. Logo, Sam e eu estávamos organizando fins de semana no norte do estado ou viagens com Liza e seu marido espanhol, Javier. Adorava fazer parte da família, trabalhando na cozinha deles com Javier e ouvindo as vozes abafadas que vinham da sala ao lado, e me acomodando a uma mesa cheia de gente. Era aconchegante, acolhedor e quase instantaneamente familiar. E, em pouco tempo, era como se Liza fosse *minha* irmã também. "Tenho tanta sorte de ter encontrado você", disse a Sam num fim de semana em que estávamos todos juntos no norte do estado. "Nada disso, Weezie", disse ele com um sorriso: "Eu que sou o sortudo."

Por isso, a última coisa que queria era pressioná-lo, mesmo que depois de uns dois anos eu tenha começado a me perguntar por que ele nunca quis saber quais eram meus planos para o futuro. No casamento de seu irmão mais novo, uma parenta bem-intencionada perguntou a ele por que ainda não era casado. "Você não tem uma namorada legal?", disse ela, estreitando os olhos, enquanto eles estavam na fila do bufê. Depois que voltou à nossa mesa, ele me contou o episódio, incrédulo com a presunção e a grosseria dela. Balancei a cabeça com simpatia, mas depois também fiquei me perguntando: *Após mais de dois anos juntos, aos trinta anos de idade, por que nunca conversamos sobre o nosso futuro?* E me vi me questionando se, com toda a facilidade e simplicidade de nosso relacionamento, será que não estava faltando algo crucial, algo mais profundo que nos unisse além da nossa boa vontade.

Logo em seguida, exasperada, disse a mim mesma que não havia absolutamente nada com que me preocupar. *Sam ama você. O diferencial desta relação é que ela é descontraída e fácil. Por que estragar uma coisa boa? De qualquer forma, só porque uma mulher intrometida num casamento da família acha que isso é estranho não significa que* seja *estranho.*

Além disso, a vida em geral era corrida demais para que eu gastasse muito tempo me preocupando com as intenções de Sam. Tinha começado em um emprego novo como editora de livros de receitas numa editora pequena, na 18th Street, e arrumar tempo para o blog antes e depois do trabalho estava mais difícil do que nunca. Com o tempo necessário para as compras e para preparar cada refeição, sem falar das fotos e de ter que escrever cada post, o blog estava se tornando um trabalho paralelo em meio período, em termos de horas do dia dedicadas a ele. Mas ainda era o melhor passatempo que já tivera, especialmente agora que podia usar meus contatos no mundo da culinária on-line para me ajudar a encontrar novos livros para publicar.

Mais um ano se passou, e quando chegou a hora de renovar nossos aluguéis, Sam e eu decidimos morar juntos. Tínhamos amigos morando em Forest Hills, no Queens, e eles nos contaram de um apartamento no mesmo prédio que estava disponível para alugar. Gostava do bairro, embora ficasse um pouco longe. Havia um cinema independente, uma boa loja de queijos com o cheiro adequado e um trem que chegava a Penn Station em quinze minutos. E o apartamento era enorme pelos padrões de Nova York, bem-iluminado, e o preço, acessível. Tinha até uma varanda. Quando olhei pela varanda para a copa das árvores e os telhados das casas de Forest Hills, a vista me lembrou a de Berlim. A escolha foi fácil.

Sam e eu nos mudamos algumas semanas depois, sua cadeira de couro fez par com minhas estantes, sua mesa de centro da Ikea ficou na frente do sofá creme de tecido grosso do meu pai, seus tacos de hóquei junto de minhas malas no armário. Uma vez que estava tudo arrumado, passamos aconchegantes tardes de inverno juntos no sofá e desfrutamos fins de semana quentes na varanda. Quando chamávamos amigos para jantar, a sala de estar era grande o suficiente para as pessoas dançarem no piso de taco, isso se tivéssemos bebido o bastante e já fosse bem tarde. Um dia, a mãe de Sam, Evelyn, começou a se referir a mim como sua nora, muito embora Sam e eu nunca tivéssemos falado de casamento.

Em nossas primeiras férias juntos, Sam e eu alugamos uma casa numa área isolada da Ilha do Príncipe Eduardo e dirigimos 1.300 quilômetros de Nova York para chegar lá, atravessando as florestas temperadas do Maine, a comparativamente pelada paisagem canadense e cruzando a ponte Confederation até alcançar a terra vermelha e macia da Ilha do Príncipe Eduardo à noite. Em nossa viagem seguinte, pegamos um avião até o sul da França, alugamos um carro e dirigimos por estradas sinuosas nas montanhas. Depois disso, exploramos as trilhas do Rocky Mountain National Park, em Colorado, com a intenção de acampar, mas eu só aguentei duas noites num colchão de camping dentro de uma barraca antes de implorar a Sam que fôssemos para um motel.

Ocorreu, então, que todos os nossos amigos começaram a se casar. Um ano, fomos convidados para oito casamentos e gastamos todas as férias e o orçamento em presentes de casamento e quartos de hotel. No ano seguinte, as férias foram dedicadas à família – à minha, na Itália, e à mãe dele, em Israel. No inverno seguinte, quando perguntei a Sam se ele queria tentar marcar uma viagem só para nós dois no verão, ele confessou que queria uma pausa. Na verdade, não gostava muito de ter que fazer todas as viagens que a gente fazia. Odiava ter de que se espremer num assento de avião. Ficava arrasado com as diferenças de fuso horário. E ainda sofria quando íamos à Itália ou a Berlim, porque não falava alemão nem italiano, e eu não podia ficar de intérprete o tempo todo. Quase perguntei por que ele não tinha tentado aprender nenhuma das duas línguas, mesmo que superficialmente, desde que me conhecera, mas me segurei. *Não é com você*, tentei dizer a mim mesma. *Não transforme isso em algo que não é.*

Ainda assim, foi um tanto preocupante descobrir tão tarde quanto Sam achava ruim viajar. Eu não podia me dar ao luxo de perder tempo pensando como aeroportos são chatos, ou como era caro ir e vir da Europa para os Estados Unidos, ou como isso me deixava exausta. Era a única maneira que eu conhecia de como existir: tinha que entrar num avião algumas vezes por ano para encontrar as pessoas que amava. E tinha que viajar um pouco mais do que a maior parte das pessoas. Mas assim era a vida, e assim continuaria sendo. Engoli a preocupação e tentei pensar em outras coisas.

Mas em vez de diminuir, a preocupação começou a se transformar em algo maior: a resposta para uma pergunta que ainda não sabia que estava me incomodando. Alguns meses depois, numa manhã de maio, perguntei durante o café da manhã se Sam jamais se imaginava vivendo em qualquer lugar que não os Estados Unidos, se viver na Europa seria uma opção para ele. Acho que já sabia a resposta antes mesmo de ele abrir a boca, mas fiquei surpresa com quanto o seu "não" direto me afetou. "Você quer voltar?", me perguntou ele, o garfo no meio do trajeto até a boca. "Não... não, bem, não, não quero, não agora. Mas não sei, também não quero não voltar. Quero dizer, não sei. Eu só... acho que eu só precisava saber o que você quer." Estava gaguejando e, de repente, à beira das lágrimas. Não tinha ideia de que elas estavam ali, escondidas.

Naquela noite, para tentar consertar as coisas, fiz um frango para o jantar. Era a comida preferida de Sam. Andando de um lado para outro nos corredores do mercado para tentar me acalmar, acabei comprando coxa de frango, um pedaço de gengibre e um *jalapeño* pequeno que parecia um batom verde na minha mão de tão brilhante. Em casa, fiz uma pasta picante com o gengibre e o *jalapeño* e mais algumas especiarias que tinha na cozinha e passei rapidamente nas coxas de frango antes de assar no forno. Aprendi do jeito mais difícil que se devem usar luvas de látex ao fazer isso; uma receita anterior de frango com pasta apimentada acabou comigo na emergência de um hospital, com as mãos ardendo.

O frango ficou muito bom – a carne estava macia e suculenta, com a quantidade certa de pimenta –, e Sam elogiou o jantar efusivamente, como de costume, mas seu sorriso era um pouco forçado, e eu não estava com muita fome. Jantamos sob um silêncio inusitado, a pimenta pinicando em minha boca. Não sabia o que estava acontecendo, por que uma pergunta inócua, ou, no caso, uma resposta, me deixara tão infeliz, por que estava com a sensação de que a comida estava fechando minha garganta. Não só a comida, mas tudo.

De repente me lembrei da noite, vinte anos antes, em que dissera a meu pai que queria voltar para Berlim e morar com minha mãe. Estava morrendo de medo de sua reação, de ferir seus sentimentos. Mas não esperava que ele dissesse não. Mas foi exatamente isso que ele fez, a sensação – de subitamente estar caindo num buraco negro comprido, de querer gritar, mas não ter voz, a consciência terrível de que minha vida não estava sob meu controle – foi a mesma daquele instante ali, no Queens, Sam mastigando o frango do outro lado da mesa.

Não sabia que havia uma porta para uma vida diferente em minha cabeça e que ela ainda estava entreaberta. Às vezes, sentia saudade de Berlim, é verdade. Mas sempre achava que era assim que minha vida seria, vivendo num lugar, sentindo falta de outro. E tinha ficado boa nisso, nunca me permitindo contemplar a possibilidade de me mudar de Nova York. Afinal, o que havia em Berlim para mim? Meus amigos, minha carreira, Sam, tudo estava em Nova York. Mas Sam estava deixando claro que aquela porta para minha outra vida não era algo que lhe interessava. Ele queria fechá-la e com firmeza. O que me fez perceber que tudo o que eu queria era dar um passo na direção dela, ou quem sabe até mesmo abri-la, só para ver o que havia do outro lado.

Coxas de frango picantes ao forno

Rendimento: 4 porções

Essas coxas de frango picantes são deliciosas tanto quando saem do forno quanto frias, no dia seguinte (são ótimas para um piquenique). Basta macerar um monte de ingredientes apimentados e aromáticos, passar na carne crua e então levar ao forno até que estejam suculentas e cheirosas e um molho maravilhoso tenha se formado no fundo da assadeira. A receita é adaptada do chef indiano Suvir Saran e foi publicada em 2004 na coluna de Mark Bittman, no *New York Times*. Ao trabalhar com o *jalapeño*, use luvas de látex. Sirva com arroz branco ou cuscuz.

- 8 coxas de frango com pele furado em vários pontos com uma faca pequena
- 5 dentes de alho
- 1 pedaço de 5cm de raiz de gengibre fresco descascado
- 1 *jalapeño* pequeno sem as sementes
- suco e raspas da casca de um limão-siciliano orgânico
- 2 colheres (sopa) de extrato de tomate
- ½ colher (chá) de sal, ou a gosto
- 1 colher (chá) de cominho em pó
- 1 colher (chá) de sementes de coentro ou coentro em pó
- óleo vegetal

1. Aqueça o forno a 200°C. Coloque as coxas de frango numa tigela. Pique o alho, o gengibre e o *jalapeño* e coloque tudo num microprocessador com o suco e as raspas de limão, o extrato de tomate, o sal, o cominho e o coentro. Bata até obter uma pasta.

2. Usando luvas, esfregue a pasta temperada nas coxas de frango.

3. Coloque o frango, com a pele para cima, numa assadeira untada com um fio de óleo vegetal. Asse no forno por 45 minutos. Sirva quente ou em temperatura ambiente.

13. Coração dividido

Se você já se perguntou como era Berlim Ocidental nos anos 1980, não há filme melhor para assistir do que *Asas do desejo*, de Wim Wenders. Ele mostra o terreno baldio do que um dia se tornaria a Potsdamer Platz, os grupos de punks que frequentavam shows barulhentos e enfumaçados em casas noturnas mal-iluminadas, as fachadas sujas dos prédios antigos, marcadas aqui e ali por um grafite, um toque de cor. Sempre que o filme passava no Film Forum, eu não conseguia me segurar e comprava um ingresso. No cinema escuro, era inundada pela saudade, o coração apertado diante da visão daquelas calçadas tão conhecidas e de Cassiel, o anjo alado no alto da estátua dourada no meio do Tiergarten, onde minha mãe e Joanie iam ao mercado das pulgas. Eu me esforçava para entender o dialeto engraçado de Berlim, me emocionava toda vez que o ator Peter Falk comia um *Currywurst* na barraquinha em frente do trabalho de minha mãe. Meu coração pulava quando via imagens panorâmicas da cidade, tão linda e bruta ao mesmo tempo. Mas minha parte preferida eram as muitas vozes de Berlim enchendo o ambiente quando você percebia que os anjos podem ouvir os pensamentos de todos os seres humanos à sua volta.

Essa ideia sempre me encantou, de que os anjos estejam entre nós o tempo todo, prontos para nos segurar, nos envolver em seus braços e nos amar apesar de nossos pensamentos mais profundos e sombrios. Porque, verdade seja dita, eu tinha vergonha de meus pensamentos mais profundos e sombrios. Apesar de todo meu sucesso em Nova York, minha vida estava vazia. Apesar da companhia de Sam e de seus sapatos confortavelmente posicionados junto à porta da frente, eu tinha começado a me sentir profundamente só. Apesar do carinho de minhas amigas, invejava a certeza simples que tinham sobre a que lugar do mundo pertenciam. A cisão que sempre senti dentro de mim entre a metade norte-americana e a metade europeia crescia e era cada vez mais difícil ignorá-la.

Às vezes, eu passava à noite diante de um prédio em Manhattan, olhava para as janelas calorosamente iluminadas de um apartamento e me perguntava se minha casa também era assim pelo lado de fora, embora por dentro estivesse ficando tão fria. Não conhecia ninguém que se sentisse tão dividida quanto eu. Estar com vinte e tantos anos e não querer mais nada além de voltar para casa não pareciam coisas condizentes. Então, fiz o melhor que pude para ignorar a vontade. Só que, como normalmente acontece, esconder o que se sente no fundo do coração não faria aquilo desaparecer. Só fez piorar. E me sentia o tempo todo atraída pelo Velho Mundo.

Numa tarde, não muito depois de minha conversa com Sam, estava a caminho de um café para encontrar minha velha amiga Amy, de Paris, e passei diante do pedaço do Muro de Berlim que fica escondido na 53th Street, entre a Quinta e a Sexta Avenidas, e de repente o encarei com lágrimas nos olhos, lembrando-me de como era passar na frente dele o tempo todo, sem sequer parar para pensar. Amy e eu nos encontramos no Café Sabarsky, o café vienense no primeiro andar da Neue Galerie, na esquina da 88th com a Quinta Avenida. Enquanto ela me colocava em dia sobre o que tinha acontecido em sua vida nos últimos anos – emprego novo, uma briga com o namorado –, eu comia uma fatia de bolo fermentado de ameixa com chantili e sentia a saudade me inundar. Todo mês de junho, Joanie fazia uma bandeja enorme de bolo de ameixa para o piquenique do seu aniversário. Era a minha comida preferida do piquenique. Eu me agachava na grama alta do parque e mastigava um ou dois quadradinhos – as ameixas macias e azedinhas, polvilhadas com canela, afundando numa massa fermentada e com cheirinho de limão-siciliano; um zumbido de vespas voando a esmo; os filhos de Joanie jogando futebol no campo ao lado.

Amy me encarou perplexa, vendo meu rosto murchar. "Está tudo bem?" Engoli em seco e forcei um sorriso. "Está! Desculpe. Só estou com um pouco de saudade de casa." Limpei a garganta e olhei para o café a nossa volta, com seus painéis de madeira na parede, os cabides de casaco e as vitrines cheias de *strudel*. "Quer um pedaço?", perguntei, empurrando meu prato em sua direção e torcendo para que ela não fizesse mais perguntas. "Está delicioso. Então, o que ele fez depois que você o mandou embora?"

Eu não estava triste o tempo todo. Mas a melancolia se fazia presente muito mais do que gostaria de admitir. E questões nebulosas pairavam em minha mente o tempo todo: *Se eu aceitar aquela oferta de emprego, significa que não vou poder voltar para Berlim por mais um ano ou dois? Se eu fechar aquele contrato de aluguel, será que vou ficar presa por mais tempo ainda?* E então, com mais insistência: *Se eu deixar as coisas seguirem em frente com Sam, será que ele vai ser o motivo para eu nunca mais voltar?* No início, essas dúvidas nem chegavam a se articular com clareza em minha mente. Mas estavam lá, os precursores fantasmagóricos de pensamentos mais traiçoeiros.

Quando voltava a Berlim de visita, sempre no Natal, as viagens eram muito corridas. Eu percorria bairros antigos cujas ruas conhecia tão bem, como a palma da mão, e me aventurava, curiosa, por ruas novas, maravilhando-me com o modo como a cidade era ao mesmo tempo tão familiar e tão estranha para mim. A nova Berlim, a que tinha Mitte em seu centro, e não Charlottenburg, era um lugar que, na verdade, eu não conhecia e que certamente não reconhecia, seus prédios antigos lado a lado com edifícios novos e reluzentes, lojas de luxo e bares e cafés da moda. Era estranho perceber que havia uma nova geração de pessoas em Berlim cujo conceito de cidade, a cidade deles, era totalmente diferente do meu. Fiquei aliviada ao visitar minha mãe e ver que o jornaleiro, a barraquinha de salsicha e os restaurantes italianos do bairro nunca fecharam nem foram substituídos por outra coisa. *Mas quanto tempo vão durar?*, eu me perguntava. *É como se estivessem só esperando por mim.* A cada viagem, o cabelo cada vez mais branco de minha mãe e meus laços cada vez mais profundos com Nova York me lembravam que havia um relógio em algum lugar dentro de mim no qual o tempo estava ficando cada vez mais curto.

Não sabia com quem falar sobre isso. Ao longo dos anos, tinha feito um bom trabalho em manter meus dois mundos separados, exatamente como Berlim fora por tanto tempo. Meus amigos em Nova York só conheciam meu lado norte-americano. As pessoas em Berlim ou minha família na Itália só conheciam meu lado europeu. Eu era uma versão de mim mesma até entrar no avião e ir para o outro lado, e em algum lugar lá no alto, num cilindro de metal voando sobre o oceano, me transformava em minha outra versão. Nunca tinha percebido que um dia isso seria um problema ou que teria de explicar por que me sentia tão terrivelmente dividida quando pensava em onde queria criar raízes e a que lugar de fato pertencia. Max uma vez me perguntara como era ter duas identidades distintas, ser capaz de passar de um mundo para o outro sem qualquer dificuldade. A pergunta me deixou tão surpresa que não soube como responder. Ninguém tinha me perguntado aquilo antes. Ninguém sabia dessa parte de mim.

Mas esses dois mundos às vezes se misturavam, como quando eu cozinhava repolho recheado para o blog e me lembrava dos almoços na escola, em Berlim, ou quando passava uma tarde assando biscoitos natalinos de avelã em formato de estrela, que perfumavam a casa inteira com canela, exatamente como Joanie fazia. Esses pequenos momentos me acalmavam e me faziam sentir como se o imenso oceano que dividia minhas duas vidas não fosse tão grande afinal de contas. Decidi que tudo o que tinha que fazer era entrar na cozinha e trazer Berlim para Nova York pelo fogão com um pouco mais de frequência.

Então busquei minhas raízes na cozinha. E tive o cuidado de evitar os campos minados em Nova York – aquele pedaço do Muro na 53th Street ou a exposição de pintores alemães no Museu de Arte Moderna, com diversas cenas de rua em Berlim emolduradas, uma após a outra. Escondi minha saudade de meus amigos e de Sam, não querendo sobrecarregá-lo com algo com o qual sabia que ele não poderia ou não iria me ajudar. Fiz cara de que estava tudo bem e segui em frente, ancorando-me em Nova York e nunca me permitindo pensar no que faria se pudesse escolher por minha conta.

O único lugar em que sentia que podia me abrir um pouco sobre o que estava sentindo era o blog. Acho que era a sensação de anonimato que a tela do computador proporcionava. Eu era indireta às vezes e um pouco tímida. Não queria admitir em público quanto estava lutando. Mas meus leitores entendiam, enxergavam as entrelinhas, e me amparavam, silenciosamente e não tão silenciosamente. Nunca imaginei que o blog – meus amigos imaginários – pudesse me fazer sentir menos sozinha naqueles estranhos e confusos meses, mas, sem dúvida, ele fez.

Pflaumenkuchen (bolo fermentado de ameixa)

Rendimento: um bolo redondo de 22cm

Um deleite sazonal em toda a Alemanha, *Pflaumenkuchen* é algo de que sentia muita falta quando morava em Nova York. A massa doce e fermentada da base é coberta com o máximo de ameixas frescas cortadas em quatro que se conseguir colocar – quanto mais, melhor – e então polvilhada com açúcar e canela (você também pode colocar lascas de amêndoas ou *streusel*, uma farofa crocante de manteiga, farinha e açúcar). O resultado é um bolo suculento, com consistência de geleia, mas não muito doce, que fica ótimo com uma xícara quente de chá ou de café e uma generosa colher de creme de leite batido para acompanhar. Tradicionalmente é feito numa meia travessa de assar pão, então basta dobrar as quantidades se você quiser servir um batalhão. *Pflaumenkuchen* é mais gostoso se comido no dia em que for feito.

- manteiga para untar
- 1½ xícara de farinha de trigo, mais 2 colheres (sopa), ou mais, caso necessário
- 15g de fermento biológico fresco
- ½ xícara de leite integral morno
- 6 colheres (sopa) de açúcar
- 1 gema
- 3 colheres (sopa) de manteiga sem sal, derretida e resfriada, mais 2 colheres (sopa) de manteiga sem sal, derretida e resfriada (mantenha separadas)
- uma pitada de sal
- raspas da casca de ½ limão-siciliano orgânico
- 500g de ameixas frescas sem caroço e cortadas em quatro
- 2 colheres (chá) de canela em pó
- creme de leite batido, sem açúcar, para servir

1. Unte uma fôrma de laterais removíveis, de 22cm de diâmetro. Reserve.

2. Despeje a farinha numa tigela e faça um buraco no meio. Quebre o fermento sobre o buraco e acrescente metade do leite e uma pitada de açúcar. Usando um garfo, misture o fermento, o leite e o açúcar, incorporando um pouco da farinha, até que o fermento tenha dissolvido. Cubra a tigela com um pano de prato e deixe descansar por 15 minutos, até a mistura espumar. Em seguida, sempre mexendo, adicione o leite restante, 3 colheres (sopa) de açúcar, as gemas, 3 colheres (sopa) de manteiga derretida, o sal e as raspas de limão. A massa ficará um pouco úmida. Transfira-a para uma superfície polvilhada com farinha e sove por alguns minutos até que esteja macia. Talvez você precise acrescentar um pouco de farinha para evitar que ela grude na bancada, mas não coloque farinha demais – a massa deve ficar macia e ligeiramente elástica. Faça uma bola e coloque na fôrma untada. Cubra com um pano de prato e coloque num local quente e sem correntes de ar (como um forno desligado) por uma hora ou até que a massa tenha dobrado de tamanho.

3. Aqueça o forno a 175°C. Usando a ponta dos dedos, aperte a massa de maneira delicada, empurrando-a até preencher toda a base da fôrma e criar uma beirada de aproximadamente 2,5cm de espessura. O meio da massa deve ficar com cerca de 0,5cm de espessura.

4. Começando pelas bordas, enfie as ameixas na massa num ângulo de 45°, fazendo círculos concêntricos e colocando o máximo de ameixas que você conseguir. Misture a canela e o açúcar restante e polvilhe uniformemente sobre as ameixas. Cubra com 2 colheres (sopa) de manteiga derretida. Reserve, com a fôrma descoberta, por 20 minutos.

5. Coloque a fôrma no forno e asse por 40 minutos, até que a crosta esteja dourada e as ameixas estejam borbulhando. Retire do forno e deixe esfriar até que a fruta não esteja mais quente. Corte em fatias e sirva com uma generosa colher (sopa) de creme de leite batido sem açúcar.

14. Tudo o que você sempre quis

Todos os italianos têm sua própria versão de ragu, o molho de carne moída que fica bastante tempo no fogo, depois vai cobrir o macarrão fresco ou as camadas de uma lasanha. E todos eles têm certeza de que a sua versão é a melhor de todas. A maioria das receitas de ragu foi transmitida pelas famílias – da bisavó para a avó, da avó para a mãe, e assim por diante. Mas há pessoas que, como eu, obtiveram sua receita por outros meios. Implorando, por exemplo.

Em uma noite de verão, quando ainda cursava a faculdade e começava a montar meu arsenal de receitas, estava de visita na pequena cidade de meu avô, onde também moravam nossa amiga Gabriella e sua família. O ragu de Gabriella sempre fora uma referência para mim, e, dessa vez, armada com um lápis e um caderno, me sentei do lado dela e fui anotando enquanto me dizia como prepará-lo. Então voltei para Boston e fiz a receita – e fiz de novo, de novo e de novo – até decorar.

Gabriella é de Bolonha. Tirando meu tio siciliano, ela talvez seja a melhor cozinheira que conheço. É capaz de pegar uma simples cavala, fritar e deixar marinando num picles forte. Ou ferver um polvo enorme e borrachudo e fazer com que ele fique bem macio, depois ela irá cortá-lo e então colocar numa salada de batata – qualquer marmanjo irá às lágrimas só com uma garfada. Ela também faz uma mistura um tanto feia de farinha de rosca, queijo ralado e ovo e, em seguida, coloca essa massa num caldo fervente; antes de você se dar conta, estará comendo o *passatelli* mais delicioso que o mundo já conheceu. Mas o ragu de Gabriella é o *crème de la crème*.

É maravilhoso e muito simples. Nada de temperos exóticos e ingredientes complicados. Basta um refogado simples, dois tipos de carne e tomates enlatados de boa qualidade. O segredo, na verdade, é deixar o ragu cozinhar o máximo de tempo possível – cinco horas, no mínimo, ou até umas sete ou oito horas, até ele ficar bem consistente. O molho fica uma delícia, repleto da essência da carne. Fica com o gosto dos verões italianos e o aroma da cozinha de Gabriella, um paraíso de azulejos azuis e brancos.

Sempre que eu preparava esse molho, meus amigos imploravam a receita, o que me deixava muito orgulhosa. E sempre que estava triste ou deprimida, me sentindo não pertencendo a lugar nenhum, esse ragu me dava forças e me lembrava quem eu era e de onde eu vinha. Isso veio a calhar quando comecei a me sentir como se estivesse me afogando na versão, desenhada por outra pessoa, para a minha vida.

Depois de tantos anos sem falar de futuro, agora era isso que Sam e eu fazíamos. Naquela primavera, nossa conversa no café da manhã tinha aberto as portas para uma nova e estranha existência em que os dois tentavam convencer o outro de que, como um casal, deveríamos seguir nossas próprias necessidades básicas e nossos desejos.

Passamos meses negociando, discutindo férias hipotéticas, com crianças hipotéticas. Mas logo ficou claro que Sam e eu tínhamos ideias extremamente diferentes sobre como nossa vida futura deveria ser. Eu não tinha certeza ainda de qual era meu lugar no mundo, mas sabia que uma parte do ano tinha que ser passada na Europa, e Sam hesitava em concordar. Não podia culpá-lo totalmente – ele não falava alemão nem italiano, e sua família estava bem enraizada nos Estados Unidos –, mas nunca tinha me ocorrido que eu acabaria com alguém que efetivamente me faria escolher.

Todas as pequenas coisas que um dia pareceram um sinal – a mãe que vivia no exterior, seu cunhado espanhol – acabaram não sendo uma garantia de que ele entenderia meu coração dividido. O fato de eu ter sido tão ingênua e achar que aqueles pequenos detalhes fariam dele a pessoa certa e que agora estivéssemos enfrentando um conflito tão grande me davam a sensação de um vazio no estômago.

Quando perguntei a ele se não era estranho que estivéssemos ambos tão insistentes em defender o nosso lado e não parecíamos capazes ou interessados em colocar a felicidade do outro em primeiro lugar, ele me respondeu, impassível: "Não é assim que as coisas funcionam na vida real, Weezie. Isso é só uma fantasia, igual a amor verdadeiro." Ao ouvir essas palavras, meu coração simplesmente murchou. Então, encarei meu prato.

Ele não tem ideia, pensei. E, de repente, estava na beira de um precipício, um abismo vertiginoso. Estava me dando conta de que aquela história não ia acabar bem. Nosso lar seguro e repleto de amor, nossos fins de tarde fáceis, tudo estava em perigo. Podia vê-los escorregando por entre meus dedos enquanto tentava recuperar o fôlego.

EM ALGUM PONTO no meio de tudo isso, em setembro, armado de boas intenções e uma aliança na mala, Sam foi até a Califórnia me encontrar em uma de minhas viagens a trabalho. Ele alugou um carro e me levou para um hotel de luxo na região de vinhedos de Sonoma, onde tínhamos um chalé só nosso com jardim privativo. Era tudo muito sofisticado, muito acima do que qualquer coisa que já tivéssemos feito antes, e, no *check-in*, Sam confessou que fora seu chefe quem lhe recomendara o lugar. Enquanto ele preenchia os papéis na recepção, olhei ao redor no saguão luxuoso e me senti envergonhada.

Sam me pediu em casamento em meio a um vinhedo. Ele escondeu a caixa da aliança – de diamantes fininhos e enfileirados – atrás de si. Não entendi o timing nem o pedido em si. Afinal, estávamos em meio a uma discussão a respeito de se seríamos capazes de viver juntos. Mas Sam tinha organizado tudo e estava certo de que aquilo consertaria as coisas. Além disso, eu o amava. Não sabia como dizer não. Então, eu disse sim. E me senti corar quando percebi que não tinha motivo melhor para dizer sim. Quando nos abraçamos, escondi o rosto em seu ombro.

Tarde da noite, na cama do hotel, queria sacudi-lo pela camiseta e acordá-lo. *O que você está pensando?*, tinha vontade de gritar. Ou talvez fosse eu mesma quem eu quisesse sacudir. *O que estamos fazendo?* Estava começando a me perguntar se Sam achava que tudo o que eu queria era um anel de noivado, um compromisso. Todo aquele papo sobre saudade e sobre passar mais tempo com a família na Europa era, para ele, só um truque, nada de mais. Será que Sam não entendia o tamanho da minha dúvida? Minhas mãos tremiam.

Dois dias depois, voltamos para Nova York em voos separados, e fitei a aliança sob a luz fria na poltrona do avião, tentando me imaginar como esposa de Sam, tentando me imaginar dizendo meus votos para ele. E não conseguia evocar a imagem. Uma intensa sensação de pânico tomou conta de mim.

O que mais você quer? Perguntei a mim mesma mais tarde, em Nova York, nos momentos em que fiquei sozinha, tentando dar um sentido às coisas. *Você tem tudo o que poderia querer. Devia estar agradecida.* Mas por mais que amasse Sam e nosso apartamento aconchegante com uma vista que me fazia lembrar de Berlim, comecei a perceber que havia algo profundamente errado com a fórmula que estabelecera para mim ao longo dos anos. Começava a perceber que não pertencia a um lugar ou a uma pessoa. Não importava quantos bons empregos e amigos gentis eu tivesse ao redor.

Queria muito acreditar que aquele pedido de casamento incluía um acordo implícito de que estávamos juntos para valer, que quaisquer dilemas que nós tivéssemos individualmente seriam agora parte de um esforço coletivo. Que podia confiar nele o suficiente para me expor por inteiro. Mas acontece que ele não estava mesmo interessado em me ajudar a navegar nas ondas de meu coração dividido. Não era má vontade; ele simplesmente não sabia como. Se eu tinha que passar por esse dilema, ia ser por conta própria. Sam deixara isso bem claro, diversas vezes.

Poucos meses depois de começarmos a namorar, Sam me levou de Manhattan até Beacon, no vale do Hudson, a linha de trem Metro-North cheirando de leve a xixi e a sanduíche de lanchonete, os assentos de couro rachados. Nós caminhamos da estação, perto do rio, até a casa da mãe dele, uma casa acolhedora em estilo vitoriano, no alto de uma pequena colina, com uma varanda que dava quase a volta completa na construção, um banheiro no andar de cima pintado de lilás, papel de parede de flores no corredor de entrada e uma mesa *art déco* na sala de estar. Passamos um fim de semana nevado escondidos ali, fazendo espaguete para o jantar e dormindo tarde, nos aventurando apenas para uma caminhada rápida até o monte Beacon, onde tiramos fotos um do outro lá no alto, embrulhados em cachecóis, casacos grossos e gorros.

Ao longo dos quatro anos seguintes, Beacon se tornou minha casa fora de casa. Javier e eu cozinhávamos juntos na cozinha desajeitada que a mãe de Sam sempre dizia que iria reformar, ele me ensinou a fazer *gastriques*, reduções e marinados de ervas, enquanto eu fazia ensopadinhos de carne com legumes. À noite, ficava acordada no quarto dos fundos e ouvia o apito distante dos trens. E me apaixonei pela família de Sam naquela casa, me senti acolhida com uma certeza que nunca questionei. Sempre quis ter uma família como aquela, e agora, por um golpe de sorte, eu tinha. Eles gostavam de mim; eu gostava deles. Era simples assim. Exceto, claro, que nunca é tão simples.

Porque, logo após o noivado, lá estava eu para passar o Dia de Ação de Graças, quatro anos depois de minha primeira visita a Beacon, caminhando atrás de minha futura família enquanto eles passeavam pela Main Street, e me sentia completamente perdida. Falava com minha mãe ao celular, ela a milhares de quilômetros de distância, do outro lado do oceano sombrio que dividia minha vida, e ao som de sua voz falhando no telefone, lágrimas brotaram em meus olhos. Olhei para a frente, para Sam, a mãe, a irmã e o marido e o bebê, seu irmão mais novo e a esposa, e vi uma família, três famílias, na verdade. Tão parecidas e, apesar de suas diferenças, tão unidas. E por mais que tenham me acolhido, por mais que já fizesse parte dela, o fato de que cada passo que eu tomava naquela direção me afastasse cada vez mais de minha própria família me consumia.

"Estou com saudade", sussurrei ao telefone, envergonhada por minhas lágrimas. "Seja forte", ela disse em italiano. "Também estou com saudade. Queria não estar tão longe." Ouvi seu suspiro, a respiração vindo lá de dentro. Já tínhamos tido a mesma conversa uma centena de vezes.

"Mas vamos nos ver logo. Não é, *bella*? Daqui a seis semanas." Concordei, embora ela não pudesse me ver. Eu me perguntava como era para ela ouvir minha voz embargada quase todas as vezes em que nos falávamos ultimamente. "Como está o bebê? Como estão todos?" Minha mãe tinha conhecido o filho de Javi e Liza em sua última viagem a Nova York. Ele se sentou no colo dela e a fitou, maravilhado, enquanto ela conversava com ele em italiano. "Estão bem. O bebê é lindo. Tão gordinho e fofo." Eu vi Javi se virar para me olhar. Enxuguei os olhos depressa. "Tenho que ir", disse. "Estamos fazendo uma caminhada. Eles estão esperando por mim." Respirei fundo. *Controle-se*, disse a mim mesma. *Você é uma adulta.*

"Eu te amo, *mamma*", disse.

"Também te amo", respondeu ela, com carinho. "Vamos nos ver em breve. Anime-se. Sorria. Ok? Você está sorrindo?" Tentei sorrir ao telefone.

Javi voltou-se e caminhou a meu lado, passando o braço sobre meus ombros. "Tudo bem, Lu?" Assenti com a cabeça, exausta de repente. Todas as noites, depois que Sam dormia, ficava acordada do lado dele, relembrando a estranha solidão que sentia quando criança, cruzando o Atlântico. Meus pais me colocavam naqueles aviões, confiando em sua filha obediente e bem-comportada não apenas para ter juízo o suficiente para ir e vir, mas também para sobreviver ao desgaste emocional. Eles não tinham ideia de como estavam me testando. Eu já os perdoara havia muito tempo; sabia que estavam fazendo o melhor que podiam. Mas agora eu ia me casar e meu futuro marido não parecia ter o menor entendimento do que me pedia.

Javi apertou meu ombro, e eu me recompus. Nós alcançamos os outros, e peguei a mão de Sam. Ele sorriu para mim, tão mais alto que o meu 1,60 metro. Sam ainda parecia convencido de que nossos problemas eram só uma fase passageira. Ele não entendia que aquilo havia manchado tudo o que eu amava na vida e, pior ainda, que estava me fazendo ver além das coisas que eu amava nele – a tranquilidade, a confiança e o senso de humor – e enxergar só as profundezas sombrias lá dentro. Nesse meio-tempo, eu começava a perceber que minha felicidade só poderia vir de um alto custo para ele – o que eu precisava talvez não estivesse a seu alcance. Era devastador perceber que o amor de Sam por mim não fosse grande o suficiente.

Descemos a Main Street, paramos em nosso café preferido para uma rodada dupla de pudim de pão com calda de uísque e sete colheres, uma tradição anual. Então, voltamos para casa, parando na fábrica de vidro e no pequeno canil, o bebê dormindo nos braços de Javi.

Na hora do jantar, todos estavam cansados de comer peru. Fui até a cozinha e, devagar, piquei cebola e cenoura bem fininhas, os movimentos simples e os aromas conhecidos, doces e fortes, me acalmavam. Cozinhei os legumes picados no óleo e na manteiga, em seguida, acrescentei carne moída, extrato de tomate e um pouco de vinho e deixei cozinhar e cozinhar e cozinhar até o untuoso ragu de Gabriella ficar pronto, enchendo a casa com seu aroma.

No jantar, comemos o ragu com um espaguete que encontramos num dos cantos dos armários da cozinha, e senti uma pontada de satisfação de que os sabores de minha infância, do meu mundo, estivessem à mesa em Beacon.

Ragù alla bolognese

Rendimento: 8 a 10 porções

Esta receita é muito simples, mas não brinque com os ingredientes. Não caia na tentação de acrescentar aipo, uma folha de louro ou uma pitada de canela. Se seguir à risca a receita, você será recompensado com um molho de carne moída que realmente tem o gosto da Itália. O ragu pode ser usado para rechear uma lasanha ou para cobrir um espaguete ou, melhor ainda, um *tagliatelle* caseiro. É um clássico; nenhuma cozinha existe sem ele (é fácil de dobrar as quantidades e congela muito bem). E quando digo picar a cenoura e a cebola "bem fininhas" estou falando de pedacinhos que sejam, em tamanho, quase indistinguíveis da carne moída, uma vez que o molho estiver pronto. Se você é bom com a faca, pique manualmente. Caso contrário, use um multiprocessador (mas tome cuidado para não transformar as cebolas ou as cenouras num suco). Está bem, chega de ordens. Vamos agora cozinhar!

- 1 colher (sopa) de azeite de oliva
- 1 colher (sopa) de manteiga
- 1 cebola grande amarela picada bem fininha
- 2 cenouras grandes picadas bem fininhas (quantidades aproximadamente iguais de cebola e de cenoura picadas)
- 500g de carne de boi moída
- 500g de carne de porco moída
- ½ xícara de vinho tinto (abrir uma garrafa para cozinhar e beber o restante durante o jantar)
- 1 lata de 800g de tomate inteiro sem pele, triturados
- 1 colher (chá) de sal (ou mais, a gosto)

1. Em fogo médio, coloque o azeite e a manteiga numa panela de ferro fundido grande até derreter a manteiga. Adicione a cebola e refogue, mexendo sempre, por cerca de 7 minutos, até que a cebola esteja bem cozida. Não a deixe dourar. Adicione as cenouras picadas e cozinhe por mais 2 a 3 minutos, mexendo de vez em quando.

2. Acrescente a carne e, usando uma colher de pau, mexa e separe a carne para que ela cozinhe e se fragmente em pedacinhos uniformes. Enquanto faz isso, aumente a chama para médio/alto ou até alto mesmo. É preciso bastante força e um pouco de paciência. Continue mexendo e cozinhando até que a carne já não esteja mais vermelha (em nenhum momento, no entanto, ela deve dourar). Um caldo irá se formar no fundo da panela. Continue cozinhando por 8 a 10 minutos, até que esse líquido tenha evaporado quase por completo.

3. Adicione o vinho e mexa bem. Cozinhe por mais 2 a 3 minutos, até que o vinho tenha evaporado quase totalmente.

4. Adicione os tomates sem pele triturados e o sal e mexa bem. O molho vai levantar fervura quase imediatamente. Coloque o fogo no nível mais baixo, tampe a panela e deixe ferver pelo máximo de tempo possível, mexendo de vez em quando – 7 horas seria maravilhoso, 5 horas é bastante bom, mas se deixar por menos do que 3 horas, perderá toda a graça. Quanto mais tempo cozinhar, mais rico e saboroso ficará

o molho. Em algum ponto no processo de cozimento, a gordura se separa do molho e flutua na superfície, então mexa bem de vez em quando para reincorporá-la ao molho.

5. Ao final do cozimento, prove o tempero e adicione mais sal, se necessário. Em seguida, sirva com macarrão ou numa lasanha clássica (esta receita é suficiente para uma travessa de 22 por 32cm). Se for congelar o molho, deixe-o esfriar completamente antes de colocar em sacos de congelar ou outros recipientes de plástico.

15. Mexeu comigo

Por algum tempo, não foi difícil evitar Sam. Ele trabalhava até tarde, chegava em casa muitas vezes depois do jantar; passava longos períodos no fim de semana preso em compromissos no centro da cidade. Sozinha no apartamento, assisti a todos os filmes antigos que ele nunca queria ver, jantei cereal e virei noites na internet. Era fácil passar as horas absorta nas histórias dos outros. Quando estávamos juntos, havia sempre uma tensão e uma infelicidade no ar. Todas as conversas evoluíam para uma discussão sobre as mesmas coisas; nós dois tentávamos sempre chegar a alguma conclusão, na esperança de que *dessa vez* o outro finalmente entenderia. Mas nunca era o caso.

A cozinha – meu refúgio – tornou-se um lugar no qual eu não queria mais estar. Estava perdendo o apetite, e rápido. Nenhum dos pratos que normalmente me davam conforto funcionava agora, nem o ato de cozinhar, que sempre fora tão tranquilizador. Qualquer coisa que tentasse me deixava enjoada – picles caseiros, ensopado de carneiro, até mesmo simples *pancakes* de trigo-sarraceno. Tentei escrever sobre a situação no blog, mas sentia que não podia compartilhar muita coisa. Alguns leitores bem-intencionados me mandaram e-mails preocupados, recomendando seus antidepressivos. Quem me dera houvesse um medicamento que fizesse tudo desaparecer: a mágoa, a apatia, os enjoos persistentes, a saudade, a insônia. Mas quando perguntei a uma psicóloga se algum medicamento poderia mesmo resolver meu problema, ela sorriu com simpatia e disse que eu não estava deprimida. Em vez disso, recomendou terapia de casal.

Um fim de semana, para escapar de tudo isso, viajei a Porto Rico para visitar Joanie e Dietrich, que estavam na casa da família em férias. Eu não voltara a Porto Rico desde quando era criança, no divórcio de meus pais. No aeroporto, Joanie me deu seu abraço mais forte. Tive que engolir as lágrimas.

Passei três dias ensolarados com eles. Colhemos toranja do pé no jardim com um colhedor de cabo comprido improvisado, fizemos caminhadas na mata de samambaias que cercava a casa e preparamos *requesòn* com leite e suco de laranja-azeda, que comíamos no café da manhã com fatias rosadas de goiabada e pão integral – Joanie, cansada do pão branco dos mercados da ilha, o preparava com massa de fermentação natural. À noite, ao som dos sapos *coqui* que cantavam sob a janela do meu quarto, ficava deitada tentando decidir o que queria.

Em minha última noite em Porto Rico, caí num sono profundo e sonhei com um apartamento em Berlim, perto do mercadinho de produtos orgânicos da Winterfeldtplatz em que minha mãe e eu costumávamos comprar leite e ovos de galinha caipira havia tantos anos. O apartamento, no alto de um edifício antigo, tinha o piso de tábuas corridas e uma estante na sala de estar que ocupava a parede quase toda. Um corredor comprido ia da porta da entrada até os outros cômodos. Todos os quartos tinham uma luminária de papel-arroz pendurada no teto. Em meu sonho, eu olhava da janela da sala para os carros embaixo. Lá fora, o tempo estava nublado e úmido, mas o quarto era quente e bem-iluminado. Não havia ninguém comigo e nada estava acontecendo, mas eu estava em casa, na minha casa. Quando acordei, e o sonho se evaporou, me senti desolada.

De volta a Nova York, tentei evocar o apartamento mais uma vez ao desligar as luzes na hora de dormir, mas ele não vinha. Repassei as imagens em minha mente repetidamente, tentando entender o que aquele sonho significava.

Nós tentamos segurar o relacionamento por muito tempo ainda, mesmo quando víamos que ele escorria por entre os dedos. Eu já não sabia se me esforçava porque não queria perdê-lo ou porque tinha ido longe demais para desistir. Foram dias terríveis. Acordada à noite, a solidão, a raiva, o desespero e o medo me dominavam. Então, depois de toda a luta e tristeza do ano anterior, entendi que estava prestes a perder tudo, não apenas Sam e nossas fantasias de uma vida juntos. Percebi que minha vida precisava ser salva.

Mas primeiro tinha que ir a Paris.

A VIAGEM PARA PARIS estava planejada havia meses. Betsy, minha antiga colega de quarto, e nossa amiga Teri tinham decidido passar uns dias em Paris depois da Feira do Livro de Londres, na primavera. Nossa outra amiga, Jenny, ia para lá na mesma época, para encontrar o marido, que estaria viajando pela Alemanha. As três estavam planejando passar alguns dias juntas em Paris, quando Betsy – essas ideias sempre são dela – me ligou para dizer que eu devia comprar uma passagem também. "Está barato", disse, de Londres, pelo telefone. "Você tem que vir."

Betsy sempre foi muito boa para fazer esse tipo de planejamento e melhor ainda para me convencer a me juntar a eles. Todo mundo precisa de alguém como Betsy em sua vida: defensora, facilitadora, agente, irmã mais velha. Ela era capaz de ouvir o desespero em minha voz toda vez que me ligava. Ela estava preocupada. E sabia que eu precisava de uma fuga. Aceitei na mesma hora. Quatro dias longe de Nova York e da tristeza que espreitava nosso apartamento me fariam muito bem. Quatro dias de abril em Paris com minhas melhores amigas seria o remédio perfeito.

Na época em que planejamos a ida a Paris, não sabia como estava desesperada para ir embora. Na data da viagem, as coisas estavam tão ruins que Sam tinha se mudado de volta para seu antigo apartamento, e eu passava os dias me perguntando qual de nós seria corajoso o suficiente para tomar a iniciativa. Eu estava tão frágil que vivia à beira das lágrimas. Precisava de um pouco de magia em minha vida, de preferência uma que viesse diretamente na veia.

E a magia teve início de imediato. Assim que Jenny e eu pegamos o trem RER do aeroporto para Paris, dois homens carregando enormes buquês de lilases entraram e se sentaram a nosso lado. O trem sacudiu e seguiu em frente, e olhei Jenny por entre a profusão de flores minúsculas que havia entre nós duas. Na noite anterior, Nova York estava fria e cinzenta, e ali estávamos nós, o ar perfumado de lilases, o sol entrando pela janela. Era difícil não se sentir enfeitiçada.

Naquela tarde, caminhamos pela cidade por horas, à espera de Teri e Betsy, que viriam de Londres. Descemos a rue Bonaparte, onde eu havia morado dez anos antes, vivendo os limites de minha própria independência, e vi a porta de meu antigo apartamento, ainda pintada de azul-real, brilhando sob a luz da tarde. Fomos até o Jardim de Luxemburgo e nos deleitamos sob o sol, os olhos vermelhos da noite no avião e da vida recente. Jenny e o marido estavam tentando engravidar havia mais de um ano, mas as coisas não estavam dando certo e eles estavam ansiosos com o que estava por vir.

Enquanto caminhávamos, nós conversamos. Perguntei a Jenny pela enésima vez o que eu deveria fazer a respeito de Sam. Nesse momento, um pombo voou bem na direção do meu rosto e mergulhou para bater asas na minha cabeça. No instante seguinte, já tinha ido embora, mas sua asa me tocou bem no momento em que tinha terminado de fazer a pergunta. "O que foi *isso*?", gritamos juntas, morrendo de nojo; mas, lá no fundo, fiquei cismada. Eu era uma cabeça mais baixa do que Jenny. Por que o pombo tinha me escolhido?

Comemos um *éclair* de chocolate num café na Place de la Contrescarpe, onde as árvores frutíferas em flor emolduravam o céu, e conversamos sobre amigas que haviam tido dificuldade para ter filhos e outras que engravidaram sem sequer tentar. Parecia tudo tão arbitrário. Era tão difícil ver Jenny, em geral tão alegre e animada, sofrendo. Quando o sol começou a baixar, partimos para o hotel Verneuil, Jenny forçando uma pose dramática toda vez que eu parava para tirar uma foto. E então jantamos com Betsy e Teri no Astier, onde o garçom deu uma piscadela simpática ao servir uma tábua enorme de queijo após o jantar e fazer um sinal para nos servirmos.

Tivemos sorte com o tempo na viagem: foram dias tipicamente nublados de primavera, o céu naquele tom cinzento suave, a luz caindo de um jeito perfeito e sem chegar exatamente a chover, mas às vezes o sol surgia brilhando, e a beleza ao nosso redor me deixava pasmada. Depois de tanto tempo de inverno, me sentindo murcha e doente, era como se eu estivesse viva de novo.

Passei a maior parte da viagem de cabeça erguida, mais uma vez maravilhada pelas ruas de Paris com seus nomes de gramáticos, revolucionários e matemáticos. *Este* era o jeito que eu queria conhecer Paris, e não do modo como quando morava lá. Vimos garotos jogando uma partida agressiva de futebol na Place des Vosges e fizemos compras no Marais. Dividimos uma caneca de chocolate quente na Maison Angelina – grosso e delicioso, coberto com chantili. Vimos um vestido florido na vitrine de uma loja e fizemos Jenny, alta e magra, entrar e experimentar. Jenny girou na frente do espelho, agitando a saia e parecendo feliz. Nós quatro nos apertamos numa pequena loja de sapatos e experimentamos sandálias por horas. Como o expediente já estava quase no fim, os vendedores acabaram fechando a loja com nós dentro. Um deles, um homem bonito e de ar abatido, flertou comigo enquanto eu ficava na dúvida entre dois pares. Quando calcei um par de sandálias de tirinhas de couro brilhante vermelho, ele disse: "Esses." E apontou para meus pés enquanto eu o olhava pelo espelho. "Esses sandálias fazer meu coração fazer 'bum'." E bateu no peito, me olhando profundamente nos olhos. Demos uma gargalhada, e eu tive que me segurar para não me jogar em cima dele.

Jantamos com amigos num bistrô no 11º *arrondissement* e nos fartamos nas vieiras servidas dentro de suas conchas maravilhosas e os pedaços grossos de vitela nadando em molhos cremosos. Experimentei morcela pela primeira vez, meus dentes afundando na carne firme e texturizada. Enquanto minhas amigas conversavam, observei uma senhora elegante que bebia vinho a uma mesa perto da nossa, falando com seu acompanhante. Parecia tão à vontade, tão sábia, calma e ainda sensual. Era capaz de manter a elegância mesmo comendo uma sobremesa que era um *macaron* cor-de-rosa do tamanho da própria mão, recheado com pequenos morangos silvestres. Será que ela havia passado por alguma crise na vida? O que será que ela me aconselharia? Quando nossos olhos se encontraram, desviei os meus, envergonhada.

Estávamos todas em crise naqueles dias. Betsy e o marido também estavam tentando engravidar, sem sucesso, e Teri havia acabado de sair de um divórcio complicado. Meses depois, estaríamos rindo do nosso fim de semana, cada uma se desfazendo em lágrimas pelo menos uma vez durante a viagem.

Como minhas amigas me lembravam, eu era a única ali que podia tomar alguma atitude naquele ponto de minha crise. Teri já tinha sido forte para pôr fim ao casamento. Jenny e Betsy estavam voando em círculos, à mercê da medicina moderna e dos caprichos do corpo humano. Tinham que ter paciência e fé. Eu, no entanto, *podia* fazer alguma coisa. Podia me libertar. Tudo o que tinha que fazer era ser corajosa.

Quando você passa a vida toda fazendo o que as pessoas dizem, sendo obediente e engolindo o choro enquanto a vida dos outros segue em frente à sua custa, em algum momento está fadada a explodir. Algo naquele fim de semana em Paris, algo no fato de estar com minhas amigas, de me sentir acolhida e fortalecida por sua companhia, algo no modo assertivo que a vida assumia em Paris, as refeições sofisticadas que fizemos, os longos passeios por todas aquelas ruas lindas e familiares finalmente mexeu comigo e me tirou da cova triste e desesperada em que me via presa.

Algo aconteceu em Paris, naquele fim de semana. Acho que foi ali que minha infância obediente finalmente chegou ao fim. Enfim entendi que tinha que deixar de me preocupar com como tudo o que eu fazia afetaria as pessoas que amava. Em Paris, finalmente encontrei forças: era hora de escolher a vida que eu queria, mesmo que isso significasse perder Sam. Só a tranquilidade e o senso de humor não poderiam substituir coisas mais profundas, mais difíceis e mais urgentes que me faziam tanta falta. Ali, em Paris, algo me arrancou daquela névoa perigosa antes que fosse tarde demais.

Finalmente percebi um fato simples, mas essencial: você, e somente você, pode determinar o próprio destino. E tem apenas uma chance na vida. *Faça* algo com ela; abra seu coração para o risco. Em algum ponto, chega o momento em que você deve pular.

Agora, caro leitor, tenha paciência. O que estou a ponto de dizer pode fazê-lo achar que enlouqueci. Mas o que vou dizer realmente aconteceu. Eu juro.

Havia meses que eu rezava a Deus, ao Universo ou a quem pudesse me ouvir para que me ajudasse a sair daquela confusão. Não fui criada seguindo religião nenhuma, e realmente não tinha o hábito de rezar, mas esse era um momento de desespero. De noite, na nossa cama no Queens, implorei em silêncio e rezei por uma resposta. Um sinal. Não recebi nada, exceto o som ensurdecedor do silêncio.

Até que fui a Paris, e lá finalmente obtive a resposta. Um tanto confusa, velada, mas uma resposta.

No dia seguinte ao que o pombo me tocou, nós quatro estávamos no Jardim de Luxemburgo. Antes de irmos embora, fui procurar o banheiro, escondido numa área subterrânea do parque. Quando desci as escadas desertas, os banheiros estavam vazios. Não posso ter passado mais do que um minuto dentro da cabine, mas todos os instantes solitários eram preenchidos com pensamentos a respeito de decisões difíceis e Sam. Enquanto lavava as mãos, senti a ansiedade tomar conta de mim.

Quando me virei para subir os degraus de volta para o parque, a escada estava coberta de pombos – uns cinquenta ou mais. Não podia acreditar. De onde eles tinham surgido naquele último minuto? Não tinha ouvido um pio nem uma asa batendo. Comecei então a subir as escadas, me preparando para a revoada, com medo de seus germes e de suas penas nojentas. Mas em vez de voarem para longe, quando me aproximei, eles se viraram e voaram *na minha direção*, um após o outro, tal como um enxame. Não chegavam a ser ameaçadores; não me senti como a Tippi Hedren, no filme *Os pássaros*. Mas havia algo de urgente naquela revoada, como se estivessem tentando me alertar de algo. Fiquei cismada. O que aquilo significava?

No dia seguinte – nosso último dia em Paris –, Teri, Betsy e Jenny tinham compromissos de trabalho. Saí então para uma longa caminhada pela margem direita do rio. Num mercadinho logo atrás da Place de la Madeleine, vi uma pilha de peixes-dragão sobre o gelo. Esses peixes não são encontrados nos Estados Unidos, mas sempre li a respeito deles em receitas de *bouillabaisse*, uma sopa grossa e picante de Marselha. Havia também recipientes enormes de azeitonas muito cheirosas. Uma barraquinha vendia buquês de ranúnculos amarelos por apenas três euros, e outra tinha beterrabas assadas e geladas, prontas para os clientes levarem para casa, que eu comprava havia tantos anos. Na noite anterior, havíamos tomado espumante e comido *pommes frites* perfeitas e, de sobremesa, moranguinhos nadando numa piscina de xarope de menta. Os garçons nos deixaram ficar à mesa muito tempo depois de todos os outros clientes terem ido embora. Rimos e tiramos fotos umas das outras. De volta ao hotel, repassei as imagens e parei numa foto de Betsy e eu sorrindo para a câmera. Tinha me esquecido de como era quando eu estava feliz.

Enquanto caminhava, me lembrei de como era irônico o fato de que, agora, eu não queria mais nada além de ficar em Paris, onde meu maior dilema seria pedir queijo ou sobremesa depois do jantar. Comecei então a pensar nos pombos. Teria sido só uma coincidência? Ou o Universo estava tentando se comunicar comigo?

Naquele momento, eu atravessava a Place de la Concorde, um dos lugares que menos gosto em Paris, tão frio e formal, e parei sob algumas árvores, perdida em meus pensamentos sobre pombos, casamento e sobre o que estava aos poucos descobrindo o que queria para minha vida. Foi então que cheguei a uma conclusão. Talvez por estar longe de Nova York, talvez por estar com minhas amigas, ou, quem sabe, fosse apenas a velha magia parisiense. Mas instantaneamente me dei conta do que precisava fazer. E, juro, nesse segundo um pombo fez cocô no meu ombro. Se isso não for um sinal do Universo, o que seria então?

"Quem era?", perguntou Teri, os olhos arregalados. "Você acha que foi a sua avó? A italiana?" "Não sei!" Eu estava sem fôlego. Logo depois do incidente, voltei correndo para o hotel, subi os degraus de dois em dois e entrei no quarto para contar às meninas sobre o pombo e mostrar a mancha em meu ombro, uma medalha de honra fedorenta. Ficamos nos olhando em silêncio. Eu realmente não acreditava em vida após a morte, ou em avós falecidas que se comunicam por meio de pássaros. Mas Jenny e Teri estavam mais predispostas a aceitar a ideia; enquanto minha mãe rezava no altar do jornalismo e da ciência, as mães delas frequentavam astrólogos e videntes. A elas parecia natural que o Universo, Deus ou um parente italiano falecido estivesse tentando se comunicar por meio de uma revoada de pombos parisienses. (Para falar a verdade, estava aliviada que elas não achassem que eu tinha enlouquecido.) Eu nunca precisara tanto de ajuda, e se era assim que o Universo iria me ajudar, por mim tudo bem.

Saí novamente para tomar um pouco de ar fresco e ter paz de espírito, uma última caminhada nas calçadas estreitas sob o céu cinzento e frio. Fui até o Sena e parei no meio da Pont Neuf. Olhei para o rio e para a Île de la Cité, onde eu percebera, fazia tantos anos, que estava me apaixonando por Max. Pensei em minha vida em Nova York e Sam me esperava em casa. Pensei em Ninì e em como meu avô a adorava, e no casamento fracassado de meus pais e em minha saudade desesperada. Então fechei os olhos e tentei ficar imóvel.

O que você quer da vida?, perguntei a mim mesma. *O que vai deixá-la feliz, você e só você? Como quer viver? De que tipo de amor você precisa?* Com os olhos fechados, vi os lilases no RER e senti o insistente bater das asas dos pombos, por fim, senti Paris me sacudindo, com urgência. *Abra os olhos*, parecia estar dizendo. *Não há mais tempo a perder. A resposta está bem na sua frente.*

Uma semana depois, estava tudo acabado. Eu disse a Sam que não conseguia mais, e ele saiu de casa. Minha mãe veio a Nova York me fazer companhia naqueles dias estranhos em que eu sentia uma dor insuportável, uma tristeza e uma leveza esquisita, algo que parecia com a sensação de paz. Numa noite especialmente ruim, perguntei a ela por que, depois de tantos meses de luta, era tão difícil superar a dor. "Porque você pensou que iria passar o resto da vida com ele", ela disse, calmamente. E então acrescentou: "E você lutou por isso mais do que tudo na vida." Ela esperou meu acesso de soluços arquejantes e então enrijeceu a voz. "Mas você fez tudo o que podia. Está me ouvindo? Você fez tudo o que podia." E sacudiu meu joelho. "Olhe para mim, Luisa. Acabou. Finalmente acabou. E agora você tem que deixar isso para trás."

No dia seguinte o tempo estava quente o suficiente para eu colocar minhas sandálias vermelhas novas e ir ao trabalho. No escritório, minha amiga irlandesa, Dervla, me disse que pombos – e pombas brancas – são o símbolo da volta para casa.

16. Comida para corações partidos

Ao ver esse título, os corações solitários de verdade zombarão dessa escolha, sentindo aquela dor já conhecida e um tanto nauseante. Afinal, nada acaba mais rápido com o apetite do que dor de amor. E não há muito que se possa fazer a respeito – em relação à dor de amor. Ela tem que seguir seu curso no próprio tempo, um pequeno parasita devorando o hospedeiro por dentro.

No entanto, por mais sombrios que seus dias possam parecer – e eles eram sombrios, isso posso assegurar –, surpreendentemente, a vida segue em frente. E você também deve seguir, um passo depois do outro, uma manhã tediosa depois da outra. E a verdade é que você *tem* que comer. Você não pode simplesmente abandonar a vida. O truque é descobrir a coisa certa, aquilo que não vai lhe revirar o estômago nem fazer com que você queira afastar o prato quando percebe que está começando a chorar de desespero. O truque é ser gentil consigo mesmo – sempre uma coisa boa, é verdade, mas algo imperativo em tempos de coração partido.

Em primeiro lugar, permita-se alguns luxos. Por exemplo, se sob circunstâncias normais você não se permite atrocidades como espetinhos de salaminho processado ou batatas fritas de saquinho com sabor, seja por questões de saúde ou para manter a cintura, agora é a hora de abandonar o bom-senso. Você precisa de pequenos luxos para curar o coração. Está provado cientificamente. Em segundo lugar, salada conta como jantar. E não estou falando das saladas grandes de folhas verdes. Isso não serve para corações partidos. Acho que em tempos de sofrimento uma pequena tigela do que algumas pessoas chamariam de salada grega simplificada funciona como uma ótima refeição. O importante é achar um pepino pequeno e crocante (gosto dos pequenos sem sementes), um punhado de bons tomates-cereja, que, felizmente, nunca saem de estação, um pequeno pedaço de queijo feta (grego ou francês, não importa, desde que seja fresco) e orégano (grego ou italiano, por favor).

Não se preocupe em descascar o pepino, mas corte no comprimento, no meio, e depois em pequenas meias-luas. Corte os tomates ao meio ou em quatro partes e o feta, em cubinhos. Misture tudo numa tigela e polvilhe com bastante orégano e uma boa pitada de flor de sal. Não economize no sal por causa do feta. Confie em mim, é um erro. Seu corpo precisa de sal; você não está seco de tanto chorar? Reabasteça-se. Em seguida, adicione um bom fio de azeite e uma gotinha mínima de vinagre (uso vinagre de vinho branco, mas diria que você pode usar vinagre de champanhe ou de xerez; mas eu imploro: não use balsâmico) e misture até os tomates brilharem com o azeite, as ervas estarem bem espalhadas e o feta começar a se quebrar nas beiradas.

Mas se for verão – e espero que seja, porque pelo menos você já tem uma vantagem em relação aos pobres corações partidos de inverno, que definitivamente têm um osso duro de roer –, vá até a varanda, o quintal ou a porta da frente. Acho muito importante comer essa saladinha, que pode ser tudo o que você seja capaz de comer ao longo do dia, ao pôr do sol. Enquanto mastiga cuidadosamente os itens da tigela, o sol fará você apertar os olhos e lhe aquecerá os cabelos, e a brisa suave do fim de tarde será como uma carícia, da qual imagino que você precise quase tanto quanto sua salada.

À medida que seu garfo avança, faminto, você pode sonhar com a viagem que gostaria de fazer à Grécia, onde poderá comer queijo feta e tomate o dia inteiro, todos os dias, e grandes azeitonas verdes também, com um pão quente gostoso. E onde vão flertar com você enquanto se senta num bar com seu copo de *retsina*, o tradicional vinho grego, a pele bronzeada de sol. De repente, estará raspando o fundo da tigela da salada, e talvez se sinta envergonhado, ou mesmo culpado, por apreciar tanto uma refeição tão simples quando achou que jamais seria capaz de comer novamente.

Não se preocupe, a dor não terá desaparecido por completo, e isso não acontecerá até que ela resolva se afastar por conta própria. Mas, enquanto isso, você venceu mais uma refeição e está se sentindo bem melhor, como se não se importasse de comer outra tigela daquela, ou pelo menos mais uma colherada do molho que sobrou no fundo. Aqui vai uma dica: ninguém – ninguém mesmo – notará se você levar a tigela aos lábios e beber o azeite e o vinagre temperado com ervas e polvilhado com pedacinhos de feta e sementes de tomate. Talvez você tussa de leve, se o vinagre estiver muito pronunciado, e pode se sentir um pouco guloso. Mas acho que vale a pena sentir o apetite e o desejo de viver renascerem – um tomate-cereja de cada vez.

Parte 3

17. Um juramento

A SABEDORIA POPULAR diz que depois de uma separação ou de um divórcio não se deve tomar outras decisões importantes por algum tempo. Acho que a teoria é de que você não tem mais forças para decidir. Você gastou os últimos neurônios escolhendo o que é certo e agora precisa de uma folga. Faça uma massagem! Dê um passeio! Saia com as amigas! Mas, pelo amor de Deus, não se aventure com nada mais complicado do que comprar aqueles sapatos de camurça com couro e de saltos altos altíssimos.

A filosofia me pareceu boa. Eu ia ao teatro. Tomava chocolate quente no café da manhã. Comprei os tais sapatos de camurça com couro só porque deixavam minhas pernas mais bonitas. Arrumei até um pretexto para viajar para Los Angeles a trabalho. O fato de achar que dirigir o carrinho vermelho alugado era a coisa mais emocionante que havia acontecido em meses talvez fosse uma prova de como meu caso era extremo. Los Angeles estava ensolarada e quente, e todos os lugares a que ia tinham coisas deliciosas para comer: lanchonetes transcendentais de tacos, o enorme pé de mirtilos no quintal do autor que eu estava visitando, um jantar de seis pratos diferentes num restaurante coreano tão remoto que éramos os únicos não asiáticos no lugar. Ao me perder no caminho para o aeroporto – que quase me fez perder o voo de volta –, fiquei estranhamente imperturbável.

Concluí que se Los Angeles e seus pés de laranja kinkan e suas buganvílias queriam ficar comigo, então, tudo bem. Não havia mais ninguém me esperando em casa. Não tinha ninguém com quem me preocupar. Eu estava livre. E esse pensamento era absolutamente emocionante.

De volta em casa, evitei a cozinha por completo. Ela não me oferecia muito mais do que o cereal com leite e um suprimento constante de tomates-cereja que comia aos montes se estivesse em casa na hora do jantar. Pedi desculpas aos leitores do blog, culpando a viagem por meu silêncio, e então ia comer pizza com amigos depois do trabalho ou comprava um sanduíche vietnamita ou cambojano e comia sentada num banco de bar, os olhos lacrimejando com as fatias de pimenta escondidas por entre a carne de porco assada ou as almôndegas. Decidi que cozinharia de novo apenas quando conseguisse. Por enquanto, deixaria a cidade me alimentar. Nada como Nova York para curar um coração partido.

E então, como se o Universo estivesse brincando comigo, recebi uma proposta de emprego como diretora editorial em São Francisco, na Califórnia, o tipo de oferta irrecusável. Que você tem que levar muito a sério, mesmo que o bom-senso esteja praticamente berrando para você ficar na sua e deixar essa passar. *Fala sério*, eu disse a mim mesma. *Sou perfeitamente capaz de contemplar essa possibilidade de emprego* e *a perspectiva de me mudar para o outro lado do país. Por que não? Só tive um ano difícil. Minhas faculdades mentais estão perfeitamente normais.*

Mas meu instinto parecia discordar. Quando viajei para São Francisco a fim de encontrar meu futuro empregador e conhecer os integrantes da equipe com quem trabalharia, não consegui calar aquela voz preocupada e do contra. *Por que você está considerando essa ideia?*, era o que ela me dizia, como se me olhasse feio. *Você não está com cabeça para tomar decisões. Preste atenção, vá para casa. Faça outra massagem. E tire essa loucura da mente.*

Mas eu não ouvi. Era, de fato, o caminho perfeito se quisesse que minha carreira seguisse em frente. Além de ser algo lisonjeiro, admito. Na verdade, todo mundo para quem eu contava da proposta parecia me incentivar a aceitá-la. Você tem que ir! Você tem que aceitar. Que oportunidade incrível, disseram. Eu sei!, eu respondia. O que mais podia fazer? Só uma pessoa, minha antiga chefe do tempo em que trabalhava como *scout*, deitou a cabeça de lado e ergueu uma sobrancelha com ceticismo quando lhe contei da proposta. "Se você está pensando em se mudar", disse ela, "não devia ir na outra direção?"

Em São Francisco, velhos amigos de família me levaram para conhecer seus mercados de produtores locais preferidos e para jantar no Zuni

Café, onde comi um nhoque de ricota divino. Vi a Golden Gate ao pôr do sol. Percorri os mercadinhos, me maravilhando com as pilhas de tomates, alcachofras, abacates e *muffins* perfumados de noz-moscada. Comprei um dos famosos *burritos* do bairro de Mission, que não consegui chegar nem perto de terminar de comer, andei de ônibus algumas vezes e tentei ao máximo me imaginar naquela cidade.

Mas não consegui. Cada vez que tentava, era como atravessar uma parede de tijolos. A cidade era muito agradável, mas eu simplesmente não a *entendia*. Sentia saudade de Nova York, cheguei até a desejar que a oferta tivesse vindo de uma editora em Los Angeles. Era tudo muito estranho, na verdade.

No entanto, apesar disso – e do fato de que, em dado momento, quase no fim de minha visita, quando a proposta se tornou ainda mais irresistível, e meu instinto gritou bem alto que minha antiga chefe tinha razão e que se eu estava pensando em me mudar, que fosse para o outro lado do Atlântico, de volta a Berlim –, acabei aceitando o emprego, poucas semanas depois de me separar de Sam. Aceitei o emprego, pedi demissão do cargo como editora de livros de culinária e voltei para casa chorando por todo o caminho.

Foi então que fiquei um tanto confusa. Porque, veja bem, uma vez que comecei a chorar, não consegui mais parar. Chorei no trabalho. Chorei no caminho até a estação de trem. Chorei no trem. Chorei quando cheguei em casa e contei a novidade aos amigos do nono andar (os convidados que eles estavam recebendo para o jantar me olharam um tanto preocupados). Chorei antes de me deitar na cama e chorei enquanto pegava no sono. Tinha acabado de aceitar o emprego dos meus sonhos e não conseguia parar de chorar. Muito estranho.

De alguma forma, consegui dormir um sono entrecortado, mas acordei no dia seguinte, às seis da manhã, feito uma bala de revólver. Num segundo estava dormindo em meu quarto, no próximo estava de pé na sala de estar, sem conseguir respirar. Em seguida meus joelhos falharam e caí no chão. O que que eu havia feito? Não conseguia respirar, o que piorava as coisas. Tentei me equilibrar, mas tremia inteira. O pior de tudo era a certeza de que tinha cometido um erro terrível ao aceitar aquele emprego. Catastrófico. (Meu instinto me lançava um sorrisinho sarcástico.)

Foi somente depois de telefonar para meu pai, a única pessoa acordada àquela hora da manhã, e ele me explicar num tom calmo e controlado que havia uma saída para aquela confusão, que comecei a sentir minhas mãos e meus pés.

"Aconteceu a mesma coisa comigo, sabia?", ele disse. "Quando nós estávamos deixando Berlim. Eu tinha duas propostas de emprego, uma em Boston e outra em Baton Rouge, na Louisiana." *Já conheço essa história*, pensei. Pelo que sabia, meu pai não podia se imaginar me criando no Sul, e por isso foi para Boston. "Na verdade, o trabalho em Baton Rouge era melhor", continuou. "Então, aceitei, mesmo gostando muito de Boston. Recusei o trabalho de lá, porque achava que estava tomando a decisão certa para minha carreira. Mas, de noite, percebi que tinha cometido um erro grave. Eu não conseguiria viver em Baton Rouge e, mais importante, também não poderia criá-la ali. Na manhã seguinte, liguei para o pessoal que me oferecera o emprego em Boston e pedi que reconsiderassem. Eles aceitaram na mesma hora. Então liguei para Baton Rouge e disse que sentia muito, mas que havia mudado de ideia. E, sabe, foi só isso. Nunca me arrependi."

Engoli em seco. "Você também pode fazer isso, Luisa, você pode. Mas tem que fazer agora, hoje de manhã. A janela de tempo é muito pequena. Ligue para a sua chefe e diga o que aconteceu. Basta ser honesta. Ela vai entender, tenho certeza. E então ligue para São Francisco e diga que você cometeu um engano."

Soltei um pequeno gemido reprimido. "Pai, estou com tanta vergonha." Ele riu. "Pense nisso apenas como uma tradição de família, igual a abandonar a pós-graduação. Vá em frente, ligue para ela. E então me ligue de volta para me contar como foi."

Resumindo, fiz exatamente o que meu pai me falou, e às dez da manhã o desastre estava contornado. Às onze, fiz uma jura solene de nunca mais ignorar meu instinto. Meu pobre e difamado instinto, que não queria nada mais do que o melhor para mim e que havia disparado o alarme o tempo todo. De repente, estava tudo tão claro! Por que eu nem sequer cheguei a contemplar o novo trabalho?

Naquela noite, pela primeira vez em semanas, cozinhei no jantar. Não sabia bem o que queria comer quando saí do trabalho, mas sabia que queria estar de volta à cozinha, sentir o peso do cabo da faca em minha mão enquanto picava alguma coisa, observar o azeite borbulhar na panela quente, fazer meu próprio jantar em vez de só comprar algo para comer. Fui ao mercado e caminhei pelos corredores à procura de inspiração, enchendo o carrinho de coisas sensatas: iogurte, brócolis, um saco de limão-siciliano orgânico. Somente quando entrei na seção de feijão e vi as pilhas de latas bem organizadas é que me dei conta de qual era a minha fome. Estava faminta pelos *baked beans* com brócolis cozidos no vapor que meu pai fazia toda semana para o jantar quando eu era criança. De repente, mal podia esperar para provar o molho agridoce e sentir mais uma vez os grãos macios grudarem de leve em meus dentes.

Em casa, esquentei o feijão na panela, cozinhei o brócolis no vapor e temperei com azeite verde e suco de limão-siciliano. Comi com tanto gosto e ainda usei um pedaço de pão para comer com o caldo doce e grosso do feijão e do azeite com limão, até meu prato estar quase completamente limpo. Então me recostei na cadeira e olhei pela janela, para os telhados do Queens, tão feliz de estar ali e em mais nenhum outro lugar.

Baked beans improvisados

Rendimento: 4 porções

Não há problema nenhum em comer feijão enlatado na hora do aperto, mas, verdade seja dita, é muito mais gostoso improvisar com umas latas de feijão-carioca, ketchup, melaço, mostarda em pó e mais alguns outros temperos. A ideia é originalmente da coluna de Melissa Clark no *New York Times*, "A Good Appetite". Ela opta pelo caminho mais longo e orienta a colocar feijão-branco seco de molho antes de cozinhar num caldo temperado e, então, adicionar os outros ingredientes que fazem esse feijão ficar igualzinho aos *baked beans*. Mas, para mim, o feijão-carioca em lata imita muito melhor a versão de *baked beans* pela qual me apaixonei quando era criança, sem o gosto doce enjoativo e inevitável das marcas industriais. E, francamente, é muito mais rápido do que usar feijão seco. Em vez de acrescentar bacon, como Clark faz, coloco uma pitada de páprica espanhola defumada para realçar o sabor. Apenas uma pitadinha. Você não quer que o defumado sobressaia em relação ao feijão. Gosto de servir com brócolis cozido no vapor como acompanhamento por uma questão de nostalgia, mas é claro que você pode seguir o caminho mais tradicional e servir com pão de milho ou pão integral cozido no vapor.

De qualquer maneira, asseguro que este feijão fará você se sentir melhor, não importa por qual problema esteja passando.

- 3 latas de 430g de feijão-carioca
- ¼ de xícara de ketchup
- ¼ de xícara de melaço
- 3 colheres (sopa) de vinagre de maçã
- 1½ colher (chá) de mostarda em pó
- ¼ de colher (chá) de molho Tabasco, ou a gosto
- ¼ de colher (chá) de pimenta-do-reino moída
- uma pitada de páprica espanhola defumada
- sal a gosto

1. Coloque o feijão numa panela, com o seu caldo. Adicione o ketchup, o melaço, o vinagre, a mostarda em pó, o molho Tabasco, a pimenta e a páprica defumada. Misture bem.

2. Deixe levantar fervura e cozinhar por 30 a 45 minutos em fogo baixo, com tampa, até que o líquido tenha engrossado. Tempere com sal, caso ache necessário.

18. Agora eu acredito

Em junho, dois meses depois de virar minha vida de cabeça para baixo, voltei a Berlim pela primeira vez em dez anos. Estava frio e chuvoso quando cheguei, e eu estava totalmente despreparada, pois tinha deixado Nova York em meio a uma onda prematura de calor. Tive que pegar o casaco de inverno de minha mãe e usar um cachecol de lã. Mas não liguei a mínima, porque, apesar do frio, Berlim estava florida e o ar fresco cheirava a terra molhada. Era uma delícia ver o céu ainda estranhamente claro muito depois do jantar. E eu podia me sentar num café e tomar uma bebida quente, confortavelmente enrolada em meu cachecol. Em Nova York, sabia que as calçadas estariam fervendo sob o sol do verão.

Era a semana do aniversário de Joanie, e, como em todos os anos, ela tinha comemorado com um grande piquenique sob um carvalho num parque cheio de ladeiras no subúrbio de Berlim. A ponte de Potsdam, onde espiões eram trocados durante a Guerra Fria, estava a pouco mais de um quilômetro de distância. A grama no parque não era cortada havia algum tempo e estava úmida e da altura do joelho, mas Joanie não se abalou. Ela e Dietrich levaram lonas de plástico e um monte de comida gostosa. Eu e minha mãe colocamos várias camadas de roupa, calçamos nossas botas de borracha e atravessamos o parque para nos juntar a eles.

Embora todos os adultos estivessem com os cabelos grisalhos e nós, as crianças, já fôssemos adultos, alguns até com bebês testando seus primeiros passos – os netos de Joanie –, nada do piquenique ou do parque havia mudado desde que eu era menina. Sobre as lonas, os mesmos cobertores xadrez e os mesmos copinhos de plástico. Arrumei um cantinho para mim num cobertor vermelho e, ali, sentada entre os talos de capim alto, com todos os meus velhos amigos e minha mãe por perto, me senti segura. A mágoa dos últimos meses foi sendo substituída por algo mais dinâmico, forte e poderoso. Eu tinha escapado da tristeza. Tinha ouvido a voz da intuição. E salvara minha vida.

Enchemos nossos pratos com almôndegas sicilianas do tamanho de bolinhas de gude com um molho grosso, salada de triguilho com molho de tomate e batatas e feijão-romano em vinagrete de mostarda. Havia um molho defumado de ervas em que mergulhávamos pedaços de pão pita torrado e azeitonas roxas boiando numa salmoura picante. Havia fatias e mais fatias do meu velho bolo preferido, ameixa com amêndoas e canela, e nos fartamos numa grande cesta de morangos recém-colhidos até a palha e nossos dedos ficarem sujos de vermelho. E havia garrafas térmicas de chá gelado e vinho para os adultos, e a esposa de Kim ainda fez uma grande tigela de gelatina verde para as crianças. Mas, ao final do piquenique, elas não foram as únicas a comer. Estava tudo tão bom, tão saboroso e suculento. Havia muito tempo que não sentia tanta fome.

Essa sensação de animação e fome ainda estavam comigo quando decidi ver Max, que estava morando em Berlim de novo, não muito longe do apartamento de minha mãe. Nos primeiros anos depois que terminamos, não podia vê-lo sem sentir as pernas fraquejarem. Nunca conhecera alguém que produzisse esse efeito em mim e havia rejeitado suas tentativas de se comunicar por e-mail pelos últimos cinco anos, apavorada demais com a possibilidade de ser sugada de volta para a intensidade de sua órbita e permitir que qualquer tipo de amizade se desenvolvesse. Mas, em meu recém-descoberto papel de Mulher Maravilha, agente em minha própria vida, não havia mais espaço para aquele medo. Então, quando me vi imaginando como ele estava, dessa vez fui eu quem decidiu entrar em contato. Para minha alegria, ele parecia feliz de ter notícias e ainda mais feliz que eu estivesse em Berlim.

Max sugeriu que fôssemos dar uma volta nos jardins de Sanssouci, o palácio de verão de Frederico, o Grande, em Potsdam. Minha mãe e Florian já tinham me obrigado a inúmeras caminhadas por Sanssouci quando eu era criança. Eu ia relutante, arrastando os pés pelo cascalho enquanto caminhava atrás deles, mas agora a ideia de uma caminhada no parque me parecia interessante.

Peguei Max no antigo calhambeque de minha mãe e fomos até lá. No caminho, conversamos animadamente, tentando dar conta de cinco anos de histórias em meia hora, e achei difícil evitar de ficar virando a cabeça para olhar para ele. Não podia acreditar que Max estivesse ali, sentado do meu lado.

Felizmente, o tempo tinha melhorado, e as nuvens pareciam algodão-doce sobre um céu azul. Caminhamos pelas trilhas bem-marcadas, as estátuas de mármore, os chafarizes e a topiaria das árvores frutíferas até encontrarmos um banco para recostar e pegar um pouco de sol, os olhos fechados, fazendo companhia um ao outro em silêncio. Às vezes, eu o olhava de soslaio, a cabeça jogada para trás contra o encosto do banco, o cabelo loiro mais claro nas têmporas e nas pontas. O sorriso não havia mudado, mas seus olhos pareciam mais gentis.

É claro que tínhamos muito mais para contar um ao outro do que era possível espremer no caminho até o palácio, portanto, depois que já tínhamos tomado bastante sol, seguimos para Potsdam, até um café ao ar livre, e nos sentamos para comer um lanche. Max pediu uma fatia de *strudel* de maçã, que foi servida com um creme amarelado, e eu pedi uma fatia de *cheesecake* de queijo *quark* sabor limão, que veio com pequenos floquinhos. Ao contrário do *cheesecake* norte-americano, que sempre achei muito pesado, minha fatia de *Käsekuchen* estava leve e deliciosa. O vapor subia de nossas xícaras, enquanto eu contava para ele tudo sobre Sam, o fiasco do trabalho em São Francisco e sobre minha família. Ele ouviu, atento, me observando. Só não falei do tanto de saudade que sentia de casa. Quanto ansiava por estar de volta a Berlim.

O mais enervante e ao mesmo tempo encantador era a sensação de que o tempo não havia passado para nós dois. Por um lado, o tempo não havia passado. Por outro, estava tudo diferente. Para começar, estávamos mais velhos; eu já tinha meus primeiros cabelos brancos, e a voz de Max estava mais suave e madura. Eu me peguei pensando em quanto ele estava mais calmo e percebi quanto eu mesma também havia ganhado em sabedoria naqueles anos. No entanto, apesar de tudo isso, ainda podíamos reconhecer um ao outro. A última vez em que eu tinha visto Max, ele era estudante universitário numa pequena cidade da Baviera. Agora, ele era professor universitário em Potsdam e estava fazendo o doutorado. Havia cinco anos que morava em Berlim, bem perto de onde eu cresci. "Às vezes imagino que vou esbarrar com a sua mãe fazendo compras", ele disse. "Mas nunca aconteceu." Max e minha mãe sempre se deram bem. Os dois mantiveram contato depois que terminei com ele, até eu pedir que ela parasse, surpresa com meu ciúme.

Depois de terminarmos de comer, no caminho até o carro, ele me parou no meio da calçada. "Posso te dar um abraço? Estou morrendo de vontade. Tudo bem?" Ele ficou lá, apertando os olhos para mim por causa do sol. Abri os braços. Por que não? Na verdade, senti algo bom ao dizer sim. Ele me abraçou apertado por um longo tempo e depois me soltou, com um olhar tímido no rosto. Voltamos para casa falando sobre *cheesecake*. (Com ou sem a massa? Essa era a questão; aparentemente, um assunto polêmico entre os amantes de *Käsekuchen*.)

Ao parar o carro à porta de seu prédio, percebi que não queria que o dia acabasse. Engoli em seco e juntei coragem: "Foi tão bom. E, olhe, vou ficar aqui a semana toda. Você quer repetir a dose?" Ele riu. "Claro."

Então, visitamos uma exposição de esculturas de areia num terreno baldio perto da Hauptbahnhof, a estação central de Berlim, e fomos surpreendidos por uma tempestade de verão que desapareceu tão rápido quanto começou. Caminhamos pelas calçadas encobertas pelas sombras, passando pelos bares de esquina com letreiros de cerveja Berliner Kindl ou Schultheiss iluminados, e bebemos várias xícaras de chá da tarde em cafés por toda a cidade. Comemos comida tailandesa barata na rua do apartamento com o qual sonhara naquela noite em Porto Rico, meses antes, e ficamos até tarde bebendo vinho num bar barato no que um dia fora chamado Berlim Oriental.

Trocamos tristes histórias sobre tudo o que acontecera nos últimos anos. Em alguns momentos, era quase como se pudéssemos ver as feridas um do outro. Estava tudo tão diferente. Estávamos os dois mais gentis, tanto conosco quanto um com o outro. Ele entendeu tudo o que contei a ele. Max estava ali por inteiro, absolutamente presente. E me ouviu e me *viu* de um jeito que ninguém jamais fizera antes. E agora eu entendia que dádiva era aquilo.

Ainda assim, eu não esperava nada. Estava feliz de passar um tempo com Max, de me sentir em casa de novo nas ruas sob as sombras das tílias perfumadas. Estávamos nos divertindo. Tranquilos, como diriam minhas amigas, apenas velhos amigos se reencontrando depois de muito tempo separados.

Tudo mudou quando Max me convidou para ir a seu apartamento. Naquela noite, havíamos passado seis horas conversando num café. Às quatro da manhã comecei a sentir aquele frio na barriga que sempre sentia quando estava com ele, uma combinação de alegria e adrenalina. Mal podia me conter em esticar a mão e tocar seu rosto magro. Mas mantive os dedos entrelaçados em meu colo. Era tarde e estávamos cansados, e, por fim, nenhum dois conseguia mais pedir qualquer bebida. Eu estava torcendo para que minha mãe não acordasse e ficasse preocupada com onde eu tinha me metido. De repente, Max me perguntou se eu queria conhecer seu apartamento.

Dirigi até a rua dele e estacionamos em frente a uma porta verde-escura quase no final de uma rua sem saída. Tudo estava em silêncio; nossos passos eram o único som reverberando na calçada. Atravessamos o pátio principal, quieto e escuro, até o prédio dos fundos, que tinha cheiro de carvão e sabão em pó, os inconfundíveis cheiros de Berlim. Meu coração pulou em meu peito, e, do nada, ouvi uma voz muito segura, tão firme que chegou a me assustar, dizendo: *É isto. Este cheiro. Quero este cheiro ao meu redor o tempo todo.* O quê?

Subimos as escadas na ponta dos pés, com cuidado para não acordar os vizinhos, e, à porta do apartamento, Max pegou uma chave velha de ferro de uns sete centímetros de comprimento e enfiou na fechadura. Era igualzinha à chave do antigo apartamento de minha mãe, na Bamberger Strasse. Aquela chave sempre fazia um barulhinho quando girava na fechadura, e quando a porta se abria e eu entrava em casa uma tábua solta do piso sempre rangia exatamente do mesmo jeito, como se estivesse me cumprimentando. Fui dominada por uma saudade avassaladora. E ouvi a mesma voz firme de novo: *Não quero sair daqui nunca mais. Finalmente estou aqui e não quero sair nunca mais.*

Entramos no corredor escuro do apartamento. Max acendeu as luzes e, uma por uma, foi abrindo as portas, primeiro a da cozinha, depois a da sala de estar e a do quarto. E foi então que senti meu coração prestes a explodir.

Na parede da cozinha de Max, ao lado do mapa do metrô de Paris e de uns cartões-postais enviados por amigos, havia um pôster de ervas de cozinha e cogumelos emoldurado. Aquela visão foi algo visceral. Eu *conhecia* aquele pôster, o modo como estava ligeiramente torto por trás do vidro, até os grampos de metal na lateral da moldura; e a imagem estava gravada em meu cérebro havia muito tempo. Encarei o quadro por um instante e então me lembrei. Ele ficava pendurado na cozinha da minha mãe, todos aqueles anos antes. Lá no começo, antes de meu pai e eu irmos para Boston, na parede ao lado do fogão. Eu costumava olhar para ele quando sentava na cadeirinha de criança, e mais tarde também, quando passei a usar uma cadeira de gente grande. Todo dia corria os olhos pela antiga tipografia curvilínea alemã, tentando memorizar os nomes das ervas e as respectivas características: as pétalas azuis enroladas do linho, a planta de nome engraçado, *Lungenkraut*, as raízes brutas do tragopogon. E ficava hipnotizada pela divisão dos cogumelos em comestíveis ou venenosos, cuidadosamente pintados e rotulados, mesmo quando passei por um breve, mas intenso, período em que tinha pavor de veneno, convencida de que tudo estava envenenado.

O pôster sempre esteve lá, uma parte de minha paisagem cotidiana. Mas um dia ele desapareceu, algum tempo depois de eu me mudar para Boston. Não o tinha visto a partir de então. E agora ele estava ali, na cozinha de Max.

Em silêncio, passamos para a sala, e vi o abajur vermelho gordinho que ficava na mesinha de cabeceira de Florian, no quarto de minha mãe, durante os muitos anos em que viveram juntos. Florian e minha mãe se separaram quando eu tinha dezoito anos, e, pouco depois, minha mãe passou a trabalhar fora de Berlim, e nós perdemos nosso amado apartamento. A última vez em que eu vira aquele abajur, estávamos todos morando juntos na Bamberger Strasse.

E, no quarto, vi o tapete que ficava no quarto de meus pais quando ainda eram casados. Ele aparecia em quase todas as minhas fotografias de bebê ou de criança; a estampa marrom, verde e amarela desfocada ao fundo. Não via aquilo desde o divórcio, quando minha mãe o embalou e guardou em algum canto, mas já havia repassado aquelas fotos milhares de vezes, vasculhando a escrivaninha dela para mexer nos álbuns e ver como era nossa antiga vida quando ainda estávamos todos juntos. E, agora, aquele tapete, tão familiar para mim, estava ali. Acontece que, anos antes, depois de nos separarmos e de Max se mudar para Berlim, minha mãe lhe emprestara essas coisas para sua casa nova. E agora estava tudo ali, os objetos físicos de toda a minha infância em Berlim reunidos na casa daquela pessoa que eu amara e perdera e que estava de pé na minha frente de novo, como se fosse a coisa mais natural do mundo.

Mais tarde, muito mais tarde, eu me perguntaria se o convite de Max para conhecer seu apartamento não fora algum tipo de intervenção cósmica. Era difícil imaginar que fosse tudo só uma coincidência – todos os talismãs de minha vida ali na casa de Max –, quando parecia muito mais a mão do destino me cutucando e dizendo num sussurro urgente: *Está vendo, minha filha? Estava aqui o tempo todo. Tudo o que tinha a fazer era acordar e prestar atenção.*

Um pouco mais tarde, voltei para a casa de minha mãe, logo depois de ficar de pé na cozinha ao lado de Max, bem pertinho um do outro, diante dos mapas de Paris e de Berlim, até a luz do dia começar a se insinuar no céu com um azul bem clarinho. E me senti feito uma adolescente voltando para casa depois do toque de recolher, uma sensação delirante, de revirar o estômago.

Voltei para Nova York alguns dias depois, relutante em deixar a cidade com cheirinho de tília e tudo o que tinha acabado de descobrir, mas, dessa vez, partir de Berlim foi diferente. Pela primeira vez na vida não foi uma despedida triste e derradeira. Eu tinha acabado de espiar o que havia por detrás daquela porta que estivera por tanto tempo em minha cabeça, e, ao sobrevoar os telhados vermelhos da cidade, percebi que ainda havia muito o que conhecer. De volta a Nova York, comecei a contemplar o que uma semana antes teria parecido inconcebível.

Käsekuchen (*cheesecake* de queijo *quark*)

Rendimento: um cheesecake *redondo de 22cm*

O *Käsekuchen* alemão é muito diferente do *cheesecake* norte-americano, pois, em vez de *cream cheese*, ele é feito com o queijo *quark* de baixa caloria. O resultado é um bolo muito mais leve. Esta receita específica de *Käsekuchen* é muito fácil, pois não é necessário fazer a base da massa, já que você usa farinha de trigo especial nela, junto com raspas de limão e baunilha. Também não é preciso colocar nada em banho-maria. O *Käsekuchen* é um bolo rústico, e deve ter pequenas rachaduras. A superfície vai estar escura quando você o retirar do forno, mas não entre em pânico, é assim mesmo. O bolo fica uma delícia no dia em que é feito, mas acho mais gostoso depois de passar uma noite na geladeira. O frio o endurece um pouquinho, e o resultado no dia seguinte serão fatias deliciosamente cremosas de *cheesecake* gelado e azedinho, que você pode comer com a mão, de pé, encostado na bancada da cozinha. Tudo de bom!

- manteiga e farinha de trigo tipo 1 ou especial para untar
- 900g de queijo *quark*
- ⅔ de xícara de açúcar
- 1 colher (sopa) de extrato de baunilha
- 4 ovos grandes
- 3 colheres (sopa) de amido de milho
- 8 colheres (sopa) de manteiga sem sal, derretida e resfriada
- 2 colheres (sopa) de farinha de trigo tipo 1 ou especial
- 2 colheres (chá) de fermento em pó
- raspas da casca e suco de 1 limão

1. Aqueça o forno a 190°C e coloque uma travessa na prateleira mais baixa do forno. Unte uma assadeira de bolo de 22cm de diâmetro e polvilhe com farinha especial toda a fôrma.

2. Numa tigela grande, bata o queijo *quark*, o açúcar, o extrato de baunilha, os ovos, a maisena, a manteiga, a farinha especial, o fermento, as raspas e o suco de limão até a massa se tornar suave e cremosa.

3. Coloque a massa na assadeira e alise a superfície. Asse por 45 minutos, girando a bandeja no meio do cozimento. A parte de cima vai ficar bem escura.

4. Retire do forno e deixe a assadeira esfriar. O bolo vai murchar, ficando um pouco mais baixo. Espere até que ele esteja completamente frio antes de desenformar. Se for coberto, ele se mantém bem na geladeira por alguns dias.

19. Espere e confie

Sou o que você chamaria de pessoa responsável, careta até. Sempre como as verduras do prato. Nunca entro na terceira taça de vinho (quase nunca na segunda, para falar a verdade). Fico trêmula se chegar atrasada. E conto tudo aos meus pais. Às vezes, acho que essa obediência exagerada é a alemã honorária que tenho em mim, aquilo que assimilamos por osmose. Posso não ter sangue alemão nas veias, mas a alegria de ser pontual tem que ser mais do que só uma coincidência.

Portanto, tive certa dificuldade de me reconhecer quando, algumas semanas depois de voltar para Nova York – a cabeça ainda girando com tudo o que acontecera naquela semana, e Max, e o jeito como parecia que o mundo que eu perdera ao deixar Berlim quando criança estava inteirinho no apartamento dele, à minha espera –, decidi, num capricho, comprar uma passagem de volta. Só por três dias. Mais estranho ainda foi o fato de que não contei a ninguém, nem a meus pais ou aos meus amigos. Dessa vez não queria que ninguém interferisse com o que parecia certo. Passara tempo demais ignorando meu instinto, fazendo o que se esperava de mim. E agora meu instinto me mandava ir ver a vida que talvez estivesse à minha espera depois de toda aquela infelicidade, confusão e tristeza do ano anterior. Não deixaria de ouvi-lo dessa vez.

"O que você diria se eu dissesse que quero voltar para ver você?", escrevi para Max. "Tipo, agora? Só por uns dias."

"Ia achar que você está louca", respondeu ele. "Mas do melhor jeito possível." E então: "Mal posso esperar." Marquei a passagem, as mãos tremendo de antecipação enquanto clicava o botão de efetuar a compra.

Mas na véspera da viagem o medo me dominou de repente. *O que você está fazendo?*, me questionava na cama, sem conseguir dormir. *Você vai passar um fim de semana em Berlim só porque passou algumas tardes e noites conversando com aquele cara de novo? Vai ser um desastre. O que você acha mesmo que vai acontecer?* Entrei em pânico, quase enlouqueci de preocupação. Uma mulher responsável não fazia isso, simplesmente viajar para o outro lado do oceano por um fim de semana por causa de um capricho. Mas também não tinha coragem de cancelar a passagem. Rolei e girei na cama até finalmente perceber que caso desse tudo errado, eu tinha as chaves da casa de minha mãe. Ela estava na Itália. Eu teria para onde escapar. Com esse consolo em mente, de algum modo acabei dormindo um sono entrecortado.

No dia seguinte, antes do voo, eu estava um caco. Max me ligou para desejar boa viagem, e eu quase desisti. *Isso foi a pior ideia de todos os tempos*, pensei. *Como pude ser tão ingênua?* No último minuto, apavorada de que justamente por não ter avisado ninguém que estava indo para Berlim o avião iria cair e ninguém ia saber que eu estava dentro dele, escrevi para minha mãe para dizer o que estava fazendo. (Não falei que sou careta?) Certa de que ela iria me dizer que eu era maluca e me mandar não ir, não tão perto da separação, praticamente digitei de olhos fechados de tanta vergonha. Em vez disso, ela respondeu assim:

"Meu amor, tenha um bom voo. Te amo. Você é uma pessoa maravilhosa, e digo isso não porque sou sua mãe, mas porque é verdade. *Mamma*."

Sentindo-me encorajada por aquelas palavras e por algum tipo de bravura teimosa e assustada escondida dentro de mim, dei um passo de cada vez até chegar ao aeroporto e depois ao avião, e antes que pudesse me dar conta estávamos decolando, e admito que cheguei a ficar empolgada. Passei o voo todo acordada, bebendo suco de tomate com bastante sal e pimenta, pensando no que vinha pela frente, nervosa demais até para ler.

Quando cheguei a Berlim na manhã seguinte, e passei pelo desembarque no aeroporto Tegel, e vi Max encostado em uma parede, uma perna cruzada sobre a outra, todas as preocupações que ainda restavam desapareceram. Fui tomada por uma sensação deliciosa de aventura e de emoção. Aquela fora a decisão *correta*. Eu tinha certeza. E naquele momento eu me vi – calça legging preta e camisa de linho comprida, puxando uma pequena mala de rodinhas – e pensei, maravilhada: *Esta sou eu*. Poucos meses antes, dificilmente teria me reconhecido ali. *Esta sou eu, seguindo meu coração. Quem diria?* Era uma sensação maravilhosa.

Max me abraçou, nós nos fitamos nos olhos pelo que pareceu uma eternidade, e então ele alisou meu cabelo, e nos beijamos. Depois ele pegou minha mala, e saímos do aeroporto em direção ao ponto de ônibus que nos levaria até a casa dele. O tempo tinha melhorado bastante nas poucas semanas desde minha última visita, e fomos sentados um do lado do outro no banco do ônibus, o sol atravessando as janelas, o ar enclausurado e quente, mas não totalmente desagradável. Podia sentir o calor de Max irradiando de sua camiseta branca a meu lado. O ônibus seguiu por um caminho que eu não conhecia, ruas que não via há muito tempo, mas tudo parecia tão perfeitamente familiar e inalterado. Como se estivesse esperando por mim. Como se eu estivesse em casa.

O ônibus passou pelo imponente palácio de Charlottenburg, onde tive que ir tantas vezes quando criança, seguindo minha mãe e Florian pelos jardins perfeitos. Passamos pelo cruzamento da Adenauerplatz com a Kurfürstendamm, o famoso bairro de lojas da antiga Berlim Ocidental, onde, usando minha calça baggy e uma camisa comprida de flanela, comprei minhas primeiras botas Doc Martens, ainda no ensino médio. Então, saltamos do ônibus e descemos a Fasanenstrasse, passando na frente da imponente casa de leilões Villa Grisebach, até chegarmos ao prédio de Max. Naquela hora do dia, o sol atravessava as janelas e iluminava o piso grosso de tábuas corridas.

O que me impressionaria de novo e sempre, mesmo meses depois, era como o apartamento dele tinha um cheirinho de casa. Era uma mistura de sabão em pó, madeira, o ar fresco de Berlim e algo mais, algo indescritível e intangível. E, ainda assim, aquele cheiro me ancorava. As tábuas do piso rangiam do jeito certo, e quando corria os dedos pelo papel de parede branco e rugoso presente em todas as casas de Berlim, lembrava de como fazia o mesmo quando era criança, deitada acordada em meu quarto enorme com cortinas estampadas. Tocava a parede para encontrar equilíbrio.

Max e eu passamos os três dias seguintes caminhando por Berlim. Na sexta-feira, fomos à East Side Gallery, um enorme mural ao ar livre que acompanha o rio Spree, e caminhamos até a ponte Oberbaumbrücke, que separava o lado oriental do ocidental. Nós nos juntamos a uma multidão de pessoas que viam um casal dançar tango debaixo da ponte, e Max me envolveu pela cintura. Fechei os olhos sob o sol e me recostei nele. Depois, nos sentamos às mesas ao ar livre de um restaurante espanhol na praça de uma igreja em Kreuzberg e almoçamos lulas grelhadas, salgadas e macias.

No sábado, caminhamos por meu antigo bairro e paramos em frente ao prédio em que morei, para esticar o pescoço e olhar pela janela do meu quarto. O edifício já não era mais verde-abacate, e sim rosa-claro. Era engraçado estar de volta e poder chegar até a porta da frente. Depois disso, seguimos para o mercado em Winterfeldplatz, no início um pouco tímidos, de mãos dadas, e então passando os braços ao redor da cintura um do outro enquanto caminhávamos. Compramos os ingredientes para fazer um jantar: tomates, uma grande bola de muçarela e algumas ameixas. De volta ao apartamento de Max, decidi fazer uma pizza do zero, combinando farinha, azeite, fermento biológico e água morna num Tupperware grande e de plástico em vez de numa tigela. Ensinei a Max a sovar a massa até ela ficar bem macia, e então, depois de deixá-la crescer e de abrirmos a base no tabuleiro, cobrimos a pizza com algumas colheres de molho de tomate, várias anchovas grandes, das quais nós dois tanto gostávamos, e pedacinhos de muçarela que rasgamos com os próprios dedos. Naquela noite, comemos pizza quadrada – a massa grossa salgada e deliciosa –, à luz de velas, na varanda, tomando cerveja alemã gelada para acompanhar.

Na tarde de domingo, nos acomodamos nas velhas cadeiras de balanço de um café ao ar livre em Kreuzberg e bebemos refrigerante de maçã enquanto observávamos em silêncio as famílias à nossa volta. Enquanto empurrávamos o chão com os pés, para continuar balançando, Max me disse: "Ninguém faz eu me sentir como você faz." Baixei os olhos para nossas mãos entrelaçadas. "Quando você está comigo, não preciso de mais nada. Parece um clichê, mas passei os últimos cinco anos esperando por alguém que me fizesse sentir desse jeito de novo. E nunca aconteceu." Apertei sua mão e disse: "Parece perfeito, não é?" Ele fez que sim com a cabeça. E eu me senti viva e feliz naquele momento. "Não vamos estragar isso de novo", falei. Ele apertou a minha mão em resposta.

À noite, fomos a uma festa e os antigos amigos de Max me cercaram para me cumprimentar. Na manhã seguinte, acordei antes dele e olhei pela janela da varanda para a casa do outro lado do pátio. Estava tão silencioso que só se ouviam os pássaros cantando nas árvores lá embaixo. Senti uma onda de paz. Quando Max acordou, tomamos o café da manhã na varanda de pijama fino de algodão, passando manteiga gelada em fatias finas de pão preto. E quando chegou a hora de ir embora, já estava calculando quando poderia voltar.

No dia seguinte, de volta à mesa do trabalho em Nova York, abri um e-mail dele: "Ainda estou encantado com os dias que acabamos de passar juntos. Estou processando como cada instante foi maravilhoso. Foi tudo tão perfeito. Mas o melhor foi ver você tão feliz e descontraída, aproveitando o tempo que tinha aqui comigo. Obrigado por dar esse passo."

Voltei algumas semanas depois para mais um de nossos fins de semana secretos, e Max veio me visitar em Nova York. No fim do verão, nos encontramos na Itália, na casa de minha mãe. Eu estava gastando todo o meu salário em passagens de avião, mas não ligava a mínima. As palavras que ecoaram em meus ouvidos alguns meses antes, em Paris, nunca me saíam da cabeça: *Abra os olhos. Não há mais tempo a perder. A resposta está bem na sua frente.* Por isso, as escutei.

No final, o que mais me espantava, e com uma clareza impressionante, era o tanto que eu tinha levado para perceber que meu caminho estava bem ao meu alcance. Eu só tinha que confiar, e tudo daria certo. E foi exatamente o que aconteceu. Em poucos meses, passei da sensação de estar perdida e sem esperanças, impotente e deprimida, para a de liberdade e força. E felicidade também, porque finalmente tinha tido coragem de seguir meu coração e ir atrás do que realmente queria.

Pizza napolitana

Rendimento: 3 a 4 porções

Já testei inúmeras receitas de massa de pizza ao longo dos anos, mas esta, adaptada de uma receita do Jamie Oliver, é a minha preferida. Fica pronta muito rápido e assa lindamente numa massa dourada e cheia de bolhas. Quando o assunto são as coberturas para pizza, sou purista e minimalista. Gosto de usar somente o trio básico – tomate, muçarela e anchovas (mas você pode usar o que preferir, claro) –, e os uso com moderação, para que a massa não fique muito molhada e úmida, e sim bonita e firme.

- 3½ xícaras de farinha de trigo ou de farinha italiana "00" (ou mais, caso necessário)
- 1 colher (chá) de fermento biológico instantâneo
- uma pitada de açúcar
- 1¼ de xícara de água morna
- 2 colheres (chá) de sal (ou mais, a gosto)
- 2 colheres (sopa) de azeite de oliva (e um pouco mais para untar a tigela)
- 1 lata de 400g de tomate sem pele de boa qualidade
- 2 colheres (chá) de orégano seco italiano ou grego
- 8 filés de anchova (ou mais, a gosto)
- 1 bola de muçarela fresca cortada em fatias finas ou picada (não use muçarela de búfala)

1. Coloque a farinha numa tigela e faça um buraco no meio. Coloque o fermento e o açúcar no buraco e acrescente a água. Usando um garfo, misture os ingredientes, adicionando a farinha aos poucos, e vá acrescentando enquanto isso 2 colheres (chá) de sal e 2 colheres (sopa) de azeite. Trabalhe a massa com as mãos dentro da tigela; em seguida, sove-a numa superfície levemente polvilhada com farinha até a massa ficar lisa e elástica. Faça uma bola.

2. Lave e seque a tigela e então unte com um pouco de azeite. Coloque a bola de massa no meio e gire-a para cobri-la com o azeite. Cubra a tigela com um pano de prato úmido e deixe descansar em local quente ou num forno (desligado) por cerca de 1 hora ou até que a massa tenha dobrado de tamanho.

3. Delicadamente, desinfle a massa com as mãos e divida-a em duas partes iguais. Forre uma assadeira com papel-manteiga. Abra uma das partes da massa até que ela esteja o mais fina possível, em seguida, transfira-a com cuidado para a assadeira. Cubra o segundo pedaço de massa com o pano de prato úmido e reserve.

4. Acenda o forno e coloque na temperatura máxima. Escorra metade do suco da lata de tomates e, em seguida, usando as mãos, quebre metade dos tomates e coloque-os sobre a massa com metade do suco restante. Tempere o tomate com sal a gosto e polvilhe metade do orégano. Distribua metade dos filés de anchova sobre a pizza e então cubra com metade da muçarela. Regue com um pouco de azeite.

5. Leve a assadeira ao forno quente e asse por cerca de 8 a 10 minutos (dependendo do seu forno), até que a massa esteja crocante e cheia de bolhas de ar. Retire do forno, corte em fatias e sirva imediatamente. Em seguida, repita o procedimento com a segunda rodada de massa e os ingredientes restantes para a cobertura.

20. Um coro de milhares

Naquele verão, me senti como se estivesse vivendo um sonho. Todas as peças do quebra-cabeça da minha vida estavam se encaixando. Tivera a chance de recomeçar, de consertar as coisas. O mais importante, uma chance de ser feliz. Em algum ponto no meio de todos aqueles voos transatlânticos e noites de jet lag, me dei conta de que estava tomando uma decisão. Depois de tantos anos questionando qual era o meu lugar, fiquei surpresa com a rapidez com que decidi que queria estar em Berlim. Nunca me sentira tão certa a respeito de algo na vida. Você já leu sobre as maçãs do rosto de Max e sobre seu sorriso gentil, e que, quando o reencontrei em Paris, soube, de um jeito cósmico, que pertencíamos um ao outro. Acontece que tínhamos muito que amadurecer até aprendermos como fazer um ao outro feliz.

Dessa vez, decidi me entregar por inteiro. Porque depois de tudo o que tinha acontecido, Max estava lá, estendendo a mão para eu mergulhar. Tudo o que eu tinha que fazer era segurá-la e seguir em frente. Parte de mim estava apavorada: lá no fundo, ainda ouvia as mesmas vozes que uma década antes haviam me dito para tomar cuidado. Mas o medo jamais me ajudara. E, além disso, essas vozes não eram páreo para o coro de milhares de pessoas do meu instinto. Havia enfrentado o maior dilema da vida, e o Universo estava me dizendo com todas as letras que eu tinha direito a uma segunda chance. Quando é que se tem uma segunda chance?

Quando descobri que teria que me mudar de Nova York, esperava mais conflito interno ou medo do desconhecido. Mas não houve nada disso. Só um silêncio interior, não uma calmaria estranha, mas uma tranquilidade simples e plácida. *Sim*, a tranquilidade parecia estar dizendo: *é exatamente isso que você tem que fazer. Eu só estava esperando que você descobrisse isso sozinha.*

Deixar Nova York, abandonar meu trabalho, toda a minha carreira, na verdade, era um passo enorme. Mas o que eu mais queria era estar em casa novamente, e queria isso muito mais do que qualquer trabalho. Depois de anos de sensatez, responsabilidade, maturidade e fazendo o que se esperava de mim, eu simplesmente queria seguir meu coração. Queria amar Max. Pela primeira vez, afinal, percebi que isso era suficiente.

Contei aos meus amigos e parentes, que pareciam já estar esperando por isso. Só o que faltava agora era sair da vida que conhecia e dar um grande salto para o que esperava que seria o meu futuro. Então colei o ouvido no chão para ouvir o que o Universo estava tentando me dizer e decidi fazer mais uma coisa grande, bem grande. Eu iria precisar de um trabalho quando chegasse a Berlim – afinal de contas, isso fora parte do problema na última vez. Amor é muito bom, mas uma vez que a vida se assenta, uma mulher precisa ter o que *fazer* o dia todo. Pensei em procurar um emprego no mercado editorial ou talvez dar aulas de inglês – modos seguros e previsíveis de se ganhar a vida –, mas não conseguia entender por que não estava sendo um pouquinho mais ambiciosa. *Já estou dando o maior salto da minha vida*, pensei. *Por que não vou além?* Pensei no blog e em meus leitores, que haviam torcido por mim e me acompanhado nos altos e baixos. E pensei em como sonhara, quando criança, em um dia ser escritora. *Seja corajosa, Luisa*, disse a mim mesma. *Siga seu coração.* E decidi tentar escrever um livro.

Brinquei a respeito disso com meus amigos, sobre como estava tudo se encaixando. E trabalhei numa ideia para um livro, até ela ficar perfeita. Ainda assim, quando minha agente, uma grande amiga, e eu mandamos a proposta para dez editores, não estava muito otimista sobre o que iria acontecer. Tinha passado tempo suficiente do outro lado, trabalhando como editora, para saber que muitas ideias boas não davam em nada. Mas concluí que não tinha nada a perder. Minha passagem só de ida para Berlim já estava comprada.

Por isso fiquei ainda mais espantada quando, um dia depois de enviar a proposta, uma editora da Viking ligou para minha agente e disse que queria publicar o livro. Quando minha agente me ligou, fechei a porta do escritório e chorei. Mas, pela primeira vez naquele estranho e maravilhoso ano, não eram lágrimas de tristeza. Estava chorando de alegria. Todas aquelas coisas boas estavam mesmo acontecendo? *Comigo?* Não podia acreditar. Quando liguei para Max, não conseguia parar de gaguejar. Meus pais gritaram e comemoraram a notícia, meu pai cheio de orgulho. O caminho para Berlim estava livre.

Nos últimos meses antes de deixar Nova York, Max me mandou inúmeras cartas, postais e e-mails. Ele sabia o que eu estava deixando para trás e soube manter a mão estendida para mim, uma tábua de salvação. Quando veio a Nova York para me visitar, me encantou demonstrando tanto fascínio pela cidade quanto eu sentia. Ele borbulhava de emoção sempre que o encontrava na hora do almoço e depois do trabalho. "Esta cidade é incrível! Você não vai acreditar no que acabei de ver." Passamos horas sentados na sombra da ponte do Brooklyn, vendo os barcos passarem no porto enquanto o sol se punha. Levei-o à minha loja de *dumplings* preferida em Chinatown e o observei comer 24 bolinhos de uma vez, os olhos arregalados de prazer, mergulhando-os no vinagre preto e no molho de pimenta. Fomos ao Central Park no fim de semana, para ver os patinadores dançarem, e quando Max viu meus olhos se encherem d'água enquanto eu os assistia girando e saltando com a batida da música alta que saía da caixa de som, ele passou um braço ao meu redor e me apertou com força. "Vamos voltar o tempo todo", sussurrou. "Não se preocupe."

Saber que ele amava Nova York tornou mais fácil a minha partida. Saber que ele sabia quanto *eu* amava Nova York também ajudou.

E quando fui novamente a Berlim para um último fim de semana antes da mudança, que aconteceria dois meses depois, Max me surpreendeu preparando uma enorme panela de sopa de ervilha com rodelas rosadas de salsicha *Würstchen* e convidando todos os amigos dele para o almoço de domingo. A receita era da mãe dele, que também lhe emprestara uma panela grande o suficiente para cozinhar para um batalhão. O apartamento estava tomado pelo cheiro adocicado e defumado do bacon e da cebola refogada, e quando seus amigos chegaram trazendo os filhos, todos nós nos acomodamos nas bancadas da cozinha e no chão, apoiando grandes tigelas de sopa no colo. Comemos a sopa e limpamos as tigelas com fatias de pão de casca grossa. Era como ter Berlim numa tigela, os sabores salgados, defumados, simples e diretos me acolhendo de volta.

Sabia o que Max estava tentando me dizer com aquele panelão de sopa de ervilha e a tarde acolhedora com os amigos: que por mais difícil que fosse deixar um lugar para trás, havia uma nova vida ali, à minha espera, novos amigos para conhecer, tradições para cimentar. E, não importava o que acontecesse, não estaria sozinha. Ele estaria a meu lado, me ajudando a encontrar meu caminho, com uma tigela de sopa de ervilha para me aquecer.

Erbsensuppe (sopa de ervilha alemã)

Rendimento: 4 porções

Grossa e quentinha, esta sopa é figurinha fácil nas casas e cantinas alemãs. Embora se possa fazer uma versão vegetariana e eliminar completamente o bacon defumado e a salsicha, acho que os sabores que eles acrescentam são essenciais. Além disso, é divertido fisgar as rodelas de salsicha. Sirva com algumas fatias de pão de centeio alemão para limpar a tigela.

- 3 colheres (sopa) de azeite de oliva
- 1 cebola média picada
- ⅓ de xícara de Speck (bacon alemão defumado) picado ou bacon magro picado
- 1 alho-poró (use apenas a parte branca e verde-clara, corte ao meio no comprimento, lave com cuidado e depois corte em meias-luas)
- 1 cenoura média cortada em cubos
- ½ talo de aipo pequeno cortado em cubos
- 1 colher (sopa) de manjerona fresca picada

- sal
- 1½ xícara de ervilhas secas partidas (verde ou amarela)
- 5 a 6 xícaras de caldo de galinha ou de legumes
- 3 batatas-inglesas médias, descascadas e cortadas em cubos
- pimenta-do-reino moída
- 4 *Wiener Würstchen* ou salsichas de cachorro-quente cozidas

1. Numa panela de 4l, aqueça o azeite. Adicione a cebola picada e o bacon. Cozinhe em fogo médio a alto por cerca de 5 minutos, em seguida adicione o alho-poró e mexa bem. Cozinhe por mais 7 minutos. Adicione a cenoura e o aipo e mexa bem. Cozinhe por alguns minutos. Adicione a manjerona picada e uma pitada de sal e misture bem.

2. Acrescente as ervilhas e o caldo de galinha ou de legumes. Misture bem e tampe. Deixe levantar fervura e abaixe o fogo. Cozinhe por 20 minutos.

3. Adicione as batatas e misture bem. Cozinhe por mais 20 minutos. Prove o sal e acrescente pimenta-do-reino moída a gosto.

4. Corte a salsicha em rodelas pequenas e acrescente à panela. Mantenha a sopa quente (mas não deixe ferver depois de acrescentar a *Würstchen*) e sirva imediatamente.

21. Encruzilhadas da vida

Aos nove anos mais ou menos, eu tinha um caso grave do que chamo de Síndrome de Peter Pan. Era assim: eu espirrava, por exemplo. Ou amarrava os sapatos. Talvez só jogasse o cabelo de lado. E, em seguida, me dava conta. *Essa é a única vez em que vou espirrar neste exato momento.* Ou, num tom ligeiramente mais emotivo: *Essa é a única vez em que vou amarrar os cadarços neste exato momento, a única vez que vou jogar o cabelo exatamente desse jeito.* E era como se o chão estivesse desaparecendo sob meus pés.

A véspera do meu aniversário de dez anos foi um desastre. Fiquei sentada à minha mesa, chorando inconsolável. "Nunca mais vou ter nove anos de novo", reclamava, com meu pai sentado na cama de frente para mim, num silêncio perplexo. Eu estava de luto. Meus nove anos se foram para sempre. Era assim que a vida seria? Não sabia se ia aguentar.

Sentado ali, paciente, meu pai reprimiu o riso e acariciou minha cabeça. Ele me garantiu que ficaria tudo bem. "Mas eu não *quero* crescer", soluçava. "Quero ser pequena para sempre!" "Bem, você sempre vai ser a minha pequena", respondeu ele, esperançoso. O que me fez chorar ainda mais por meu pobre e iludido pai, que, obviamente, não tinha nenhuma ideia da cruel passagem do tempo.

Assim que decidi deixar Nova York, me vi numa embaraçosa contagem regressiva parecida com essa. Era absolutamente enlouquecedor; às vezes tinha vontade de me dar um tapa para ver se parava com aquilo, mas simplesmente não conseguia evitar. Eu estaria em algum lugar, não precisava nem ser um lugar especial, talvez na esquina da Sétima Avenida com a 28th Street, que é meio que uma terra de ninguém, se comparada a outras partes deslumbrantes da cidade, mas e daí?, eu adorava aquele lugar. De qualquer forma, eu estaria ali, na esquina da Sétima Avenida com a 28th, e a luz estaria caindo do jeito mais perfeito, enquanto a multidão de estranhas e belas criaturas em saltos altíssimos e calças apertadas subia do metrô, movendo-se como gatos selvagens, e algum taxista berraria um palavrão a três faixas de distância, apertando a buzina, os carros ao redor movendo-se graciosamente nessa sinfonia perfeita, e um mendigo sorriria para mim, e eu via o cara da van de sanduíches e almoços Rafiqi estacionando no lugar de sempre, e o vento batia em meu cabelo e, de repente, eu ficava sem fôlego e sentia um nó na garganta, o coração parava de bater e eu me via pensando: *É isso, esta é a última vez em que vou estar na esquina da Sétima com a 28th, com a luz caindo desse jeito, aquele taxista maluco gritando sobre o ruído da rua e o cara do Rafiqi ajeitando a van, a Última Vez. Ah, meu Deus. Devia estar louca de achar que podia ir embora, como é que posso ir embora daqui?*

E porque sou uma criatura sentimental, isso acontecia comigo em quase toda esquina, quase a toda hora.

O que é uma idiotice, claro. Ninguém estava me *obrigando* a ir embora de Nova York. Eu estava indo por livre e espontânea vontade e estava entusiasmada com o que havia à minha espera. Na verdade, acordava quase todo dia com um sorriso bobo na cara diante da minha sorte. Além do mais, Nova York não iria sair do lugar. Como a maioria das pessoas gentis me disse naqueles dias, eu sempre poderia voltar. Embora Nova York fosse, sem dúvida, a Maior Cidade do Mundo, absolutamente merecedora de todas as lágrimas que derramei por sua personalidade maravilhosa, fervilhante e incrível, acho que se pode dizer que eu ficava um pouco histérica quando o assunto era despedidas, não importa onde estivesse. Sejamos honestos.

Para me despedir do jeito certo, o meu jeito, fiz tudo o que sempre amei em Nova York. Andei pelas ruelas de Chinatown, passando pelas lojas de eletrônicos, pelas senhoras vendendo rolinhos de arroz glutinoso envolto em folhas de lótus nas calçadas e pelos mercados perfumados. Fui aos Cloisters, no Metropolitan Museum of Art, para admirar as tapeçarias medievais uma última vez e ver as Palisades, em Nova Jersey, do outro lado do rio Hudson, resplandecentes em suas cores de outono. Fui até a ponte do Brooklyn e jantei em minha lanchonete cambojana preferida, sentada ao balcão do bar, a boca pegando fogo por causa da pimenta.

Quando encontrei Jenny para almoçar uma pizza no Franny's, em Park Slope, pedi um prato de couve-de-bruxelas assada que estava tão gostoso – picante, tostado e com um gostinho lá no fundo que nenhum de nós era capaz de definir –, que implorei a receita ao garçom. Nunca tinha pedido uma receita a um garçom antes, nunca, mas aquelas couves-de-bruxelas eram outra história. Era algo que queria desesperadamente em meu arsenal de receitas para poder reproduzir sempre que precisasse me lembrar de Nova York em Berlim. Eu estava me precavendo, antecipando o que poderia curar minha futura saudade de Nova York. Mas o garçom não abriu o jogo.

Depois que me despedi de Jenny, caminhei pela Flatbush Avenue até chegar à ponte do Brooklyn ao pôr do sol e vi um casal de noivos tirando fotos com a Lower Manhattan ao fundo, a cauda do vestido da noiva bem comprida atrás dela. Vi o buraco no horizonte onde antes ficavam as Torres Gêmeas e me lembrei da manhã em que fiquei presa na ponte de Manhattan no caminho para o trabalho, três dias após o 11 de Setembro, e como o vagão inteiro do trem ficou em silêncio, como se estivéssemos prendendo a respiração, nos dizendo para não olhar pela janela para a coluna de fumaça. Havia centenas de pessoas naquele vagão, e daria para ouvir o barulho de um alfinete caindo no chão. Era difícil de acreditar que nove anos haviam se passado desde então. Às vezes, era como se tivesse acabado de acontecer.

Nos meus últimos dias em Nova York, agradeci por poder atravessar as ruas fora do sinal, algo estritamente proibido em Berlim, pelos *bagels* deliciosos, os táxis amarelos e meus vislumbres diários do edifício Chrysler. E me maravilhei que tudo aquilo estivesse acontecendo comigo aqui, a mulher que Nova York ajudou a me tornar. Sentei-me numa lanchonete com as amigas e as observei enquanto elas conversavam e comiam, e pensei que meu coração iria explodir de tanto que eu as amava. Não sabia como teria sobrevivido àquele ano sem elas. E, agora, eu as estava deixando para trás. O que iria fazer sem elas?

Tenho que admitir que essa parte de deixar Nova York me assustou um pouco. O emprego estável, a cidade que eu conhecia por dentro e por fora, tudo isso eu estava pronta a deixar para trás. Mas minhas amigas eram outra história. Precisara tanto delas naquele ano; como podia dizer que não continuaria precisando delas para o que estava por vir? Uma vida inteiramente nova me esperava, e ainda era um futuro nebuloso e desconhecido. Eu as queria do meu lado, para segurar minha mão. Mas a vida delas seguia em frente também.

Naqueles momentos, tentei me lembrar que qualquer medo que sentisse estava em minha cabeça, e não em meu coração. Quando, em momentos aleatórios, considerava simplesmente a possibilidade de não ir para o aeroporto, fiz o melhor que pude e me dei um tapinha no ombro e fui compreensiva, do mesmo jeito que faria com uma grande amiga. *Vai dar tudo certo, está ouvindo? Vai dar tudo certo. Tenha paciência. E* confie *em mim.*

Então, esvaziei o apartamento, vendi meu tapete preferido para uma amiga e meus abajures e as prateleiras vazias para um casal de indianos da rua. Levei meus livros para o sebo da Strand, finalmente me separando dos livros de receitas que nunca usei e das provas finais de livros que levara para casa aos montes. Abracei minhas amigas com os lábios trêmulos, prometendo voltar em breve, e lancei uma centena de últimos olhares saudosos para o horizonte de Nova York. *Volto logo, prometo,* sussurrei para a cidade enquanto andava pelas ruas naqueles últimos dias. Mas não sabia ao certo se estava falando com ela ou comigo.

E assim, num dia frio de dezembro, parti, a passagem só de ida para Berlim no bolso de trás, os punhos cerrados pelo pânico e pela euforia, o coração pulando por tudo o que me aguardava. Agora, tudo o que tinha que fazer era pensar no rosto no portão de desembarque, sorrindo para mim enquanto atravessava as portas de vidro.

Couve-de-bruxelas assada com *colatura* e pimenta-malagueta

Rendimento: 4 porções (como acompanhamento)

A primeira vez que comi essas couves picantes, salgadinhas e altamente viciantes foi no Franny's, uma pizzaria na Flatbush Avenue, no Brooklyn. Eles assavam as couves no quentíssimo forno a lenha e serviam com lascas de pimenta, e o resultado final era um sabor maravilhosamente ardido e defumado. Depois de muita tentativa e erro, descobri como fazer em casa. O segredo para dar consistência e sabor à couve é a *colatura*, a versão siciliana do pungente molho de peixe vietnamita. Se você tem pavor a anchova, não tema: a *colatura* não deixa a couve com gosto de peixe, apenas dá ao prato um toque especial.

- 900g de couve-de-bruxelas
- 3 a 4 colheres (sopa) de azeite de oliva da melhor qualidade
- 2 pimentas-malagueta secas, cortadas em pedacinhos, ou de 1 a 2 colheres (chá) de pimenta calabresa
- 3 dentes grandes de alho, levemente amassados e cortados ao meio
- raspas da casca de ¼ de limão-siciliano orgânico
- suco de ½ limão-siciliano orgânico
- 1 a 2 colheres (sopa) de *colatura*

1. Aqueça o forno a 200°C. Lave as couves-de-bruxelas e corte-as ao meio.
2. Misture as couves cortadas com 3 colheres (sopa) de azeite e a pimenta picada. Coloque numa assadeira.
3. Asse as couves no forno por 18 a 20 minutos, virando-as no meio do cozimento para que ganhem cor de modo uniforme.
4. Enquanto isso, numa tigela pequena, misture o alho, as raspas e o suco de limão e uma colher (sopa) de *colatura*.

5. Quando as couves estiverem douradas, retire a assadeira do forno e imediatamente despeje a mistura de *colatura* sobre elas, misturando bem. Prove uma das couves: caso prefira um sabor mais forte, adicione até mais uma colher (sopa) de *colatura*. Misture bem e coloque numa tigela ou num prato para servir. Se quiser, regue com um pouco mais de azeite. Sirva imediatamente.

Parte 4

22. Desaconselhável para os mais fracos

Num dia eu estava me despedindo de Nova York, dando uma última olhada por sobre o ombro para a cidade reluzente que ficava para trás sob o céu azul, enquanto meu trem até o aeroporto John F. Kennedy vibrava sobre os trilhos, as rodas acompanhando o tambor que eu sentia em meu peito. E, no dia seguinte, estava em Berlim, de pé na neve, ao lado de duas malas enormes e sob um céu encoberto.

Não sei se estava esperando uma aparição surgir no céu ou que o fiscal do trem de Long Island olhasse a minha passagem só de ida e implorasse para eu ficar, mas a partida de Nova York foi mais tranquila do que eu esperava. Antes que pudesse me dar conta, estava no avião, fazendo força para não olhar pela janela enquanto decolávamos sobre Jamaica Bay. E então, um jantar e dois filmes depois, pousamos em Berlim. Era de manhã cedo, e lá fora estava um breu. Olhei pela janela e não vi nada além de flocos de neve na escuridão já se acumulando na pista.

No momento em que desembarcamos e chegamos à esteira de bagagens, o dia estava amanhecendo, e uma luz fria e metálica foi se infiltrando por entre as nuvens grossas. Enquanto seguia pelo corredor na direção de Max, empacotado em seu casaco mais quente e acenando para mim entre a multidão de pessoas, podia sentir uma nova página de minha vida se virando à medida que caminhava, puxando minhas malas pesadas atrás de mim. *Eu fiz isso acontecer*, pensei. *Estou bem aqui neste momento por causa das* minhas *decisões, e por mais ninguém*. Foi então que percebi, pela primeira vez na vida, que podia dizer isso sem a menor sombra de dúvida, e essa percepção me fez sentir como se tivesse dez metros de altura. E também me peguei pensando: *Por quanto tempo será que vai nevar?*

Por muito tempo, eu iria descobrir. Aquele primeiro inverno em Berlim foi o mais frio e com mais neve desde a virada de 1946 para 1947, quando centenas de milhares de alemães, enfraquecidos pela fome, pela falta de moradia e outros estragos da guerra, morreram em consequência do frio implacável. Quando o mar Báltico congelou por 33 quilômetros ao longo da costa e as paredes das casas ficaram cobertas por uma camada de gelo.

É claro que o nosso inverno não esteve nem perto de ser tão ruim, e eu não estava passando fome ou sem lugar para morar, mas o clima foi muito pior do que qualquer coisa que já tinha experimentado, mesmo quando morava em Boston. O sol não apareceu por dias seguidos (uma vez, chegou a dezesseis dias; eu contei), e a falta dele era profundamente enervante. A neve era tanta que as autoridades pararam de escavar as ruas menores, e a cidade ficou sem sal e cascalho para cobrir as ruas. No início, a neve era bonita e limpinha, mas logo estava empilhada em montes enormes, e, sem qualquer sol para aquecer o ar, ela se compactava em blocos de gelo sólido, impenetráveis. Carros derrapavam nas ruas; homens e mulheres idosos ficavam isolados dentro de casa, apavorados de cair e quebrar a bacia do lado de fora. O carro de minha mãe congelou no asfalto, e passamos uma tarde inteira com pás e uma caixa de sal marinho italiano tentando soltá-lo, sem sucesso. Os meteorologistas se revezavam entre colocar a culpa do frio nos ventos árticos e nos ventos siberianos.

Mas eu não tinha desistido da vida em Nova York para ser intimidada por um inverno rigoroso. Não *mesmo*. Não depois de tudo o que fizera para chegar ali. Então, me enrolei em três camadas de suéteres e meias térmicas, aumentei o termostato do aquecedor do apartamento de Max, com seu pé-direito de três metros de altura (embora admita que o calor apenas subisse para o teto lindamente decorado, enquanto eu ficava sentada lá embaixo, tremendo), e coloquei o forno para trabalhar. Cozinhava para me aquecer. Para encontrar firmeza. Porque era Natal na Alemanha e, nesta vida nova, eu era, enfim, uma escritora de gastronomia em tempo integral.

Fiz biscoitos de gengibre quadradinhos e duros, enfeitados com cascas de limão cristalizadas; e biscoitos de anis redondinhos e cobertos com açúcar que desapareciam num piscar de olhos. Estrelinhas de avelã crocantes, com cobertura de merengue; bolinhas de pasta de amêndoa enfeitadas com amêndoas descascadas e assadas até ficarem douradas, gostosas e quebradiças; biscoitos amanteigados de canela, cortados em retângulos compridos e decorados com lascas de amêndoas. Isso para não falar do pão de frutas com vinho – úmido, escuro e misterioso – e do denso e amanteigado Stollen, um bolo de frutas com uma grossa cobertura de açúcar de confeiteiro. Gastei litros de mel, quilos de nozes e farinhas, incontáveis pacotes de fermento em pó e carbonato de amônio, um monte de cascas de limão e de laranja cristalizadas e pequenas montanhas de gengibre em pó, canela, noz-moscada e cravo. Misturei, amassei e resfriei massas, fiz glacê, desenhos e decorações.

A culinária alemã de Natal é algo de outro mundo. Aqui não existe lugar para biscoitinhos simples (bem, até existe, mas esses são para os fracos), e não há nada de fácil na comida tradicional do Natal alemão. As massas são de arrebentar os músculos do braço, cheias de mel derretido, nozes picadas e especiarias inebriantes. Vi Dietrich adaptar uma furadeira industrial com uma pá de batedeira para fazer a receita de sua mãe de biscoito de gengibre da Prússia Oriental, e então a massa seria esticada bem fininha e cortada em formato de anjos e animais. O cozinheiro tem que ser não apenas forte, mas paciente. Algumas massas de biscoito chegam a ser preparadas em novembro para amadurecer na sacada até chegar a hora de serem moldadas e assadas em dezembro. Recortei biscoitos Springerle em antigos moldes por horas a fio, na bancada mal-iluminada de Joanie, colocando farinha nos buraquinhos dos moldes de madeira feitos a mão, enfiando a massa com cuidado nos moldes e depois desenformando cada biscoito numa assadeira coberta com sementes de anis. E deixei frutas de molho no chá quente e no conhaque durante a noite para fazer o pão de fruta, cheiroso e molhadinho, que ficava muito melhor depois de alguns dias de maturação.

Biscoitos alemães de Natal não são para os fracos de coração. Mudar de continente em busca da felicidade também não é. Ambos exigem um bocado de força, determinação e dedicação, além de semanas, ou até meses, de amadurecimento.

Quando você passa a maior parte da vida com saudade de um lugar que parece fora do alcance e, então, finalmente volta a ele, o mais provável é que a vida que esperava viver lá não tenha muito a ver com a realidade. Achei que sair de Nova York fosse se mostrar a parte mais difícil da mudança, mas o trabalho de verdade só começou quando cheguei a Berlim.

No fundo, achei que só iria sair do aeroporto e entrar de novo em minha antiga vida, como uma cadeira que é transferida de um quarto para o outro. A decisão de voltar fora tomada num nível tão visceral e instintivo que não podia me permitir muito tempo para pensar a respeito, imaginar que talvez fosse ser difícil ou que eu poderia demorar a encontrar meu lugar. Eu *conhecia* Berlim, pensei, mesmo que a última vez que morara aqui tivesse sido há quinze anos, quando ainda estava no ensino médio. Aqui era o meu lugar. Ia ser fácil, eu tinha certeza. Claro que não foi.

Eu havia passado dez anos em Nova York, caminhando com um pedaço de Berlim dentro do coração, sempre me perguntando se algum dia voltaria. Agora que estava em Berlim, carregava Nova York dentro de mim.

Naquelas primeiras semanas, fiquei muito tempo sozinha enquanto Max estava no trabalho e diversas vezes questionei minha decisão. Os motoristas de ônibus e os funcionários de correios, de rosto severo, me intimidavam, e sentia falta da calma e da gentileza dos nova-iorquinos que tinha deixado para trás. Tudo em Berlim era muito mais duro e mais denso do que me lembrava. As pessoas eram secas e menos educadas. Mesmo algo tão simples como sair para almoçar me deixava inteiramente sem ação. Não tinha ideia de onde comer uma sopa de macarrão chinês ou um bom sanduíche. Na verdade, nem sabia se isso existia em Berlim.

Embora a possibilidade de perder o contato com meus amigos de Nova York me preocupasse, em Berlim, mais que tudo, estava preocupada se jamais conseguiria fazer novos amigos. Comecei a me sentir intimidada. "Seja paciente", Max me pedia ao chegar em casa de noite e me encontrar aos prantos no sofá. "Ninguém falou que ia ser fácil. Eu sei que as pessoas aqui podem ser um tanto duras. Ria delas. Você está aqui comigo. Isso é tudo que importa. Dê um tempo para si mesma, até se adaptar. Não espere resolver tudo numa semana ou duas."

E assim enfrentei o Natal, cozinhando, de cabeça baixa e dentes cerrados, até todas as latas e caixas que tinha comprado nos mercados de segunda mão estarem cheias, cada tipo de biscoito separado do seguinte por um papel fino que fazia um barulhinho gostoso toda vez que a caixa era aberta. Às vezes, eu os levava de presente para novos amigos. Outras, ficava só olhando para eles, todos confeitados, revestidos de nozes e cheirosos, uma prova física do estranho e duro teste a que estava sendo submetida quando recomecei a vida em Berlim.

E, com um pé congelado depois do outro, aprendi a rosnar de volta para as velhinhas que me repreendiam por atravessar uma pequena rua vazia com o sinal vermelho para pedestres. Topei com uma lojinha de macarrão chinês que tinha um cozinheiro inexpressivo de touca branca vendendo potinhos de sopa no balcão da frente. Redescobri a glória das padarias alemãs, e embora seus sanduíches sempre idênticos – pão branco, uma fatia de queijo ou de salame, uma folha de alface mole e talvez uma fatia de ovo cozido para enfeitar – fossem bem esquecíveis, sempre tinham pães integrais diferentes para experimentar, pãezinhos com cobertura crocante, fatias molhadas de bolo de semente de papoula e pães doces trançados recheados de marzipã. Eu cruzava a cidade inteira de metrô – limpo e pontual – e me emocionava toda vez que a linha U2 saía do túnel e a luz forte do dia me cegava no caminho do lado ocidental para o lado oriental da cidade. Da ponte em que o trem passava, dava para ver as hortas urbanas coletivas de Berlim, suas pequenas cabanas de madeira guardadas por gnomos de jardim. Aos poucos, comecei a reconhecer a cidade novamente.

E quando voltava para casa nas tardes escuras daquelas primeiras semanas, comia biscoitos de Natal às dezenas, mergulhando no chá quente e mastigando no sofá, sentada em cima dos pés para aquecê-los. Uma mordida num *Basler Leckerli* duro e perfumado me deixava com um gostinho de infância, uma centena de biscoitos engolidos por uma árvore de Natal, e um gostinho da saudade de casa que sentia toda vez que a temporada de assar biscoitos começava em Nova York. Um gostinho da dificuldade que é ter grandes expectativas. E um gostinho de triunfo também, porque, no fim das contas, eu estava em casa.

Basler Leckerli

Rendimento: cerca de 40 biscoitos quadrados de 2,5cm

Esses pequenos biscoitos são repletos do sabor de especiarias. A receita vem da Suíça, e a tradução aproximada do nome seria algo como "pequenas delícias da Basileia". A casca de frutas cítricas cristalizadas é fundamental; a ideia é que esses pequenos pontos cítricos e agridoces contrabalanceiem com o mel da massa. O mel deixa a massa bem dura, então, se tiver dificuldade para mexê-la, peça ajuda a um rapaz bem forte. E cuidado com o timing da receita: tanto o glacê de açúcar quanto a base do biscoito devem estar quentes na hora de confeitar.

- ¾ de xícara de mel
- ⅓ de xícara de açúcar granulado, mais 1 colher (sopa)
- ¼ de colher (chá) de sal
- 2½ xícaras de farinha de trigo
- 2 colheres (chá) de fermento em pó
- 1 ovo grande, batido
- raspas da casca de uma laranja orgânica
- raspas da casca de 1 limão-siciliano orgânico
- ⅛ de colher (chá) de noz-moscada ralada
- ⅛ de colher (chá) de cravo em pó
- 1½ colher (chá) de canela em pó
- ⅔ (rasos) de xícara de amêndoas sem pele, bem picadas
- ¾ de xícara de casca de laranja cristalizada, bem picada
- ¾ de xícara de casca de cidra cristalizada, bem picada
- ¼ de xícara de açúcar de confeiteiro

1. Numa panela em fogo médio, derreta o açúcar, o mel e o sal e passe a mistura para uma tigela. Deixe esfriar.

2. Aqueça o forno a 190°C. Em outra tigela, peneire a farinha e o fermento.

3. À mistura de mel, acrescente o ovo batido, as raspas de limão-siciliano e de laranja, a noz-moscada, o cravo, a canela e ⅔ da farinha. Bata enquanto acrescenta as amêndoas e as cascas cristalizadas de laranja e cidra. Adicione a farinha restante e misture bem.

4. Forre uma assadeira com papel-manteiga. Unte as mãos e aperte a massa sobre o papel-manteiga até que ela fique com pouco menos que 0,5cm de espessura.

5. Coloque a assadeira no forno e asse por 15 minutos. Em seguida, baixe o fogo para 175°C e asse por mais 10 minutos, até que a massa esteja dourada e levemente inchada. Cuidado para não queimar.

6. Enquanto a massa estiver no forno, prepare o glacê: numa panela pequena em fogo médio/alto, coloque o açúcar de confeiteiro e 2 colheres (sopa) de água. Cozinhe até que a água tenha evaporado e o glacê esteja grosso e formando bolhas grandes. Retire do fogo e use imediatamente para cobrir a massa de *Leckerli* com a ajuda de um pincel.

7. Imediatamente corte a massa em quadrados de 2,5cm, deixando-os na assadeira para esfriar em temperatura ambiente. Quando estiverem frios, você pode separar os quadrados e guardar numa caixa. Coloque uma fatia de maçã dentro da caixa para manter os biscoitos frescos e durinhos. Os *Leckerli* duram cerca de dois meses.

Früchtebrot (pão de frutas)

Rendimento: 4 pães de 20cm

Este pão é uma delícia, e consiste, principalmente, de frutas secas embebidas em rum. A receita é de uma amiga vienense, Christine Aigner, uma padeira fenomenal. Ele dura bem algumas semanas, e, se cortado em fatias fininhas, é um bom contrapeso para todos aqueles biscoitos de gengibre com especiarias e confeitos de marzipã e chocolate amargo próprios do Natal alemão. Também adoro a aparência final dele, escuro e pesado, com um sabor alcoólico forte que deixa você com água na boca antes de pegar a próxima fatia.

- 680g de tâmaras secas sem caroço
- 280g de figos secos
- 1 xícara de uvas-passas
- 1 xícara de amêndoas sem pele e picadas
- 2 xícaras de açúcar de confeiteiro
- ½ xícara de rum encorpado de boa qualidade
- 2¼ xícaras de farinha de trigo
- 4 ovos grandes

1. Corte as tâmaras e os figos em pedaços de 0,5cm e coloque-os numa tigela grande junto com as uvas-passas. Pique as amêndoas num multiprocessador até obter pedacinhos grossos. Não deixe que virem pó. Acrescente as amêndoas picadas e o açúcar de confeiteiro à tigela com as frutas secas. Adicione o rum e misture bem, até incorporar todo o açúcar de confeiteiro à mistura. Cubra com um pano de prato e deixe descansar por 8 horas ou durante a noite.

2. Quando a mistura estiver pronta para assar, aqueça o forno a 175°C. Descubra a tigela e acrescente a farinha em quatro partes, alternando com os ovos e mexendo bem com uma colher de pau após adicionar cada ovo. A massa ficará dura e difícil de mexer, mas dê o melhor de si. (Não use a batedeira, a massa vai estourar o motor.) Depois de adicionar toda a farinha e os ovos, use as mãos para sovar a massa – ela estará bem grudenta – e cuide para que a farinha e os ovos estejam bem incorporados.

3. Forre uma assadeira com papel-manteiga. Umedeça as mãos com água fria e molde a massa em 4 pães de formatos iguais. Transfira-os para a assadeira.

4. Asse por 35 minutos ou até os pães ficarem dourados. Remova e deixe esfriar sobre uma grelha. Se bem embalados, os pães vão durar bem por duas semanas. Antes de servir, corte em fatias finas (menos de 0,5cm de espessura), com uma boa faca de serra.

23. Luz e brilho

Não sou muito de comemorar Ano-novo. Gosto de ter uma desculpa para beber champanhe e acho divertido participar da contagem regressiva para a meia-noite, mas nunca senti necessidade de fazer uma grande festa para a virada ou que se eu passasse a noite de 31 de dezembro na frente da televisão é porque de alguma forma falhei como ser humano.

Mas em Berlim Ano-novo é assunto *sério*. É permitido soltar fogos de artifício, então, nos dias que antecedem a virada, é comum ouvir os estalidos dos pequenos rojões que os adolescentes mais animados soltam. No dia 31 em si, a cidade inteira participa. As pessoas saem de casa e vão para as ruas e para as varandas e, para delírio das crianças e dos vizinhos, usam garrafas de champanhe vazias para soltar fogos chamados velas romanas. E à meia-noite a cidade toda explode de verdade. (Dependendo do bairro em que você estiver, isso pode ser emocionante ou um verdadeiro terror. Há dez anos, a caminho de uma festa em Kreuzberg, tive que desviar de rojões que estavam sendo jogados em mim das varandas lá no alto.) Se você gosta da ideia de comemorar o Ano-novo como se fosse a última festa do mundo, venha a Berlim.

Além de exibir o próprio conhecimento a respeito de fogos de artifício, os alemães têm várias tradições para abrir o ano. Eles usam pequenas colheres de metal para derreter chumbo numa fogueira e em seguida derramam o chumbo derretido num balde de água fria. Ele se solidifica imediatamente, formando pequenas esculturas retorcidas lindíssimas que predizem a sua sorte para o ano seguinte. Se formar um sapato, será um ano feliz. Um navio, e você terá uma boa jornada pela frente. Uma maçã, e você será abençoado pela amizade. Um pássaro significa sorte inesperada.

Outra tradição é o *Feuerzangenbowle*, uma mistura potente de vinho, rum e açúcar caramelado cuja montagem parece uma obra do artista plástico Rube Goldberg. Primeiro coloca-se um bloquinho de açúcar em cima de uma grade de metal equilibrada sobre uma panela de vinho quente temperado com especiarias. Em seguida, embebe-se o açúcar aos poucos com rum, e então ele deve ser flambado. O bloquinho de açúcar cheio de rum se carameliza lentamente, derretendo e pingando na panela de vinho, que é então distribuída entre os convidados. Isso faz parte das comemorações.

Alemães gostam de escaldar carpa para a véspera de Ano-novo e destrinçam os peixes na mesa de jantar. Também servem grandes bandejas repletas de *donuts* recheados de geleia, com um *donut* recheado de mostarda escondido no meio. Decepcionada, a pessoa que pega o *donut* de mostarda exclama sua surpresa, o que faz todas as crianças morrerem de rir. Há uns trinta anos, pouco tempo depois de meus pais terem chegado a Berlim, eles foram a uma festa na casa de Joanie e Dietrich. Ninguém jamais havia explicado a tradição do *donut* de mostarda para minha mãe, por isso, quando a bandeja foi servida e as pessoas morderam a massa fofinha e minha mãe acabou com a boca cheia de mostarda, ela não emitiu um pio.

Esses alemães malucos, pensou enquanto engolia. *Esse negócio é nojento.* Os filhos de Joanie correram ao redor da sala, observando atentamente todos os convidados enquanto eles comiam, mal disfarçando sua alegria. Mas quando a bandeja ficou vazia, e as pessoas terminaram seus *donuts*, lambendo os dedos, e ninguém falou nada sobre ter ficado com o *donut* de mostarda, as crianças murcharam de frustração. "Quem pegou o *donut* de mostarda, gente?" Joanie teve que perguntar. "Bem, fui eu!", disse minha mãe, na frente de todo mundo. "Pelo amor de Deus", disse Joanie, "por que você não avisou?" Vermelha, minha mãe respondeu, magoada: "Eu não sabia que tinha que avisar!"

Em meu primeiro Ano-novo de volta a Berlim, Max e eu pegamos o carro e saímos de festa em festa, com a intenção de encontrar os amigos antes da meia-noite, até percebermos, ou melhor, admitirmos um para o outro que, em vez de entrar em outra festa barulhenta qualquer, ambos preferíamos ficar em casa. Paramos o carro no meio-fio. "O que você acha?

A gente pode pular essa festa?", perguntei. Max concordou. "Com certeza." E assim ele fez meia-volta na rua coberta de neve e, lentamente, dirigiu de volta para casa. Eram 23h50, logo depois, 23h55, e, de repente, numa estreita rua residencial do agradável bairro de Wilmersdorf, quase em casa, deu meia-noite.

Naquele momento, as ruas, minutos antes tão escuras, vazias e silenciosas, explodiram em luz e brilho. As pessoas lotaram as calçadas, trazendo suas garrafas de champanhe vazias para soltar os fogos, acendendo fósforos, preparando o show. Enquanto dirigíamos, praticamente deslizando na grossa camada de gelo que cobria as ruas, o carro não fez quase barulho. Rua após rua, vimos crianças olhando fascinadas para cima, para a noite negra, os fogos refletindo em seus olhos. Vimos seus pais e outros adultos dançando nas calçadas contra o céu iluminado pelo reflexo das explosões coloridas na neve. E fiquei boquiaberta, vendo Berlim se transformar num cenário de cinema rosa!, ouro!, prata!, verde!, azul!, assistindo em câmera lenta 2009 – o ano mais tortuoso e feliz que já vivi – acabar e 2010 abrir suas primeiras páginas. Foram dois minutos fascinantes. Se 2009 fora o ano em que minha vida foi salva, 2010 seria um ano cheio de novas experiências. Tive que aprender a fazer novos amigos e a me manter próxima de meus amigos distantes. Tive que aprender a funcionar fora de minha zona de conforto, me tornar meu próprio patrão, e tive que aprender que a vida pode ser maravilhosa e irritante ao mesmo tempo.

Mas nessas primeiras horas de 2010, tudo isso ainda estava por vir, enquanto nosso carro deslizava em silêncio até nossa rua. Estacionamos do melhor jeito possível sobre uma camada de gelo e subimos até o apartamento, um apoiando-se no outro e tentando não rir, enquanto seguíamos escorregando. Quando chegamos à porta de casa, vimos que minha mãe havia deixado no capacho uma pequena bandeja de papel com dois *donuts* grandes recheados de geleia de ameixa e uma camada de açúcar que brilhava sob a lamparina. Pegamos a bandeja, fizemos um chá e nos sentamos à mesa da cozinha. Comemos nossos *donuts* devagar, nem um pinguinho de mostarda à vista, lambendo o açúcar dos dedos e fazendo planos para o ano que começava.

Pfannkuchen (*donuts* de geleia)

Rendimento: cerca de 14 donuts

É muito fácil fazer *donuts*. O mais complicado é ajustar a temperatura do óleo. Se estiver muito alta, eles vão queimar num instante. Muito baixa, eles ficam encharcados de óleo. Mas se o óleo estiver na temperatura certa, o resultado são *donuts* sequinhos, fofinhos por dentro e douradinhos por fora. Você também vai precisar de um saco de confeitar com ponta de metal para rechear. Você pode usar a geleia que preferir (ou mostarda!), mas eu prefiro o recheio tradicional *Pflaumenmus*.

Ao contrário do que você pode ter ouvido, quando, em 1963, de pé diante da prefeitura da Berlim Ocidental, John F. Kennedy disse "*Ich bin ein Berliner*", ele não disse que era um *donut* de geleia. Em Berlim, *donuts* de geleia se chamam *Pfannkuchen*, embora no restante da Alemanha sejam conhecidos por *Berliner*. Por isso, para os berlinenses, estava claro que Kennedy se alinhava aos cidadãos da cidade sitiada, e se você ouvir a reação da multidão à frase (você pode assistir ao vídeo no YouTube), não haverá dúvida de que as pessoas para quem ele proferiu o discurso entenderam exatamente o que estava sendo dito.

- 1 xícara de leite integral
- 3½ xícaras de farinha de trigo (e um pouco mais para sovar a massa)
- 30g de fermento biológico fresco
- 3½ colheres (sopa) de açúcar
- 3 gemas grandes, em temperatura ambiente
- 7 colheres (sopa) de manteiga sem sal, derretida e resfriada
- 1½ colher (chá) de sal
- 4½ xícaras de óleo vegetal neutro
- 1 a 1½ xícara de *Pflaumenmus* (manteiga de ameixa e especiarias, ver p.252)
- açúcar ou açúcar de canela, para cobrir

1. Coloque o leite numa panela pequena e aqueça-o no fogão por apenas um minuto, até ficar morno. Não deixe ficar quente.

2. Numa tigela, ponha a farinha e faça um buraco no meio, onde você quebrará o fermento biológico no buraco. Acrescente uma colher (sopa) de açúcar sobre o fermento e acrescente o leite. Misture e dissolva o fermento, incorporando um pouco da farinha. Em seguida, cubra a tigela com um pano de prato e deixe descansar por 15 minutos, até espumar.

3. Misture o fermento com o restante da farinha, o açúcar, as gemas, a manteiga derretida e o sal. Em seguida, sove a massa por cerca de 5 a 7 minutos numa superfície levemente polvilhada de farinha até que esteja lisa e macia. Coloque a bola de massa numa tigela limpa untada com um fio de óleo vegetal e cubra com um pano de prato. Reserve por 1 hora, ou até que a massa tenha dobrado de tamanho.

4. Com as pontas dos dedos, aperte a massa delicadamente uma ou duas vezes. Abra a massa com cuidado numa superfície polvilhada com farinha até que ela fique com 1,5cm de espessura. Usando um copo ou um molde de biscoito, recorte círculos de massa de 6cm de diâmetro. Coloque os círculos numa assadeira coberta com papel-manteiga. Você pode cortar e enrolar o restante da massa para fazer churros. Coloque-os na assadeira e cubra os *donuts* com um pano de prato. Deixe-os descansar por 30 minutos.

5. Numa panela grossa, coloque o óleo e aqueça em fogo médio a alto, a 165°C. Você vai precisar de um termômetro para fazer isso. É essencial manter o óleo na mesma temperatura durante todo o processo de fritura. Se perceber que a temperatura está acima de 170°C, retire a panela do fogo até que o óleo esfrie um pouco.

6. Quando o óleo estiver na temperatura certa, acrescente com cuidado alguns *donuts* de cada vez, colocando o lado fofinho para baixo. Frite por cerca de 3 minutos, até que um dos lados esteja douradinho, então, usando uma escumadeira, vire os *donuts* com cuidado para fritar o outro lado por mais 2 a 3 minutos. Quando estiverem uniformes, retire-os e deixe-os esfriar sobre uma grelha numa assadeira fria. Repita o processo com os *donuts* restantes.

7. Coloque o *Pflaumenmus* num saco de confeitar com ponta de metal pequena. Enfie a ponta de metal na lateral de um *donut* e, com cuidado, recheie-o com um pouco de geleia. Quando sentir que o *donut* está começando a inchar na sua mão, é porque já tem recheio suficiente. Passe o *donut* no açúcar ou no açúcar de canela e coloque-o num prato de servir. Repita o processo com os demais *donuts*.

8. *Pfannkuchen* são mais gostosos quentinhos, mas você também pode servi-los em temperatura ambiente. Não se preocupe com onde irá guardá-los para o dia seguinte. Eles vão ficar murchos muito rápido.

24. Aquele lugar sagrado

Nos dois primeiros meses depois que cheguei a Berlim, me dividia entre o apartamento de minha mãe e o de Max. As quarenta caixas com meus pertences tinham vindo de Nova York num cargueiro (entre outras coisas, continham livros, minhas queridas panelas e facas, quatro cadeiras de madeira que minha mãe tinha mandado de Berlim anos antes e o sofá creme que herdara de meu pai), mas até encontrar um lugar para morar, tive de enfiar tudo na sala de jantar grande e fria do apartamento de minha mãe. Ela mantinha a porta fechada.

Max gentilmente abriu um espaço em seu armário para minhas coisas, mas nunca consegui me livrar de uma mala pequena que eu tinha. Deixava-a atrás da porta da sala de estar. Dentro dela ficavam minhas meias grossas de lã, roupa térmica e um monte de suéteres de golas rulê, além de uma calça laranja com um dragão enorme bordado na parte de trás de uma das pernas. Tinha comprado num impulso, na Filene's Basement, na 74th Street, e mesmo faltando um botão e minha mãe sempre dizendo que eu parecia uma louca quando a vestia, ela era muito confortável. Mas, para além de confortável, eu a usava quase todos os dias, perambulando pelo apartamento, tentando dar conta de minha nova vida enquanto Max estava no trabalho.

Para encontrar meu lugar e estabelecer uma nova rotina diária, me ocupava cozinhando tanto na casa de minha mãe quanto na de Max. Mas era como se eu tivesse duas mãos esquerdas, como se estivesse jantando numa mesa doze centímetros alta demais. Estava tudo meio fora de ordem. Quando tentei fazer um bolo, ele ficou murcho e fino. O peito de frango ficava seco feito pão dormido. Fiz um molho de salada que ficou tão forte que me fez engasgar. Em pouco tempo, percebi que minha mão na cozinha estava desregulada; era como se a tivesse perdido completamente.

Recorri às coisas que sabia serem infalíveis: espaguete com molho de tomate, salada de funcho e sanduíches de *Leberwurst* no pão preto alemão. Mas nenhuma dessas coisas me dava a sensação de estar cozinhando. Passava noites acordada, tentando entender o que havia de errado. Eram as receitas? Será que estava tendo uma onda de azar na cozinha? Quem sabe seriam os ingredientes alemães. A manteiga aqui tinha um teor maior de gordura do que nos Estados Unidos, então talvez o frango fosse mais magro, e o vinagre, mais forte. Mas não podia ser só isso.

Sabia que a explicação mais provável era que eu ainda não estava aqui por inteiro. Era uma nômade vivendo entre dois apartamentos, sem o próprio espaço. E me peguei pensando no apartamento-fantasma com o qual sonhara em Porto Rico: a estante de livros, o corredor comprido, a vista da cidade cinzenta e molhada. Por mais que amasse a casa de Max, ali não era o meu lugar, ou o nosso lugar. Era o lugar dele. Então, depois de mais uma refeição particularmente indigesta, ficou decidido: eu tinha que achar meu próprio apartamento, e logo.

Procurar apartamento em Berlim não era nada parecido com o que vivenciara em Nova York. Lá, algumas semanas antes do final do contrato de aluguel, você entrava no site da craigslist e mandava uma penca de e-mails para os amigos. E então marcava um monte de visitas para os próximos dias, e, com os dentes cerrados, via, depois do trabalho, alguns lugares espetacularmente terríveis. Porque era Nova York e porque quase tudo que fosse acessível era bem ruim, você estaria preparado para se deparar com uma escada imunda e o ar-condicionado ensurdecedor dos moradores do prédio. O apartamento "aconchegante" pelo qual estava torcendo que fosse uma joia escondida na verdade seria um cômodo com armadilhas para barata num canto, uma única janela de frente para um tubo de ventilação e um preço que deixaria sua mãe branca de susto. Mas você já passara tempo suficiente em Nova York para considerar aquilo um roubo. Mesmo que ficasse a três longas quadras da estação de metrô mais próxima.

Em Berlim, procurar apartamento era algo muito mais civilizado. Como a maioria dos alemães, felizmente, os corretores eram honestos, inclusive se achavam que algo estava caro demais ou precisava de uma reforma. Ninguém arregalava os olhos, sem fôlego de tanto entusiasmo pelo "charme", a sensação "acolhedora" ou de que um contrato era "um bom negócio". E os apartamentos eram muito maiores, mais bem-iluminados e mais limpos do que qualquer coisa disponível em Nova York pelo mesmo preço. Talvez tenha sido exatamente por isso que me tornei tão exigente.

Um apartamento de quatro quartos com varanda, cozinha grande o suficiente para caber uma mesa com cadeiras e dois banheiros? Eu me peguei pensando: *Ah, não sei, a varanda está virada para oeste, em vez de para o sul, e quero plantar tomates, então... não.* Um apartamento de três quartos com tábua corrida de madeira, acabamento original, uma despensa e – pelo amor de Deus – um dos quartos com vista para um estacionamento. *Desculpe, mas não posso aceitar.* O mais estranho era que os corretores pareciam sempre muito compreensivos quando eu torcia o nariz, às vezes até apontavam as "falhas" antes mesmo que eu as visse.

Quando ainda estava em Nova York, Max e eu tínhamos concordado que não viveríamos juntos em meu primeiro ano de volta a Berlim. "Precisamos nos acostumar a morar na mesma cidade", eu disse. "Claro", respondeu ele. "Você precisa se achar primeiro, depois a gente pensa em morar junto." Fiquei tão feliz que ele tivesse entendido. Era tudo tão sensato. Mas agora que estava em Berlim, acampando no apartamento dele com minha pequena mala escondida atrás da porta e fazendo o jantar com ele todas as noites (ele estava levando na esportiva ter que engolir a minha comida daqueles primeiros meses), parecia um tanto absurdo me mudar para outro apartamento. Na verdade, não fazia sentido nenhum, para nenhum dos dois. "Não quero mais viver longe de você", disse Max baixinho uma noite. "Por que não procuramos um apartamento juntos?" No dia seguinte, comecei a procurar apartamentos maiores.

Vimos um apartamento num bairro que adorávamos. Tinha três quartos enormes, uma linda varanda de canto com grade de ferro forjado, um piso de tacos brilhando, janelas tanto para o oeste quanto para o sul, acabamento original, mas o banheiro era mínimo. Não tinha banheira, não tinha janela nem espaço para se mexer dentro dele. Max vetou na mesma hora em que viu o banheiro, e o corretor assentiu com simpatia. Também não alugaria o apartamento. "Aquele banheiro! É uma vergonha." Eu quase podia ver seu lábio se retorcendo. "Não vamos conseguir alugar esse apartamento", disse o corretor em tom conspiratório. "A corretora vai ter que fazer uma reforma, derrubar uma parede para aumentar o banheiro na direção da cozinha. Caso contrário, não dá para morar aqui!" Enquanto descia as escadas e me afastava daquela preciosidade, meus argumentos quanto à beleza do lugar caindo em ouvidos surdos, meu consolo era imaginar aqueles dois garotos mimados procurando apartamento em Nova York pela primeira vez.

Vimos um outro lugar no pátio interno de um edifício na avenida Kurfürstendamm. Ficava na ponta mais distante, longe das multidões, e tinha uma escada em espiral charmosa que levava até a porta da frente. Lá dentro, o piso de madeira estava brilhando, o rodapé era sofisticado, o apartamento era bem-iluminado e cheio de armários. Mas a cozinha estava completamente vazia. Teríamos que comprar armários, bancadas e eletrodomésticos. Em Berlim, era sempre assim (você levava a cozinha consigo quando se mudava), mas era preciso contratar gente experiente e estar disposto a investir numa cozinha inteira, desmontando tudo e reinstalando de novo a cada mudança. Eu não tinha tanto entusiasmo.

Vimos apartamentos para serem reformados, outros caros demais e uns que simplesmente não faziam você se sentir em casa. Subimos dezenas de lances de escada numa semana, os degraus forrados de carpete grosso, tocamos campainhas, pisamos numa centena de tacos barulhentos. À medida que procurávamos e as semanas passavam, comecei a perder o pique. Foi só quando percebi que sentia falta do ato de procurar apartamento em Nova York que percebi quanto estava abatida. Afinal, aquilo sempre me fizera questionar o sentido da vida.

O dia em que vi o apartamento com que acabamos ficando era mais um dia cinzento de uma muito longa série de dias cinzentos de fevereiro, e eu estava quase perdendo as esperanças. Ele ficava no último andar de um edifício antigo perto do palácio de Charlottenburg, numa região arborizada e tranquila da antiga parte ocidental onde senhoras turcas usando casacos pretos dividiam as calçadas com jovens famílias alemãs. Quando o Muro ainda estava de pé, Charlottenburg era considerado o centro da cidade, mas desde que a cidade fora reunificada e os bairros do lado oriental se tornaram o novo centro da cidade, Charlottenburg e seu palácio se distanciaram cada vez mais da "nova" Berlim. O que para mim era justamente o charme do lugar. Levando-se em conta que, em parte, eu havia retornado a Berlim para recuperar minha infância, não queria nada mais do que estar na parte da cidade que parecia nunca ter mudado.

O apartamento em si, numa pequena rua despretensiosa escondida atrás de um museu de arte contemporânea, tinha sido construído num antigo sótão, em 1991, por isso não tinha nada do charme do velho mundo pelo qual estava torcendo. Mas quando entrei, percebi de imediato que o que ele tinha era luz, algo em falta em muitos apartamentos de Berlim. Pálida e esbranquiçada naquele dia de fevereiro, a luz se infiltrava pelas janelas em todos os cômodos. Havia uma pequena varanda no canto do prédio com vista para o pátio e para um castanheiro maravilhoso, um hall de entrada grande o suficiente para se transformar num cômodo e uma cozinha completa, armários e tudo o mais. Tinha vista para o palácio do outro lado da rua, as árvores balançando ao vento e o céu. A sala era grande o suficiente para funcionar como sala de estar e sala de jantar e tinha um corredor comprido e dois quartos. Tudo pelo preço de um quarto e sala que eu alugara em Forest Hills, no Queens.

Poucos dias depois da primeira visita, fiz Max voltar para vê-lo comigo. A reação dele foi instantânea. "Vamos fechar! É perfeito." Sempre indecisa, precisei de mais algumas visitas para me convencer, mas não ousei adiar muito a decisão. Em minha última visita, uma jovem família ficou rondando os quartos vazios comigo. Liguei para o proprietário uma hora mais tarde e algumas semanas depois assinamos o contrato e nos mudamos.

Primeiro, esvaziei minhas quarenta caixas, liberando a sala de jantar de minha mãe e arrumando meus livros, minhas facas, panelas e frigideiras. Todas as minhas velhas amigas – a antiga faca de cozinheiro de quinze centímetros, a panela verde-escura de ferro fundido e as muitas centenas de recortes de receitas – estavam mais uma vez reunidas. Então o sofá de Max se juntou ao meu na sala de estar e seus livros ficaram lado a lado com os meus nas estantes que compramos e montamos cuidadosamente. Para o toque final, penduramos quadros nas paredes e colocamos toalhas novas no banheiro. Uma vez que estava tudo em seu lugar e as caixas ficaram todas vazias e guardadas no porão, consegui relaxar. Amava ficar na cozinha tranquila e calma. Às vezes podia ouvir os carros a algumas ruas de distância, mas em geral era só o som dos pássaros no beiral lá fora.

Max e eu estávamos um tanto nervosos, emocionados por morar no mesmo lugar, em pé de igualdade, e um pouco preocupados de termos mudado de modo tão abrupto para o capítulo seguinte de nossa vida juntos. No início, estávamos na defensiva, disputando detalhes domésticos de pouca importância, o pôster do Faith No More dele competindo por um lugar com meus equipamentos de cozinha e as lembranças de Nova York. Durante o período em que passara em seu apartamento, não tivemos um desentendimento sequer. Mas agora que estávamos montando uma casa juntos, de todos os cantos surgia uma oportunidade para brigar.

Não conseguia entender as primeiras brigas. Na verdade, elas me assustavam. Depois de nos reencontrarmos após tanto tempo, deveríamos ser felizes, serenos e imperturbáveis. Mas cada discussão me abalava. Eu tinha deixado tanta coisa para trás – meu trabalho, meus amigos, minha vida independente – que não podia deixar de me perguntar: *Se essa aposta em Berlim der errado, como é que eu fico? O que vou fazer?*

É claro que esse pensamento não ajudava em nada nas discussões. Pelo contrário, só as estimulava. Não demorou muito, eu estava irritadiça e reagindo a qualquer crítica, e Max se sentia pisando em ovos, como se eu estivesse analisando cada palavra que ele dizia.

"Nós deveríamos ser um casal de conto de fadas, um sonho tornado realidade", reclamava toda vez que fazíamos as pazes. "Por que brigamos tanto?" "Bem", respondia Max, "nunca passamos tanto tempo juntos antes, sem a ameaça de um de nós ir embora. Acho que provavelmente só precisamos nos acostumar um com o outro." *A gente tem que se lembrar da sorte que temos*, dizíamos a nós mesmos com sinceridade nos momentos felizes e de alívio após fazermos as pazes. *Não vale a pena brigar por algo tão bobo.* Até que, claro, estávamos pulando um no pescoço do outro por causa de uma pilha de pratos sujos na pia.

Acho que, caro leitor, o que quero dizer é que, mesmo quando se encontrou a pessoa *certa* neste mundo, a pessoa que você sabe que foi feita para estar do seu lado nesta vida, não há garantia nenhuma de que ela não vai tirá-lo do sério em alguns momentos ao longo do caminho. É injusto imaginar que a sua cara-metade seja perfeita ou achar que você está sempre certo só porque vocês se amam. Mesmo que tenha encontrado o amor verdadeiro, você ainda tem opiniões sobre como se deve limpar o chão, se a sua família é louca ou simplesmente sensacional e o que faz de alguém um bom motorista. Mas quando chegamos a um consenso a respeito de uma salada de batata, soube que estávamos no caminho certo.

Para mim, havia duas classes de comedores de salada de batata. Ou você estava no time dos que a enchiam de maionese para deixá-la cremosa e robusta, ou você era dos que preparavam um molho quente de vinagre para uma salada leve e azedinha. Embora tivesse ouvido falar que havia algumas estranhas criaturas no mundo que professavam gostar igualmente das duas versões, para o restante de nós a fronteira era bem clara.

Sempre fui convictamente do time que usa um molho quente de vinagre, e passei a maior parte da vida convencida de que maionese era uma total abominação. Detestava o cheiro de ovo, o jeito como ela tremia na ponta da faca e como transformava sanduíches perfeitamente gostosos em esponjas úmidas. Mas um dia percebi que não tinha ideia de como Max gostava de sua salada de batata.

Foi algumas semanas depois de esvaziarmos as últimas caixas. Naquele dia, penduramos lustres nos corredores e concordamos a respeito de onde colocar o cabideiro de casacos, e então era a hora do jantar. Desde a mudança, estávamos enchendo a cara de macarrão, e a ideia de comer outro prato de espaguete era o bastante para acabar com meu apetite. "O que você quer comer?", perguntei a Max. "Pode dizer qualquer coisa, menos macarrão." Ele respondeu na mesma hora. "Salada de batata. E o *Buletten* da minha mãe. Mas quero cozinhar com você. Vamos fazer isso juntos. Você sempre foge para a cozinha sozinha, e dessa vez quero ajudar." Eu estava prestes a abrir a boca e explicar a história das facções da salada de batata, quando ele acrescentou: "Mas sem maionese, tudo bem? Só um bom molho de vinagre." Meu coração praticamente explodiu de alegria e alívio. Acho até que o sol brilhou mais forte.

Corremos para o mercado antes que fechasse e compramos um saco de batatas cerosas ("Próprias para salada!", dizia o pacote). Eram da cor de girassol e tinham um cheirinho de terra. Cozinhei e as descasquei ainda quentes na panela e, em seguida, misturei caldo de carne fervido, vinagre, cebola picada e mostarda. Derramei a mistura pungente sobre as batatas ainda quentes e então misturei e misturei e misturei mais uma vez, até cada fatia de batata absorver o molho e suas beiradinhas ficarem levemente despedaçadas.

Enquanto isso, Max ficou cheio de autoridade diante do fogão, fritando várias levas de *Buletten* – almôndegas grandes feitas com carne de porco e carne de vaca, cebola picada e pão amolecido no leite. E, para minha surpresa, eu, que estava tão acostumada a ser a única chef na cozinha, me vi feliz de abrir espaço para ele brandir a espátula. *Posso me acostumar a isso*, pensei, enquanto Max levava para a mesa um prato de *Buletten*, um pote de mostarda picante e a tigela de salada de batata.

A salada de batata estava forte e picante, mas ainda assim macia nas beiradas e incrivelmente viciante. As cebolas amoleceram no vinagre, mas ainda tinham uma textura marcante, e quase não dava para notar a mostarda, que acrescentava uma camada extra de sabor a cada fatia de batata. Comemos grandes pratos de salada, Max raspando a tigela no final, e prometemos fazer aquilo toda semana até o fim dos tempos.

E, aos poucos, à medida que as semanas foram passando e as refeições sendo preparadas, e nós nos sentando juntos à mesa de jantar todas as noites para comer e conversar, voltamos a nos reconhecer. Tudo o que precisávamos para deixar de brigar era de um pouco de paciência e tempo. Embora, claro, goste de pensar que a salada de batata também tenha ajudado.

Kartoffelsalat (salada de batata)

Rendimento: 4 porções

Alemães fervem as batatas um dia antes, certos de que isso faz com que elas mantenham melhor a forma quando descascadas e cortadas. No entanto, acho que dá no mesmo usar as batatas no mesmo dia em que você as cozinha. O molho é uma marinada quente feita com caldo de carne, vinagre, mostarda e cebola, entre outras coisas. O calor ajuda o molho a penetrar nas batatas, enchendo-as de sabor. A princípio, pode parecer que é molho demais para a quantidade de batatas, mas ao misturar os dois, as batatas vão absorver tudo. Se você tiver tempo, a salada fica mais gostosa se temperada algumas horas antes de servir. Mas é também deliciosa de se comer imediatamente, quando ainda está um pouco quente.

- 900g de batatas-inglesas ou outro tipo de batata cerosa
- 3½ colheres (sopa) de manteiga sem sal
- 2 cebolas bem picadas
- ⅓ de xícara de vinagre de vinho branco
- ⅔ de xícara de caldo de carne ou de frango
- 1 colher (sopa) de mostarda Dijon
- 3 colheres (sopa) de azeite ou óleo de girassol
- 1 colher (chá) de sal
- pimenta-do-reino moída
- ⅔ rasos de xícara de salsinha picada

1. Lave as batatas e coloque-as numa panela; cubra-as com água fria com um pouco de sal. Ferva com a panela tampada; em seguida, reduza o fogo para médio e cozinhe as batatas até que estejam macias. Dependendo do tamanho das batatas, isso deve levar de 20 a 30 minutos. Escorra as batatas e deixe-as esfriar por, pelo menos, uma ou duas horas ou utilize-as no dia seguinte.

2. Descasque as batatas e corte-as em fatias bem finas, menos de 0,5cm de espessura. Coloque as fatias de batata numa tigela.

3. Derreta a manteiga numa frigideira e acrescente a cebola. Mexa bem e refogue por 3 minutos em fogo médio. Acrescente o vinagre e o caldo de carne ou frango. Adicione a mostarda e misture bem. Deixe a mistura ferver em fogo baixo por mais 3 minutos.

4. Cuidadosamente, acrescente o óleo, sem parar de mexer, e em seguida despeje a marinada quente sobre as batatas e misture bem. As batatas vão levar alguns minutos para absorver o molho. Tempere com sal e pimenta a gosto.

5. Logo antes de servir, adicione a salsa picada e misture bem. Verifique o tempero e sirva.

VARIAÇÕES

Se você gosta de pedaços de bacon ou Speck (bacon alemão defumado) na salada, pique até 100g de bacon ou Speck e frite na manteiga por alguns minutos antes de adicionar a cebola picada (reduza a quantidade de manteiga a uma colher de sopa).

Ou adicione ⅓ de xícara de *cornichons* franceses picados para realçar o sabor azedinho e crocante.

25. Verduras amargas

Quando deixei Nova York, achava que sabia do que sentiria falta. De meus amigos, claro, da multidão de pessoas a meu redor o tempo todo, do jeito como às vezes parecia que eu estava flutuando no banco traseiro de um táxi amarelo quando ele caía num bueiro aberto, e assistir ao brilho dourado do sol contra as caixas-d'água em torno da Union Square. Tinha certeza de que sentiria saudade do belo rosto do agricultor ruivo da feira de produtores e de como se enrugava quando ele sorria e me passava a sacola de pequenos tomates Juliet. Sabia que sentiria falta de ir até o centro depois do trabalho para um jantar barato de bolinhos chineses fritos com cerveja. E teria saudade da sensação de estar no centro do mundo.

Mas não tinha me preparado – essa é a verdade – para a falta que sentiria de verduras de folhas verde-escuras. Isso me pegou totalmente de surpresa e quase me tirou o chão. Em Nova York, afinal de contas, havia verduras de folhas verde-escuras por todo lado. Não dava para passar numa lojinha coreana sem reparar nos vários maços de brócolis, escarola, folha de mostarda e *bok choy* empilhados sobre gelo esmagado. Nos supermercados, havia couve e dente-de-leão, alface crespa e acelga (dois tipos, na verdade) em abundância. Todas as lojas tinham espinafre fresco! Jamais me ocorreu que isso fosse algo especial, que não seria capaz de encontrar facilmente em Berlim.

Minha mãe diz que quando ela e meu pai chegaram a Berlim, em 1971, o único lugar em que se conseguia comprar abobrinha ou brócolis era na KaDeWe, a loja de departamentos mais chique de Berlim Ocidental. KaDeWe, que é uma abreviação de Kaufhaus des Westens, ou loja de departamentos do Ocidente, era e ainda é a loja com o maior setor alimentício da Europa. No sexto andar, suas prateleiras estão repletas de potes franceses de ovinhos de codorna em conserva, tamarindo fresco da Tailândia, massa de *strudel* austríaca, barras de chocolate do mundo todo, rolos de *Griebenschmalz* de trinta centímetros, creme azedo russo e farinha italiana de castanha, para não falar dos presuntos de todas as regiões da Alemanha, as ostras da Escócia, do Canadá e da França, o cacau colombiano, as misturas americanas para bolos e potinhos de condimentos e os doces de Paris. Mas, em meados dos anos 1970, se você queria saber onde uma italiana com desejo de comer legumes que não fossem repolho, batata ou cenoura fazia compras, a KaDeWe era onde você a encontraria.

Então, acho que hoje as coisas melhoraram muito, qualquer mercado de Berlim vende abobrinha e brócolis. Sei que deveria agradecer por isso. Bem como sou grata ao fato de que os berlinenses são muito mais gentis do que costumavam ser e que a cidade se tornou mais diversificada ao longo dos vinte anos após a queda do Muro. Mas o problema é que, para mim, as verduras de Nova York eram algo corriqueiro, e agora eu sentia falta delas. O pior é que essa saudade me deixava um tanto aborrecida – quer dizer, muito aborrecida.

Eu me aborrecia com os vendedores das feiras por não saberem do que eu estava falando quando mencionava algum legume e também com meus amigos, que me olhavam confusos quando eu me queixava a respeito. E com um jardim ao sul de Berlim que tinha couves lindíssimas crescendo nos canteiros! (Cheguei a pensar em arrancá-las.) Eu me aborrecia até com os agricultores que insistiam em não plantar nada além de couve crespa, que é comprovadamente a variedade menos gostosa de couve do mundo.

Mas, acima de tudo, me aborrecia com o fato de sentir falta de algo tão superficial e bobo como verduras amargas. Sabia que, lá no fundo, não eram as verduras amargas que me incomodavam. Era, de certa forma, um alívio ter encontrado algo tangível com o qual me sentir frustrada. Sentir saudade das verduras amargas era mais fácil do que a frustração com a vida diária, então me prendi àquilo.

Sentia como se estivesse chafurdando num pântano que eu mesma criara. Tudo ia bem com Max. Era emocionante ir dormir e vê-lo ali a meu lado, e saber que estaria ali todas as noites, dia após dia, semana após semana. Mas já fazia uns dois meses que chegara a Berlim e, embora tivesse um prazo com a editora para entregar o livro, simplesmente não conseguia escrever uma palavra. Não que me faltasse inspiração. O problema era que, na maioria dos dias, eu ainda me sentia em estado de choque.

Acordava todas as manhãs surpresa de não estar em Nova York, em minha velha rotina, com as coisas com as quais me habituara. Não esperava que a adaptação a Berlim levasse tanto tempo, e enquanto lutava, não conseguia me disciplinar para escrever.

Max me pedia que saísse de casa, para criar uma rotina, mesmo que fosse algo simples. Então eu fazia longas caminhadas, tentando enxergar a beleza nos pequenos detalhes da cidade. Tentei ser gentil comigo mesma. Flexível. Paciente. E tentei suprimir a voz dentro de mim que todos os dias me culpava por me sentir tão sobrecarregada. Por não estar feliz a todo instante. Aquela voz desdenhava de minha frustração. *Você não tem do que reclamar*, dizia, *não depois de tudo o que aconteceu, toda a sorte que teve. Você tirou a sorte grande, não foi? Então é hora de parar de reclamar.*

Em minhas caminhadas pelas ruas geladas, percebi que nem pensava mais nas coisas de Nova York de que tinha certeza que sentiria falta. Na verdade, não sentia saudade de nenhuma delas. Tinha me concentrado tanto nelas que não percebi: assim que estivesse em Berlim a falta seria de algo mais profundo. De me sentir útil, da rotina e do conforto de ter uma vida corrida. Nos últimos anos em Nova York, me convencera de que não pertencia àquele lugar, então não percebi que me tornara parte dela, internalizando a ética de trabalho incansável e o ritmo da cidade que nunca dorme. Tão apegada à confusão e à energia de Nova York, não percebi que aprender a viver sem isso seria o maior desafio.

Em Berlim, as coisas eram mais lânguidas e simples. As pessoas não viviam para trabalhar como em Nova York; muita gente quase nem trabalhava. A vida cotidiana era mais lenta e contemplativa. Mas eu só conhecia a vida adulta em uma cidade que empurra você para a frente sem piedade, pulsando com ambição, grandes esperanças e sonhos. Percebi que simplesmente não sabia como viver em Berlim. Estava usando as lições de

Nova York numa cidade que era diametralmente oposta. Por isso ficava aborrecida e não era capaz de escrever uma palavra.

O que precisava era mudar de atitude, então reprimi o desejo pelas verduras e cozinhei abobrinhas. Toda manhã tomava banho e me vestia como se fosse para o trabalho, nem que fosse só para acabar no sofá com o laptop no colo e uma página em branco diante de mim. Preparei então saladas de pepino com salsinha picada em quantidades industriais e me forçava a pegar o metrô até o lado oriental da cidade. Cozinhava batatas até dizer chega. E me impelia a dirigir por bairros que não conhecia para aprender o caminho. Preparava ervilha congelada com hortelã e cebola, o que era sempre gostoso, e salteava pilhas de repolho picado com bastante molho de pimenta, até que nossos olhos ardessem. Andei quilômetros e quilômetros numa Berlim coberta de gelo e neve, seus galhos nus retorcidos contra o céu. E também assei um monte de alho-poró.

Antigamente, achava que alho-poró não era nada mais que uma cebolinha gigante. Como não gostava muito de cebolinha, e por associação nem de cebola ou de alho, decidi que também não gostava de alho-poró. Isso só se agravou quando uma vez um amigo bem-intencionado me serviu uma salada de alho-poró cru com frutas secas embebidas em conhaque. A salada estava muito bonita, mas o gosto era ruim, forte, dominante e errado; abaixei o garfo e cheguei a pensar em ir ao banheiro para lavar a boca. Achei que nunca mais me recuperaria.

Mas, por um golpe de sorte, alguns anos depois estava almoçando com meu pai num bistrô em Paris que não tinha cardápio, só uma refeição fechada de três pratos. Naquele dia, a entrada era um prato de alhos-porós pequenos cozidos no vapor até ficarem bem molinhos e servidos com um vinagrete bem forte. *Lá vamos nós*, pensei, enquanto o garçom colocava o prato na minha frente. Então peguei o garfo e encarei, e ele afundou na carne macia do alho-poró. Quando coloquei um pedaço na boca, senti a doçura suculenta, a acidez do vinagre realçando o açúcar do alho-poró, as camadas escorregadias derretendo na boca.

A partir de então, mudei minha opinião a respeito do alho-poró. Ao cozinhá-lo, o gosto de cebola se suaviza e as fibras se tornam macias como seda. Para quem acha que a maior parte dos membros da família do alho tem gosto muito forte, o alho-poró é diferente. Gosto de cozinhá-lo no vapor ou refogá-lo, prepará-lo com castanhas assadas e creme até que se desfaçam, ou com batata numa sopa cremosa, ou também enrolá-los em presunto e cobrir com molho branco, levar ao forno até que o molho borbulhe. E, no inverno, quando tudo o que quero é um forno quentinho por horas e uma refeição reconfortante, asso alho-poró. Não existe nada no mundo como panela cheia de alho-poró macio e dourado para dar a uma casa um cheirinho de casa. E, milagrosamente, esses alhos-porós assados me faziam esquecer meu desejo pelas verduras escuras e amargas e minha luta com esse lugar novo em que estava – que era ao mesmo tempo familiar e completamente estranho.

Aos poucos, comecei a descobrir os segredos de Berlim: mercados turcos onde encontrar coisas exóticas como grão-de-bico em conserva e *rapini* (embora eles chamassem de *cime di rapa*, como os italianos) lado a lado com folhas frescas de amaranto e pequenas pimentas *padrón* verdes. Ou uma lojinha sofisticada de verduras numa rua comercial de Wilmersdorf que sempre tinha pés fresquinhos de alface crespa, embora eles custassem quase tanto quanto uma bolsa de marca. O espinafre congelado do meu mercado local, que era tão bom quanto o fresco, as folhas ainda inteiras e intactas.

E, em minha busca por verduras verdes e uma rotina naqueles meses nevados, comecei a encontrar meu lugar em Berlim. Aos poucos, deixei Nova York para trás. Encontrei uma academia de ioga num prédio antigo do correio; descobri um bom restaurante japonês; finalmente podíamos fugir das casas vietnamitas de sushi barato. Achei, por acaso, a primeira padaria de pão integral de Berlim, que abrira no ano em que nasci, a poucos metros da nossa casa. Eu estava indo bem.

Um dia, passei pelo parque do Tiergarten, todo coberto de neve, suas árvores ancestrais e impassíveis. Embora elas parecessem estar ali há centenas de anos, o Tiergarten fora devastado como fonte de lenha no final da Segunda Guerra Mundial. O majestoso parque que um dia servira de campo de caça para Frederico I se reduzira a nada por berlinenses famintos e desesperados. As sábias árvores antigas que vi naquele dia, estendendo-se como sentinelas silenciosas em meio à neve no meio da cidade, tinham menos de sessenta anos de idade. Muito de Berlim era assim: um amontoado de devastação e reconstrução, edifícios ainda marcados com furos de bala ao lado de prédios impecáveis, restaurados e pintados. Em meio aos destroços ainda tão visíveis, havia também perseverança, bravura, obstinação e determinação. Não havia lugar como aquele. E foi aí que senti a emoção dentro de mim de novo, tão feliz de estar de volta à minha velha cidade partida, coberta ao mesmo tempo de ouro e fuligem. Não queria estar em nenhum outro lugar. E me senti em casa. Exatamente onde deveria estar.

Alho-poró assado

Rendimento: 4 porções (como acompanhamento)

Se, por um lado, é difícil encontrar verduras amargas em Berlim, alho-poró existe em qualquer canto. Esta receita foi adaptada do livro de Suzanne Goin, *Sunday Suppers at Lucques* [Jantares de domingo no Lucques], e, como é comum com muitas das receitas de Suzanne, eleva um vegetal simples do rol de legumes para sopa a insuperável estrela da mesa de jantar.

- 6 alhos-porós grandes
- sal kosher e pimenta-do-reino moída
- ½ xícara de azeite
- 1 xícara de echalota picada
- 1 colher (sopa) de folhas frescas de tomilho
- ½ xícara de vinho branco seco
- 1½ a 2 xícaras de caldo de galinha

1. Aqueça o forno a 200°C.

2. Retire a camada externa de cada alho-poró e corte as raízes, deixando a parte inferior intacta. Retire o topo, deixando cerca de 5cm de verde. Corte cada alho-poró ao meio, longitudinalmente. Lave

com cuidado entre as camadas, para remover qualquer resquício de terra. Seque e tempere com sal e pimenta.

3. Aqueça uma frigideira grande em fogo médio a alto. Coloque metade do azeite e acrescente o alho-poró, com a face cortada voltada para baixo. Tome cuidado para não encher demais a frigideira (talvez você tenha que prepará-lo em lotes). Frite por 4 a 5 minutos, até os alhos-porós ficarem dourados. Em seguida, vire-os para cozinhar o outro lado por mais 3 ou 4 minutos. Transfira-os para um pirex, com a face cortada voltada para cima.

4. Coloque o azeite restante na frigideira e ajuste o fogo para médio. Adicione a echalota, o tomilho, ¼ de colher (chá) de sal e uma pitada de pimenta. Cozinhe por cerca de 5 minutos, até que a echalota comece a ganhar cor. Adicione o vinho e deixe no fogo até que ele reduza à metade. Adicione o caldo de galinha e deixe ferver em fogo alto. Espalhe essa mistura sobre o alho-poró.

5. Leve o pirex ao forno por 30 minutos, até que o alho-poró esteja bem molinho.

26. Quebrando o feitiço

Berlim, na mesma latitude de Labrador, no Canadá, é um lugar frio e escuro no inverno. O céu fica coberto de nuvens por dias a fio, e a luz do sol se infiltra por entre elas por apenas algumas horas. Em Berlim, o inverno pode ser implacável, muito diferente dos dias frios, mas ensolarados, do inverno de Nova York. A diferença é que o inverno de Nova York nunca é tão inóspito à vida humana, mesmo nos dias em que trinta centímetros de neve interrompem os metrôs e poças de lama e neve cinzenta e esverdeada da altura do tornozelo se formam a cada esquina. No inverno de Berlim, no entanto, quando o frio intenso reina e é possível passar semanas sem ver um único raio de sol, você tem a nítida impressão de que a cidade está fazendo de tudo para expulsá-lo.

Mas se sobreviver ao inverno, reconfortando-se com bastante biscoito e chá quente, mantas quentinhas de caxemira, botas forradas com pele de carneiro e saindo para caminhadas rápidas na única montanha de Berlim, o morro artificial Teufelsberg, enquanto um vento desolador urra em seus ouvidos, você será muito bem recompensado. Pois a primavera em Berlim é um dos maiores prazeres da vida.

Quando os dias começam a ficar mais longos, as árvores florescem e o ar se enche com o perfume das tílias, de terra aquecida e dos brotos de folhas, a primavera chega com uma sensação de alívio – uma recompensa merecida por ter sobrevivido a mais um inverno de congelar os ossos. E quase é possível acreditar que Berlim é um paraíso tropical. A primavera é o que prende as pessoas aqui ano após ano, um inverno desolador após outro.

Em Berlim, a primavera dá um tempo para soltar os músculos dos ombros do frio dos meses anteriores, ao contrário de Nova York, onde muitas vezes tem-se a sensação de que o inverno se transforma diretamente em verão, roubando-nos, de alguma forma, aqueles dias frescos e repletos de esperança em que ainda nos lembramos do frio, mas ainda não começamos a reclamar das calçadas úmidas, dos vagões abafados do metrô e do fedor indisfarçável de lixo e asfalto derretendo no sol escaldante. Em Berlim, a primavera dá a chance de se maravilhar com a cena surreal de um campo de crócus brotando onde uma semana antes havia um tapete de neve. E você inspira o ar floral, tão doce e suave como o cheiro de uma pessoa amada. Os dias cada vez mais longos da primavera são como um tônico para os ombros frios e curvados, o nariz entupido. Melhor de tudo é que você pode até "engarrafar" a primavera.

Uma vez que a neve derrete e os dias se aquecem, arbustos de sabugueiro florescem por toda Berlim: nas veredas dos jardins do palácio de Charlottenburg, ao longo de uma pequena trilha que vai até um canal em Steglitz, em volta do cemitério judeu de Weissensee. Os arbustos dão brotos brancos perfumados e translúcidos que despontam, rendados, dos galhos imponentes. No auge do verão, ficam cheios de frutos pretinhos, que muitos alemães colhem para fazer geleia ou suco – embora eu particularmente não goste do sabor forte e amargo. Mas as flores são outra história. Elas têm *gosto* de primavera.

Na primeira vez em que experimentei xarope de sabugueiro, ainda morava em Nova York e estava em Berlim para as férias de Natal. Estava num estado terrível naqueles dias, o relacionamento com Sam num ritmo desconcertante. Quando me vi de volta a Berlim por quinze dias, quase finquei os pés no chão para jamais ir embora.

Uma noite, antes de um longo jantar na casa de Joanie, ela me perguntou se eu queria algo fresquinho para beber, uma pausa em toda aquela sucessão de chás quentes que, em geral, eram oferecidos nos dias frios e escuros. Estávamos de pé na cozinha, onde ela havia preparado tantos almoços para mim havia tanto tempo.

Joanie pegou uma garrafa com um líquido dourado e deitou a cabeça de leve: "O que você acha, hein, mocinha?"

Na verdade, não tinha muita certeza se queria experimentar, porque só conhecia o fruto do sabugueiro. Mas, por educação, disse que provaria um copo pequeno. Joanie encheu um copo com água da torneira e então acrescentou um dedo ou dois do líquido dourado. Dava para vê-lo descendo numa espiral, quase oleoso. Tomei um gole. E... Bem... Deixem-me tentar explicar o que aconteceu a seguir.

De repente, como se por um pequeno trovão ou por uma fissura no contínuo espaço-tempo, fui transportada. A primavera – a primavera de Berlim – estava dentro da minha boca! Eu estava de pé na cozinha acolhedora de Joanie, o aroma de canela próprio do inverno pairando no ar, velas acesas na sala ao lado e a escuridão reinando lá fora. Ainda assim, tinha certeza de que podia ouvir o canto dos pássaros e sentir uma brisa quente em meu pescoço. Era como se tudo o que faltava em minha vida estivesse concentrado naquele pequeno copo gelado. Se pudesse ficar ali, na cozinha de Joanie, bebendo devagar, talvez me redescobrisse e deixasse toda a tristeza e o sofrimento para trás.

Não sei quando foram plantadas as primeiras sementes de deixar Nova York e voltar para Berlim, quando o minúsculo grão de possibilidade foi colocado em meu cérebro (ou talvez tenha sido em meu coração?). Mas às vezes acho que aquele copo de xarope de sabugueiro na cozinha de Joanie pode ter sido o responsável pela quebra do feitiço. Talvez aquela poção dourada tenha me despertado para o que ainda era possível. E ajudou a pavimentar o caminho para meu regresso.

Agora, quando o longo e tenebroso inverno de Berlim lentamente chegava ao fim, as calhas transbordando com rios de neve derretida, as calçadas ressurgindo para revelar o lixo da noite de Ano-novo que estivera escondido sob trinta centímetros de neve durante meses, Joanie me levou numa missão de coletar sabugueiros no parque em frente ao seu apartamento. Tínhamos cestas forradas com toalha de papel, tesouras e um sol quente e tímido sobre a cabeça.

Não demoramos muito para encontrar um tesouro de arbustos de sabugueiro em plena floração, cobertos de pólen. Erguemos as cestas e, gentilmente, cortamos os raminhos de flores do tamanho da mão de uma pessoa, deixando-os cair com cuidado para não perder nenhum pólen, que é onde mora toda a magia e o sabor. Enchemos as cestas até as pequenas flores transbordarem pelas laterais.

Em sua cozinha, sempre com um cheirinho bom e as louças azuis e brancas nas prateleiras, Joanie tinha deixado um pote de barro e um frasco de ácido cítrico que comprara por uma ninharia na farmácia, além de uma pequena montanha de limões-sicilianos fatiados bem fininhos. Segurando cada ramo de flor sobre a boca do pote, cortamos as florezinhas e as deixamos cair dentro dele, seguidas por uma chuva de pólen. Então preparamos um xarope simples de açúcar que ela derramou sobre as flores, os limões e o ácido cítrico. Depois de alguns dias, o pote estaria cheio de um líquido com cheirinho de limão que Joanie estocava em garrafas para o ano seguinte. Eu gostava de beber meu xarope com água com gás, água da torneira ou champanhe.

Se você beber seu xarope de sabugueiro de imediato, isto é, no meio de uma doce primavera em Berlim, vai ficar bastante satisfeito. Ele estará gostoso e refrescante, e você ainda será recompensado pelo fato de ter saído para fazer uma colheita no meio de uma cidade grande. Se, no entanto, você ainda tiver um estoque no inverno, especialmente no inverno de Berlim, acredito que sua reação será totalmente diferente. Você irá bebê-lo aos goles, como se aquele líquido trouxesse a promessa de renascimento e regeneração, infundido com a jura de primavera e felicidade. Talvez você sinta o gosto de alívio e até mesmo um pouco de alegria. Trata-se de uma poção muito potente.

Xarope de sabugueiro

Rendimento: cerca de duas garrafas de 1l

Seu maior desafio será encontrar as flores de sabugueiro. Embora o sabugueiro cresça em abundância em todo o norte da Europa, no noroeste do Pacífico e na região do Médio Atlântico, é difícil encontrá-los em outros lugares. A melhor opção é procurar por eles na natureza. Xarope de sabugueiro fica uma delícia apenas misturado com água fria ou água com gás, mas você também pode preparar um coquetel refrescante com prosecco ou champanhe. Minha bebida de verão preferida, o coquetel Hugo, combina xarope de sabugueiro, prosecco, hortelã, água com gás e suco de limão.

- 20 a 25 ramos grandes de sabugueiro
- 3 ou 4 limões-sicilianos orgânicos, lavados e cortados bem fininhos (sem semente)
- 3½ colheres (sopa) de ácido cítrico
- 1,5kg de açúcar

1. Limpe, lave e seque um pote de barro de cerca de 5l.

2. Segurando cada ramo de sabugueiro sobre a boca do pote, corte as pequenas flores e deixe-as cair dentro, tomando cuidado para não desperdiçar nada do pólen amarelo-claro. Adicione os limões-sicilianos cortados e o ácido cítrico.

3. Numa panela média, em fogo médio, coloque o açúcar e 1,5l de água. Derreta o açúcar mexendo ocasionalmente e levante fervura. Em seguida, retire a panela do fogo e deixe a calda ficar morna.

4. Despeje a calda sobre a mistura de flores e limão-siciliano e misture bem. Cubra o pote com filme plástico e deixe repousar em local arejado por 3 dias, mexendo-o uma vez ao dia.

5. No último dia, retire o filme plástico e passe o líquido por uma peneira, transferindo-o para garrafas de vidro limpas. Descarte as fatias de limão e as flores. Guarde na geladeira ou numa adega escura e arejada por até um ano.

27. Desejo desenfreado

Todos nós já lemos um livro sobre a experiência de viver um ano no exterior, que alguns veem como um rito de passagem. Uma norte-americana se muda para Paris e passa o ano descobrindo as glórias do queijo de leite cru, se apaixona pelo resmungo baixinho dos transeuntes e se deleita com a beleza quase insuportável da cidade. Ou a autora vai mais para o sul, para a Itália, e narra a primeira vez em que comeu *tagliatelle* caseiro numa pequena *osteria* sem nome no gueto romano, passeia pelas ladeiras de um vilarejo esquecido pelo tempo ou sucumbe à beleza ao mesmo tempo bruta e gentil do homem que a ensina a falar italiano e a amar.

A Alemanha, com os céus nublados e a história sempre presente, acaba ficando meio para trás quando se trata de capturar a imaginação dos românticos e dos amantes da culinária. Não dá para competir com as pacatas cidades provençais e os pitorescos vilarejos italianos. Mas a Alemanha é um país em que a culinária é tão influenciada pelas estações do ano que só é possível encontrar bolo de ameixa nas padarias quando é época de colheita das ameixas, conhecidas como *Zwetschgen*. Cogumelos *chanterelle* frescos – dourados e com um cheirinho delicado de damasco – só chegam aos mercados e às mesas dos restaurantes quando as pessoas já podem colhê-los no próprio quintal. E, seis semanas por ano, todas as mesas do país se empanturram de aspargos brancos pelo tempo em que eles estiverem sendo colhidos nos campos alemães.

Há poucas coisas mais empolgantes do que se estar em Berlim quando os primeiros aspargos brancos aparecem nos mercados da cidade, exatamente quando os dias começam a esquentar. Nesses momentos, parece que a cidade inteira dá um grande suspiro de alívio. Letreiros escritos a mão proclamam a chegada do aspargo branco nas feiras da cidade: "*Spargelzeit ist da!*" O som dos vendedores gritando suas mercadorias ecoa pelas praças, e pequenas vans da cidade de Beelitz, a poucas horas de Berlim, estacionam ao longo das grandes ruas para vender aspargos brancos e buquês de flores. Existe o aspargo branco *premium* – com talos que chegam a quase 2,5 centímetros de diâmetro e que é arrumado em maços de dez unidades –, o aspargo médio, que custa um pouco menos, e à medida que os talos vão diminuindo de tamanho, vão ficando cada vez mais baratos, até chegarem ao *Bruchspargel*, que são pedacinhos finos de aspargos brancos para sopa, vendidos por uma ninharia.

Numa manhã de sábado, em abril, Max e eu caminhávamos até o nosso mercado preferido na Karl-August-Platz. O mercado era montado numa praça em torno de uma igreja de tijolos vermelhos e tinha peixeiros, açougueiros, fazendeiros locais, floristas, fabricantes de queijo e de pães integrais. Os vendedores gritavam suas ofertas, e nós íamos seguindo pelos corredores, enchendo a sacola com todos os arautos da primavera: um pequeno buquê de narcisos, ovos grandes de ganso de casca manchada e um maço enorme de aspargos brancos de pontas roxas. As pessoas organizavam filas, esperando a vez, educadamente. O vendedor turco sorria e acenava, o açougueiro gentil de mãos grandes oferecia fatias de presunto às escondidas para as crianças, enquanto seus pais compravam costeletas de porco, *Leberwursts* e presunto para o café da manhã de domingo.

Adorava nossas idas ao mercado nos sábados. Era um jeito tão gentil de acolher o fim de semana e planejar as refeições da semana seguinte. Max carregava as sacolas de compras, enquanto eu apertava e cutucava os produtos até encontrar o que queria. Havia pequenas alcachofras italianas arrumadas em buquês e batatinhas mínimas ainda sujas de terra. E para onde quer que se olhasse havia aspargos brancos, empilhados como lápis gordinhos e reluzentes. Antes de ir para casa, parávamos para tomar um suco de laranja recém-espremido e tão grosso que sentíamos a polpa nos dentes.

Em termos botânicos, aspargos brancos são o mesmo que aspargos verdes, a diferença é que eles crescem debaixo da terra, o que impede suas células de desenvolverem clorofila, que precisa do sol para ser produzida.

Nos Estados Unidos, aspargos fininhos são o padrão. Mas, na Alemanha, quanto maior o aspargo, mais gostoso ele é. No caso dos aspargos verdes, você só precisa cortar a pontinha inferior, mas os aspargos brancos têm que ser descascados antes de serem cozidos. Embora os norte-americanos gostem de assar aspargos depressa em forno alto ou grelhar na brasa, para deixá-los crocantes e desmanchando, os alemães fervem os aspargos com uma pitada de açúcar para mantê-los adocicados, quebrando a celulose na água fervente até os talos estarem macios e suculentos.

Em minha primeira incursão pelo mundo dos aspargos brancos, segui a norma e os fervi em água com sal e açúcar, o que pareceu um tanto transgressor depois de tantos anos assando aspargos verdes em nada além de um fio de azeite e uma pitada de sal. Max e eu almoçamos os talos brancos gordos e suculentos com fatias finas frias de presunto cozido e batatas cozidas. Eles ficaram surpreendentemente doces e quase cremosos. Era um alívio comer algo que fosse um símbolo tão forte da primavera, vida nova surgindo da terra, a prova irrefutável de que o inverno estava, afinal, acabando. Mas, cá entre nós, já que estamos entre amigos, os aspargos brancos também ficaram um pouco flácidos e moles. Sentia falta do gosto forte de grama e da textura crocante dos aspargos verdes que costumava comprar a quilo em Nova York. Já os brancos, bem, eu estava na dúvida se tinha entendido o espírito da coisa.

Alguns dias depois, num almoço de Páscoa na casa de minha mãe, decidi tentar uma abordagem diferente. Passei horas planejando o cardápio com os olhos grudados num livro antigo de receitas alemãs que um amigo me dera e decidi fazer o clássico *Spargelsuppe* – um creme de aspargos delicado e com cor de porcelana. Perfeito para a primavera, pensei, para um almoço de Páscoa num domingo quente. O que poderia ser melhor do que uma sopa fácil e elegante? Nesse ponto tenho que admitir que não li direito as instruções. Afinal, quão difícil poderia ser fazer uma sopa?

E assim começou o preparo mais complicado de sopa que já tinha feito até então. Primeiro, descasquei uma montanha de *Bruchspargel*. Depois fiz um caldo aguado com a pilha de pedacinhos que havia reservado enquanto descascava os aspargos. Em seguida, fervi os aspargos no caldo e bati o conteúdo para formar um líquido fino e homogêneo, parando apenas para refletir que nunca tinha me dedicado tanto a uma sopa. Mas ainda não havia acabado. Depois de bater a sopa até ela ficar bem fininha, eu tinha que peneirá-la. Quando, enfim, ela estava completamente homogênea e branca feito porcelana, acrescentei suco de limão e cebolinha picada. Daria para correr uma maratona no tempo em que levei para prepará-la.

E, logo depois, assisti, ligeiramente horrorizada, aos convidados devorando várias horas de trabalho em questão de segundos.

Em vez de me sentir orgulhosa, essa sopa enlouquecedora e que desaparecia em instantes me deixou furiosa. *Todo esse trabalho*, pensei, *por algo tão insípido como uma sopa?* Não que fosse um desastre, mas me pareceu que nada daquilo valia a pena. Pela primeira vez, entendi por que tantas pessoas não tinham ânimo para cozinhar ou se sentiam intimidadas por algo que, para mim, sempre fora tão natural. Sempre gostei mais do processo do que do resultado final. Para mim, cozinhar era um consolo e uma prática a ser aperfeiçoada a cada dia, como ioga ou meditação. O resultado era a cereja do bolo.

Aquela sopa me fez querer nunca mais comprar aspargos brancos de novo. *Já chega!*, pensei, petulante. Se alguém quiser fazer aspargos brancos para mim, tudo bem, eu como. Mas prefiro os verdes, bem fritinhos. E foi exatamente isso que fiz.

No entanto, no final do *Spargelzeit*, a temporada de aspargos, Max e eu fomos convidados para um almoço de domingo na casa de nossos amigos Muck e Jürgen, numa rua arborizada ao sul de Berlim. Comemos ovos cozidos moles com colheres de madrepérola, batatinhas de pele fina na manteiga derretida, grandes postas soltinhas e cor-de-rosa de salmão *poché* e uma panela de cerâmica cheia de pedaços de aspargos brancos e salsinha, cebolinha e outras ervas mais suaves picadas, tudo num molho de vinagre maravilhoso. O aspargo ficara quase como uma conserva naquele molho, absorvendo todo o sabor revigorante e acentuado até suas fibras macias e suculentas praticamente transbordarem com o vinagrete. Era uma salada refrescante, e depois de três porções, me vi reavaliando inteiramente a função dos aspargos brancos. No meio da refeição, olhei para Max, nossos olhos se encontrando no exato instante em que levávamos mais uma garfada à boca. Acenamos um para o outro. Sabia o que ele estava pensando: *Que coisa maravilhosa*.

Naquele ponto, porém, a época dos aspargos estava quase no fim. Eram os últimos suspiros das seis semanas mágicas. Passei os últimos dias do *Spargelzeit* indo ao mercado todos os dias e gastando uma fortuna em maços grandes de aspargos brancos para fazer *Spargelsalat* toda noite para o jantar. Nós a devorávamos vigorosamente – é quase impossível não sorver os aspargos brancos com um barulhinho – e limpávamos o restinho do vinagrete de ervas do prato com um pedaço de pão. Mas um dia o vendedor de *Spargel* do mercado me fitou com um sorriso gentil e deu de ombros porque não tinha mais nem um mísero *Bruchspargel* para mim. Quase entrei em pânico de decepção...

E, nas semanas seguintes, percebi que estava com um desejo desenfreado pela *Spargelzeit* da primavera seguinte.

Spargelsalat (salada de aspargos brancos)

Rendimento: 4 porções (como aperitivo)

Esta salada fica mais gostosa quando feita com aspargos brancos bem frescos. (Aspargos brancos não tão frescos ficam com um gostinho amargo desagradável.) No entanto, você pode fazer uma salada muito boa com aspargos brancos em conserva. Não compre aspargos em lata, pois você vai se arrepender do desperdício de tempo e dinheiro. Embora a salada seja uma delícia se servida de imediato, sugiro esperar algumas horas para os aspargos mais grossos absorverem o vinagrete de ervas, o que a torna ainda mais suculenta.

- 10 aspargos brancos grossos (cerca de 600g)
- ¼ de xícara de salsinha picada bem fininha
- ¼ de xícara de cebolinha picada bem fininha
- 2 talos de estragão, picados bem fininhos

- 3 colheres (sopa) de azeite da melhor qualidade
- 2 colheres (sopa) de vinagre de vinho branco ou de vinagre de champanhe
- ¼ de colher (chá) de sal

1. Quebre as extremidades inferiores dos aspargos e descasque os caules por inteiro.

2. Coloque uma panela de água com um pouco de sal para ferver. Coloque os aspargos na água e abaixe o fogo para que eles cozinhem lentamente por 13 a 15 minutos.

3. Enquanto os aspargos cozinham, coloque as ervas, o azeite, o vinagre e o sal numa tigela. Misture bem e reserve.

4. Quando os aspargos estiverem macios, escorra-os com cuidado. Assim que estiverem frios o suficiente para que possam ser manipulados, corte-os em pedaços de 2,5cm. Adicione os aspargos mornos ao vinagrete de ervas e mexa delicadamente para cobri-los por inteiro. Deixe descansar por, pelo menos, 2 horas antes de servir.

28. Da próxima vez eu acerto

ERA UMA MANHÃ QUENTE de domingo e eu estava de pé na cozinha, um pé apoiado no outro, olhando para a tigela na bancada. Dentro dela, a massa de um bolo para a festa de cinquenta anos de casados de Joanie e Dietrich, que seria naquela tarde. Mas havia algo de errado. Em vez de grossa e cremosa, como devem ser as massas de bolo, essa estava dura e granulada. E em pouca quantidade. A receita que eu estava seguindo mandava dividir a massa em duas fôrmas, mas a massa que eu tinha preparado mal daria para encher uma.

Veja bem, eu já tinha feito uma centena de bolos na vida – de aniversário, para comemorações no escritório e para os lanches de domingo. Sei fazer isso de olhos fechados: bater a manteiga, acrescentar os ovos, um de cada vez, um pouco de essência de baunilha, adicionar a farinha e o leite alternadamente. Mas naquele dia a massa naquela tigela estava estranha. E o pior: eu não tinha muito tempo para arrumá-la. Dali a poucas horas, seria a festa de aniversário de casamento, no jardim da casa de Kim, filho de Joanie, com a família e os antigos amigos, bancos e mesas alugados e uma mesa repleta de comidas, para não falar numa seleção de bolos dos quais o meu faria parte: duas camadas de bolo amarelo com recheio de creme de groselha-espinhosa e cobertura crocante de suspiro.

Eu fora apresentada ao tal bolo, enigmaticamente chamado de *Hannchen Jansen*, um mês antes, numa festa de aniversário em Brandeburgo. Os filhos de nossos amigos tinham feito dois e quatro anos, e, para comemorar, os avós mandaram montar um castelo inflável no jardim, além de uma barraca e mesas compridas cheias de bolo. Embora todas as tardes de fim de semana na Alemanha sejam uma ótima oportunidade para um café e uma fatia de bolo, aniversários são ocasiões especialmente importantes em termos de bolo. Naquela festa no jardim, havia não menos que sete bolos caseiros, todos feitos naquela manhã: um bolo de queijo *quark*, uma torta de morango com chocolate, um bolo rústico de maçã, um bolo invertido de abacaxi, biscoitos amanteigados com recheio de chocolate (que, por algum motivo, se chamam *Kalter Hund*, ou "cachorro-frio"), uma bandeja de bolinhos violeta e, por fim, o imponente bolo conhecido como *Hannchen Jansen*: uma obra-prima recheada com creme de groselha-espinhosa que era ao mesmo tempo macia e crocante, azedinha e adocicada, e me enfeitiçou de imediato.

Enquanto as crianças pulavam no castelo inflável por horas a fio, Max e eu nos esprememos entre nossos amigos e os outros convidados e comemos fatias e mais fatias de bolo, bebendo xícaras intermináveis de café e chá. Quando os bolos acabaram, fizemos uma longa caminhada ao redor da casa para a digestão, nos deparando com arbustos impressionantes de groselha e groselha-espinhosa. A festa então se estendeu, e eles serviram um assado de porco com chucrute, almôndegas e purê de batatas. Todo mundo recebeu um prato para se servir e voltar para as mesas e os bancos compridos debaixo da barraca. As crianças subiram no colo dos pais para jantar, e todos ficamos satisfeitos e sonolentos. Quando achávamos que não era possível comer mais nada, nos reunimos em torno de uma fogueira no jardim e assamos espetos de salsicha, os últimos raios de sol ainda no céu e as crianças dormindo nos braços dos pais.

Naquela noite, ao entrar no carro para voltar para Berlim, eu já tinha a receita de bolo de groselha-espinhosa com suspiro pela qual me apaixonara. Era tudo tão promissor, a tarde idílica no campo, as crianças felizes, a comida deliciosa, a brisa quente da primavera. *Tudo faz tanto sentido*, pensei. *Esta é minha nova vida, e agora as coisas estão ficando boas.*

Mas cá estava eu em minha cozinha, com uma massa de bolo que sabia que tinha cara de desastre iminente, e senti um calor subir pelo pescoço. A idílica tarde de domingo parecia tão distante, bem como a memória do *Hannchen Jansen* que eu havia comido. Tinha seguido a receita de minha amiga cegamente, sem pensar que talvez devesse testá-la antes de uma ocasião tão importante. E isso fazia eu me sentir ainda mais idiota, já que minha mão na cozinha ainda estava fraquejando enquanto me ajustava à nova vida em Berlim.

As coisas estavam melhorando, não havia dúvida. Já conseguia fazer um tabuleiro de *brownie* escuro e molhadinho sem pestanejar, e os biscoitos de chocolate também estavam dando certo (encomendei vários pacotes de açúcar mascavo, tão difícil de encontrar na Alemanha, a uns amigos que vieram dos Estados Unidos). Mas ainda não tinha conseguido fazer um bolo decente como os que fazia antigamente. O que era mais ou menos como o livro que vinha escrevendo: conseguia escrever um capítulo aqui e outro ali, mas na maior parte dos dias ainda ficava sentada diante de uma tela em branco por horas, e depois, tarde da noite no quarto escuro, me convencia, em segredo, que não seria capaz de escrever um livro inteiro. A euforia de assinar o contrato parecia estar há séculos de distância, embora nem um ano tivesse se passado.

Decidi que tinha de fazer alguma coisa. Ser criativa. Então, peguei os ingredientes e fiz uma segunda leva de massa para conseguir encher as duas fôrmas untadas e fazer as duas camadas de bolo. Em seguida, preparei uma pequena tigela de suspiro, as claras rapidamente deixando de ser uma mistura líquida de bolhas translúcidas para se transformar em claras em neve firmes e reluzentes, e, com cuidado, espalhei o suspiro sobre a massa numa das fôrmas, fazendo movimentos para deixar algumas pontinhas espetadas para cima.

Está ficando bom, pensei. *Vai dar tudo certo.* Coloquei as assadeiras no forno e fui preparar as groselhas-espinhosas – limpei, cortei as pontinhas e adicionei açúcar antes de misturá-las ao chantili. O suspiro cresceu no forno e começou a dourar. As amêndoas que eu tostava no fogo encheram a cozinha com um cheirinho delicioso. Por que eu estava tão preocupada? Podia até sentir o nó nas costas desinchando.

Chegada a hora, tirei as assadeiras do forno e deixei esfriar antes de desenformar as duas camadas. Tudo parecia estar em perfeita ordem. Ao final da manhã, começava a sentir um gostinho de missão cumprida. O chantili estava grosso e bonito; as groselhas com açúcar, azedinhas e deliciosas. E a cobertura de suspiro com amêndoas era um complemento perfeito para qualquer bolo. Assim, montei as camadas. Estava indo tudo bem.

Ou não. A receita mandava cortar o suspiro enquanto ele ainda estava quente, para evitar que se despedaçasse quando o bolo fosse fatiado e servido. Usando minha superafiada faca de pão, comecei a fatiá-lo. Foi então que percebi que o bolo que eu havia comido na festa em Brandeburgo não tinha nada a ver com aquele na minha frente. *Nada.* Max entrou na cozinha, me viu xingando baixinho e transpirando, e saiu no mesmo instante.

Essa é a pior receita da história das receitas de bolo, pensei. *Que ódio ter que cortar o suspiro com antecedência. Que ódio desse bolo idiota com esse nome idiota.* E só então me dei conta de como estava tensa. O bom humor de antes se fora. Estava em posição de combate dentro da cozinha, e faltava menos de uma hora para o horário de sair.

Decidi não cortar mais o bolo. *Vai dar tudo certo*, pensei. Seria uma festa relativamente casual e ninguém iria notar que o bolo tinha um único corte na cobertura, disse a mim mesma. Fui tomar um banho e me arrumar.

Mas quando voltei, de banho tomado, vestida e pronta para sair, dei uma espiada no corte que tinha feito e vi algo bastante assustador: em vez de um suspiro fofinho e delicado, havia uma substância amarela esquisita escorrendo pelo buraco. Olhei aquilo, sentindo um fio de suor escorrer pelas costas, então decidi enfiar o mindinho na substância amarela. Era fria e levemente granulada. Não tinha ideia do que era. Será que era o suco de groselha que fora liberado por causa do açúcar? Ou será que tinha algo a ver com o ovo do suspiro? Só fui descobrir várias horas depois, uma vez que o bolo já tinha sido transportado para o jardim da casa de Kim, e já tínhamos terminado de comer o almoço maravilhoso – uma sopa fria de iogurte com pepino e ervas frescas, porco assado e uma salada de vagem. No momento em que me dei conta do que havia acontecido, estava na cozinha de Kim, faca na mão, cortando o bolo. À medida que cortava, a faca ficava pegajosa, então entendi: a tal substância amarela era massa crua.

Crua, *cruazinha da silva*. Ou seja, massa de bolo que não assou nem um pouquinho. O suspiro que usei para cobrir a fina camada superior isolou a massa tão bem que ela simplesmente não assou.

O calor tomou conta de meu pescoço. As mão tremiam. As lágrimas enchiam-me os olhos. Isso não podia estar acontecendo. Fiquei arrasada, nervosa e absolutamente deprimida. Se não era capaz de fazer um simples bolo, como iria escrever um *livro*? Para onde minhas habilidades tinham ido? Será que tinha deixado tudo em Nova York? Resolvi que tinha de dar um sumiço naquele bolo. Apesar de uma das convidadas, que ganhara prêmios por seus bolos, tê-lo visto e dito que era seu preferido. O *Hannchen Jansen* era para ser um presente de aniversário de casamento para Joanie e Dietrich, mas eu nem sequer pestanejei. Pensei, desesperada: talvez pudesse culpar uma das crianças no jardim pelo sumiço do bolo.

Saí da cozinha e levei o bolo até o porão, torcendo para que ninguém me visse. Fiquei lá embaixo por um tempo, meio perdida, até que ouvi os passos de Joanie nos degraus. Ela se aproximou de mim, fitando o bolo no quartinho escuro que era usado como lavanderia. A esposa de Kim, Susanne, vinha logo atrás. "O que você está fazendo aqui, mocinha?", perguntou Joanie. Apontei em silêncio para o bolo alto e, em seguida, disse: "Está cru." Estava muito envergonhada por minhas lágrimas.

Joanie e Susanne tocaram o bolo e o furaram, tirando uma casquinha de suspiro aqui e um pedacinho de bolo ali, mastigando devagar e evitando contato visual comigo. "Está gostoso!", disse Susanne, animada. "Vamos tirar os pedaços crus." Tudo o que consegui fazer foi balançar a cabeça, derrotada. *Nunca mais farei outro bolo*, pensei. *Minha carreira como autora de culinária foi curta, mas feliz. Amanhã vou ligar para a editora e cancelar o contrato do livro e devolver o adiantamento.*

"Ei, não está tão ruim assim", Joanie tentou me acalmar. "Podemos consertar. Mas a gente precisa subir." Ela pegou a bandeja do bolo e voltou para a cozinha com Susanne, enquanto eu as seguia em silêncio. Então, demos início à cirurgia.

Primeiro, retiramos com todo o cuidado a camada de suspiro com amêndoas do topo e reservamos. Em seguida, raspamos a massa crua do meio, expondo o recheio de groselha-espinhosa. Depois colocamos o suspiro de volta sobre o recheio. O bolo ficou bem esquisito, uma espécie de torta desajeitada entre *cheesecakes* e tortas de nozes austeras e elegantes que havia sobre a mesa. Mas pelo menos a massa crua ofensiva tinha desaparecido. Eu me esgueirei de volta para minha cadeira ao lado de Max no jardim, que me olhou, curioso, querendo saber onde eu tinha me enfiado. E contei a ele sobre a cirurgia que tínhamos acabado de fazer. Murchei na cadeira, e ele passou o braço sobre meus ombros.

No entanto, por incrível que pareça, todos os convidados se fartaram com o meu *Hannchen Jansen*. Surpreendentemente, foi o primeiro bolo da mesa lotada a desaparecer, e durante toda a tarde as pessoas elogiaram. Eu respondia com um sorriso amarelo, convencida de que Joanie tinha pedido a todos que comessem o bolo, a fim de aliviar meu sofrimento. Ischen, a boleira premiada, até me pediu a receita. "Eu ainda preciso ajustar algumas coisas", respondi, evasiva, procurando piedade em seus olhos, sem de fato encontrá-la. "Mando quando terminar."

No fim do dia, todos reunidos no jardim na frente da casa para uma foto em grupo – Joanie e Dietrich, os filhos e netos e irmãos, e mais as pessoas que foram ao casamento dos dois, cinquenta anos antes. Dietrich ainda cabia no terno cinza-escuro que usara no dia. Minha câmera capturou o momento, e, mais tarde, em casa, olhei para a foto no computador e o que vi foi uma grande família feliz, eu e Max incluídos.

O mais estranho foi que, na manhã seguinte, quando me sentei para escrever sobre aquele desastre, as palavras simplesmente fluíram. E, depois disso, foi como se uma barragem tivesse sido rompida. Todas as palavras que tivera tanta dificuldade de invocar estavam surgindo, aos poucos, uma página de cada vez. Era a escrita que estava me dando forças para cozinhar, e não o contrário.

Hannchen Jansen (bolo de creme de groselha-espinhosa)

Rendimento: um bolo em camadas de 20cm de diâmetro

Hannchen Jansen é um bolo de aparência desajeitada e meio grandalhão, com cobertura de suspiro e recheio de creme, mas é delicioso. Talvez você tenha dificuldade para encontrar groselhas-espinhosas onde mora, mas o bolo fica igualmente gostoso se você usar outras frutas frescas como groselha, amora ou framboesa. Eu não usaria nada mais doce que isso – a ideia é que o recheio azedinho compense todo o açúcar e o creme da receita.

- manteiga e farinha para untar as fôrmas
- 1¼ de xícara de farinha de trigo
- ½ colher (chá) de bicarbonato de sódio
- ½ colher (chá) de fermento em pó
- ½ colher (chá) de sal, mais uma pitada
- 8 colheres (sopa) de manteiga sem sal ligeiramente amolecida
- 1 xícara mais 5 colheres (sopa) de açúcar
- 2 ovos grandes
- ½ xícara de iogurte natural
- 1 colher (chá) de essência de baunilha
- raspas da casca de ½ limão-siciliano orgânico
- 3 claras de ovo
- ¼ de xícara de amêndoas fatiadas
- 2 xícaras de creme de leite fresco
- 340g de groselhas-espinhosas frescas, lavadas, sem as pontinhas e cortadas ao meio

1. Aqueça o forno a 175°C. Unte duas fôrmas de bolo de 20cm de diâmetro, forre o fundo com papel-manteiga e unte com manteiga o papel. Polvilhe com uma camada fina de farinha.
2. Numa tigela média, peneire a farinha, o bicarbonato de sódio, o fermento e ½ colher (chá) de sal. Reserve.

3. Numa tigela grande, bata a manteiga e 1 xícara de açúcar até a manteiga ficar bem leve. Junte os ovos, um de cada vez, raspando as laterais da tigela.

4. Misture o iogurte, a baunilha e as raspas de limão e acrescente metade dessa mistura à manteiga batida. Continue batendo até ficar homogêneo. Adicione metade da mistura de farinha e bata até a farinha ser incorporada. Despeje a mistura de iogurte restante na massa e bata até ficar homogêneo. Adicione a farinha restante e misture até que ela seja incorporada. Raspe as laterais da tigela.

5. Divida a massa uniformemente entre as duas fôrmas. Asse por 25 minutos, girando no meio do cozimento, até a massa ficar dourada e começar a crescer. Retire do forno e deixe esfriar sobre uma grelha por alguns minutos. Então, desenforme os bolos e deixe as camadas esfriarem de cabeça para baixo. Abaixe a temperatura para 160°C.

6. Coloque as claras numa tigela bem limpa e adicione uma pitada de sal. Bata até a mistura se tornar cremosa. Então, sem parar de bater, adicione lentamente 3 colheres (sopa) de açúcar. Continue batendo até as claras estarem em ponto de neve firme.

7. Usando uma das fôrmas de bolo, desenhe um círculo de 20cm de diâmetro num pedaço de papel-manteiga limpo e coloque o papel numa assadeira. Arrume as claras batidas uniformemente sobre o círculo e salpique com as amêndoas fatiadas. Leve a assadeira ao forno e asse por 30 a 40 minutos, girando no meio do cozimento.

8. Quando as amêndoas estiverem cheirosas e o suspiro, torradinho, desligue e deixe o suspiro esfriar completamente dentro do forno.

9. Quando todas as partes do bolo estiverem completamente frias, bata o creme para fazer o chantili. Misture as groselhas-espinhosas com as 2 colheres (sopa) de açúcar restantes ou a gosto. Reserve algumas colheres de chantili e então misture cuidadosamente as groselhas-espinhosas no chantili restante.

10. Coloque a camada inferior do bolo numa bandeja. Cubra com o chantili de groselha-espinhosa, deixando apenas uma pequena margem ao longo das beiradas. Coloque a segunda camada de bolo por

cima. Cubra a camada de cima com o chantili restante. Delicadamente, retire o suspiro do papel-manteiga e, com uma faca de serra, corte-o em 8 a 10 fatias (dependerá de quantas pessoas você pretende servir). Não se preocupe com a bagunça – as casquinhas de suspiro podem ser jogadas por cima do bolo. Arrume as fatias de suspiro sobre o bolo, corte-o em fatias com uma faca que esteja bem afiada e sirva.

29. Seja corajosa

Sempre me achei um tanto medrosa. Quando era menina, tinha medo de escuro, de monstros imaginários debaixo da cama e tinha pavor de vacina. No consultório, eu petrificava e era tomada pelo pânico à medida que a agulha se aproximava. Minha mãe me apertava e sussurrava em meu ouvido "Seja corajosa", até eu entregar o braço. No primeiro dia de aula do primeiro ano, tive uma crise de pânico. Agarrei desesperadamente as pernas de meu pai, certa de que não sobreviveria se ele me deixasse, enquanto ele tentava andar na direção da porta. Ele se abaixou e me abraçou. "Seja corajosa, Lui. Você consegue enfrentar isso, mas tem de ser corajosa." E à medida que fui crescendo, aprendi a dizer isso a mim mesma. Logo antes de uma entrevista, antes de entrar numa enorme festa do trabalho em que não conhecia ninguém, na primeira viagem de avião que fiz depois do 11 de Setembro. Não sou de fazer tatuagens, mas se fosse, esse seria o lema que marcaria em minha pele: *Seja corajosa*.

Tinha sido corajosa ao voltar para Berlim por uma história de amor em minha cidade natal. E, verdade seja dita, fora recompensada com felicidade e alegria. A história de amor estava emocionante e a mudança de continente corria bem, agora que a poeira estava baixando e minha vida diária estava entrando numa rotina agradável e fácil. A única coisa da qual realmente sentia falta era de ter amigas.

Em Berlim, eu trabalhava em casa, onde as únicas mulheres que havia estavam sentadas serenamente nas estantes. Eram boa companhia, devo admitir, mas um tanto paradas demais. Minha mãe e as amigas estavam sempre frequentando museus, passeando pela cidade e aventurando-se na colheita de frutas, mas, mal tendo completado trinta anos, sabia tão bem quanto qualquer um que é bom, importante até, ter amigas da mesma idade. Max não podia ser minha única vida social, nem eu queria que fosse.

Conversava com minhas amigas distantes por telefone e por Skype, aquela imagem instável de computador me enchendo de alegria. Teri, Jenny e eu passamos um fim de semana na casa de Betsy, em Londres, fofocando, fazendo compras e planos esperançosos de nos encontrar de novo alguns meses depois. Mas eu tinha um pouco de medo de fazer amigos em Berlim. Nem sabia por onde começar. Então, simplesmente não comecei. Dizia a mim mesma que conheceria gente nova, mas isso não acontecia. Um dia, Teri me deu uma prensa pelo telefone. "Você tem ao menos que tentar. É difícil! Eu sei. Mas você tem que tentar", disse ela, com muito jeitinho. "Nós sempre vamos ser suas amigas. Amamos você, Lu. Mas você precisa de gente aí ao seu redor. Você tem que ser corajosa."

Com as palavras de Teri ecoando em minha mente, fui a um encontro de jovens norte-americanas recém-chegadas a Berlim. Foi muito estranho. As meninas eram simpáticas, mas nenhuma delas falava alemão, e, para elas, Berlim era tão exótica quanto Fiji. Eu me senti deslocada e estrangeira, como se de repente estivesse no quinto ano de novo, incapaz de participar da conversa. Depois do jantar, andei por todo o caminho de Kreuzberg até a nossa casa, acompanhando os trilhos do metrô de superfície, passando pelos letreiros das lanchonetes e cibercafés.

No dia seguinte, numa caminhada solitária por Berlim, fotografei um casal de idosos caminhando de mãos dadas. E um edifício em ruínas que parecia ter acabado de sobreviver à Segunda Guerra Mundial ao lado de edifícios restaurados e bem-cuidados. Fotografei os grafites nas paredes e, de longe, um grupo de mesas numa calçada diante de um café. Mais tarde, em casa, passei as fotos para o computador e abri cada uma delas. Quando cheguei à imagem do grafite, congelei. Ali, sobressaindo com nitidez, havia duas palavras pichadas em vermelho, nas quais não tinha reparado antes: "*Sei mutig.*" Seja corajoso.

Depois disso, passei a dizer sim a todos os convites. Conheci uma moça simpática num chá na casa de um conhecido e perguntei se ela queria sair qualquer dia desses. Ela topou! Uma leitora do blog me mandou um e-mail perguntando onde comprar tortilhas de trigo em Berlim, e eu perguntei se ela queria tirar um dia para fazermos tortilhas juntas. E ela aceitou! Percebi que, especialmente numa comunidade de expatriados, ninguém tem dúzias de amigos. E, a cada ato de coragem, me sentia mais ousada. Logo estava fazendo amigos, amigos de verdade.

Uma dessas amigas era ainda mais misturada do que eu. Suzy era metade jordaniana e metade romena, mas crescera na Grécia, fez faculdade na França e viveu em Londres. Ela se mudou para Berlim com a família alguns meses depois de mim. O marido trabalhava nos arredores da cidade, e o resultado de ter que se deslocar toda semana de Londres para Berlim foi que a filhinha deles não o reconhecia quando retornava nas noites de sexta-feira. Para o bem de todos, Suzy decidiu se mudar com a família, sem saber uma palavra de alemão. É muita coragem!

E o melhor de tudo: Suzy era *a cozinheira*. Não estou falando de uma cozinheira de um restaurante nem de uma cozinheira caseira, como você ou eu. Suzy era uma Cozinheira com C maiúsculo, que não pensa em nada além de preparar um tabuleiro de bombinhas de chocolate numa tarde de terça-feira ou arrumar osso, carne e fígado de vitela para fazer um *tortelloni* caseiro digno de estrelas Michelin. Ela lia livros complicados de receitas como se fossem romances. Frequentar restaurantes três estrelas para ela era como um esporte. Tinha um diploma de uma escola inglesa de culinária na qual aprendera todos os molhos clássicos franceses, todas as massas e todos os macetes que eu teria levado anos para descobrir por conta própria. E ela estava disposta a dividir tudo isso comigo.

Suzy me ensinou a pingar limão, sal e *nanami togarashi* – um tempero japonês – em abacates fatiados e a fazer um delicioso pão árabe crocante com quinoa e funcho. Num jantar, ela fez um purê verde-claro e macio de alcachofras cozidas sobre o qual acomodou vieiras grelhadas e suculentas.

Na primeira vez que Suzy cozinhou para mim e um grupo de amigos, fez uma salada *niçoise* desconstruída: ela escaldou pequenas vagens, cozinhou batatinhas cerosas, preparou ovos cozidos, deixando as gemas com uma cor laranja exuberante, assou pequenos tomates em rama, acrescentou azeitonas suculentas e serviu tudo separadamente, para que cada um montasse sua salada. Foi a melhor salada *niçoise* da minha vida, não conseguia parar de comer. Nem de elogiar. Chorando interiormente, pensando: *nunca vou comer uma salada tão boa novamente*. Até a vez seguinte em que fui almoçar na casa de Suzy, e ela fez a salada de novo para mim. Ela é assim.

Mas Suzy também me encontrava para almoços marcados em cima da hora, saía comigo em pequenas caminhadas pela cidade, me fazia rir quando eu precisava e me levou revistas e um *brownie* macio quando eu estava no hospital com apendicite. Não demorou muito, mal conseguia me lembrar de um tempo em que não a conhecesse. Não podia mais imaginar Berlim sem ela.

E o engraçado de ter bons amigos é que você jamais consegue se lembrar de como era a vida antes de eles surgirem.

A melhor salada *niçoise*

Rendimento: 4 pessoas

O segredo desta salada, além de utilizar ingredientes de boa qualidade, é cozinhar todos os ingredientes separadamente, com antecedência, e montar a salada logo antes de servir. Isso requer tempo e alguns bons recipientes de armazenamento, mas vale a pena. Esta, sem dúvida, é a melhor salada *niçoise* que eu já comi.

- 1 funcho grande
- azeite de boa qualidade
- flor de sal e pimenta-do-reino moída
- 500g de tomates-cereja em rama
- 340g de vagem
- 4 ovos grandes, em temperatura ambiente
- 500g de batatas pequenas
- 1 colher (sopa) mais 1 colher (chá) de mostarda Dijon
- 2 colheres (sopa) de vinagre de vinho branco
- 1 lata de 250g de atum de qualidade em conserva (no azeite)
- suco de limão a gosto
- ½ xícara de azeitonas niçoise ou kalamata

1. Aqueça o forno a 120°C e forre uma assadeira com papel-alumínio. Corte o funcho horizontalmente em fatias finas e regue com um pouco de azeite, sal e pimenta. Coloque as fatias temperadas de funcho na assadeira e asse no forno por 40 minutos. Em seguida, coloque o funcho num prato e reserve. Ele pode ser armazenado num forno desligado por um dia.

2. Regue os tomates-cereja com azeite, polvilhe com sal e pimenta e coloque-os na assadeira. Asse no forno por 1h30. Em seguida, desligue o forno e deixe esfriar mantendo a assadeira lá dentro. Os tomates podem ser armazenados no forno desligado até um dia.

3. Corte as pontinhas das vagens e divida-as ao meio. Ferva uma panela de água com um pouco de sal. Adicione a vagem à água fervente e tampe. Cozinhe por cerca de 5 minutos, até que a vagem fique macia, mas levemente crocante. Escorra e jogue um pouco de água fria por cima para interromper o cozimento. Seque-as e guarde num recipiente forrado com toalha de papel; a vagem pode ser guardada na geladeira por até um dia, antes de ser servida.

4. Coloque uma panela pequena de água para ferver e, com cuidado, coloque os ovos na água. Cozinhe por exatamente 6 minutos; escorra e deixe esfriar. Quando estiverem frios, retire a casca e coloque-os num recipiente na geladeira por até um dia antes de servir.

5. Lave as batatas. Coloque-as numa panela e cubra-as com água fria e um pouco de sal. Deixe ferver e cozinhe por 20 minutos, ou até que você consiga espetar nelas um garfo com facilidade. Escorra e descasque-as ainda quentes. Mantenha-as num recipiente na geladeira por até um dia antes de servir.

6. Cerca de 30 minutos antes de você servir a salada, prepare o molho. Numa tigela, coloque a mostarda Dijon, sal e pimenta. Adicione o vinagre e misture bem. Em seguida, adicione ¼ de xícara de azeite num fio bem fino, mexendo sem parar, até obter um vinagrete suave e cremoso.

7. Retire os ingredientes da geladeira e deixe-os em temperatura ambiente por 30 minutos. Corte as batatas em fatias e tempere-as com

metade do vinagrete. Adicione sal e pimenta, se necessário. Arrume as fatias de batata nos pratos em que vai servir a salada.

8. Na mesma tigela que você usou para temperar as batatas, coloque a vagem e tempere com o vinagrete restante. Arrume a vagem sobre as fatias de batata e ao redor delas nos pratos.

9. Abra a lata de atum e escorra o óleo. Numa tigela, despedace o atum em fragmentos grandes e regue com o suco de limão, o azeite e uma pitada de sal. Divida o atum temperado entre os pratos.

10. Corte os ovos em quatro e arrume-os sobre os pratos (1 ovo por pessoa).

11. Finalize a salada com um pouco de funcho e um cacho de tomates no topo de cada prato. Acrescente algumas azeitonas. Regue com azeite e sirva.

30. Amigos e vizinhos

Em Nova York, as regras de sobrevivência diária que governam as calçadas e os metrôs (cabeça baixa, rosto impassível) também parecem se aplicar aos vizinhos. Você passa a maior parte da vida interagindo com eles como se tivessem o potencial de se transformar no tipo de gente que, sob o pretexto de pedir uma xícara de farinha, entra em sua casa para esquartejar você e roubar sua identidade. A lógica é a seguinte: tem gente louca na cidade inteira, então, quem garante que elas não moram no apartamento ao lado?

Na Alemanha, a norma é se relacionar bem com os vizinhos. Os alemães podem brigar com um pedestre porque ele atravessou a rua no sinal vermelho, mas tratam seus vizinhos com muito carinho. Uma amiga minha mora num prédio em que os vizinhos passam horas entre um lance e outro de escada, conversando, paquerando, fazendo negócios, e todo ano eles organizam festas na área comum. Outra me contou que seus vizinhos de porta são parte do motivo por que ela nunca vai se mudar. Ela deixa a porta aberta nos fins de semana para o filhinho poder ir e vir de um apartamento ao outro para lanchar e brincar.

Conheci nosso vizinho, *herr* Schulze, no dia em que visitei o apartamento pela primeira vez. Acidentalmente, toquei a campainha dele, e a porta se abriu quase no mesmo instante. Um senhor educado de cabelos brancos sorriu para mim. Pedi desculpas por incomodá-lo, mas ele não parecia nem um pouco incomodado. Deu uma piscadela e me disse para não me preocupar, o apartamento para alugar ficava do outro lado do corredor. *Hum*, pensei. Berlinenses têm uma reputação de serem, digamos, pessoas não muito fáceis quando abordadas sem aviso prévio, e ali estava ele, piscando e sorrindo para mim, apesar de eu tê-lo perturbado numa manhã de domingo. Decidi que isso era um bom sinal.

Quando nos mudamos, *herr* e *frau* Schulze nos receberam com um girassol plantado num vasinho e um convite para tomar café com bolo. Nós nos sentamos na cozinha, bebemos café e comemos grandes fatias de panetone com passas e, por fim, quando o café acabou, abrimos um espumante Asti em temperatura ambiente e conversamos sobre a infância dos dois. *Herr* Schulze tinha crescido a poucos quarteirões dali e nunca se mudara do bairro. Ainda se lembrava de brincar com os amigos nos edifícios bombardeados após a guerra. *Frau* Schulze crescera na Prússia Oriental e, depois da guerra, fez a perigosa viagem de Königsberg até Berlim, com a mãe e as irmãs. Ela contraiu o rosto ao contar, e em seguida ficou em silêncio. Muitos alemães morreram naquele período, de fome ou em assassinatos de represália, enquanto soldados soviéticos estupravam e saqueavam por toda a Alemanha. Não consigo imaginar o que ela pode ter presenciado.

Depois disso, os Schulze nos paravam quase todo dia para conversar e ver como estávamos, e nos convidavam para assistir a uma partida de handebol, para a qual tinham cadeira cativa, ou tomar uma bebida antes do jantar. No início era muito simpático, e me senti bem recebida no prédio. Mas logo comecei a me sentir invadida toda vez que Max e eu tínhamos que parar para uma conversa de vinte minutos com os Schulze no corredor. Eu me perguntava se o interesse deles por nossa vida não estava começando a ficar um tanto predatório. Decidi educadamente reduzir as conversas ao máximo e recusava qualquer oferta de passarmos mais tempo juntos. Estávamos ocupados com o trabalho, dizíamos, recusando com educação, ou havíamos acabado de sair para encontrar uns amigos. Por fim, eles entenderam e, às vezes, uma semana inteirinha se passava sem que os víssemos, embora Max, cujos vizinhos de porta de sua infância eram praticamente como avós para ele (já que seus avós estavam, infelizmente, do outro lado do Muro), nunca deixou de ser gentil com os dois, ajudando-os a comprar um lava-louça novo na internet ou a consertar o computador.

As outras pessoas pareciam ficar na delas. Dizíamos "*Guten Tag*" animados quando nos encontrávamos no corredor, como normalmente se faz na Alemanha, mas eu nem sabia o nome deles, e, embora suspeitasse que eu é quem tinha que ter me apresentado quando me mudara, os resquícios de nova-iorquina me mantinham afastada. Logo identifiquei uma norte-americana no segundo andar, um casal de homens no terceiro que eram tão parecidos que nunca conseguia distingui-los, uma família turca com três filhos no térreo e um casal boliviano-alemão de rosto magro que morava no terceiro andar e eram os zeladores do prédio. Foram os únicos que reclamaram da música alta na noite em que convidamos os amigos para uma festa, bem ao estilo mal-humorado de Berlim que eu esperava encontrar em nossos vizinhos.

Então, um dia, *herr* e *frau* Schulze, ou Hans e Brigitte, como insistiam que os chamássemos, nos falaram do churrasco que os moradores organizavam no pátio comum todo mês de junho. "É um evento maravilhoso", explicou Brigitte. "Nós reunimos todo mundo, fazemos churrasco, conversamos, nos divertimos, sabe como é." Ela sorriu para mim timidamente. "Queremos que vocês apareçam. Que fim de semana de junho seria melhor para vocês?", perguntou Hans, caneta pronta para escrever a data. Meu coração afundou. Olhei para Max, que tinha um olhar impenetrável e educado no rosto.

Uma noite inteira na companhia de gente que não queria conhecer? Eu me senti acuada, mas não via como dizer não. "Dia 10 de junho", falei. "A gente pode, com certeza. Não é, Max?" Ele deu de ombros e sorriu. Disse a mim mesma para pensar no lado bom: gostava de cozinhar para festas. "O que podemos levar?" Hans e Brigitte sugeriram uma carne para grelhar para nós dois e, se quiséssemos, uma salada ou outra coisa para dividir.

O dia do churrasco chegou, e do meu pequeno escritório no alto do prédio podia ouvir os vizinhos lá embaixo, arrumando o pátio e acendendo as duas churrasqueiras a carvão (uma para a família turca e uma para as costeletas de porco e salsichas dos outros). Eu tinha assado uma fornada de biscoitos, e Max lavou e encheu uma tigela grande com morangos que eu havia colhido pela manhã com Joanie e os netos dela numa fazenda em Potsdam. Mas eu ainda estava morrendo de medo da festa. E fiquei me perguntando o que Joanie estaria fazendo naquela noite e querendo estar em sua cozinha.

Arrastei os pés pela casa, conferi os e-mails uma, duas, três vezes, limpei a bancada da cozinha e arrumei o quarto, enquanto Max esperava por mim pacientemente na sala de estar. Por fim, meia hora depois do início oficial da festa, descemos, levando os biscoitos e os morangos debaixo do braço. "Vamos ficar só uma hora, tudo bem?", sussurrei para Max na escada.

No pátio, todos os vizinhos estavam reunidos. A família turca comandava uma das grelhas, virando hambúrgueres caseiros e picantes de cordeiro e peitos de frango macios. Os alemães se revezavam na outra grelha, onde salsichas de diferentes tamanhos assavam lentamente. A família que morava embaixo de nós, um casal germano-iraniano e os três belos filhos, levou panelas de arroz *pilaf* e um molho picante de abobrinha e frango desfiado. A vizinha norte-americana levou uma bacia de plástico cheia de salada de macarrão. E tinha manteiga de alho feita em casa para passar no pão turco *pide* esquentado na brasa. Max e eu colocamos na mesa o que havíamos trazido e nos sentamos, ligeiramente deslocados, como alunos novos na escola.

Meus vizinhos organizavam aquela festa todos os anos havia vinte anos. E se consideravam bons amigos, mesmo que muitos deles se chamassem pelo sobrenome e usassem o pronome formal *"Sie"* (alemães são um povo formal). Entre eles, havia *herr* Reichenberger, um homem alto de rosto marcado e cansado que morava no prédio nos fundos do jardim e que perguntou à sra. Moore, a norte-americana, uma professora de direito que morava no apartamento ao lado do dele, se suas sessões de rock'n'roll tarde da noite nunca a incomodavam. Havia o gentil *herr* Kruse, que gostava de vigiar a rua do banco do motorista de seu sedã Volkswagen vermelho, acenando com alegria para todos os que passavam por ele na calçada. Havia os Ergün, cujos filhos de olhos escuros nasceram em Berlim, mas que só falavam turco entre si, sentados timidamente a uma mesa separada.

E havia o *herr* Schiller, que tinha se mudado para o prédio em 1945, aos quatro anos de idade, e nunca mais saíra dali. Depois do bombardeio aliado em Berlim, nosso prédio, construído no início do século XIX, foi o único que sobrara no quarteirão. Mas a escada de ferro fundido da construção ao lado permaneceu, com uns cinco andares de altura, e ele subia até o topo dela com os amigos para vigiar o bairro lá do alto. Foram necessários dez anos para que aquela escada fosse demolida e um prédio residencial largo pós-guerra surgisse em seu lugar. Tentei imaginar como a nossa rua limpa e arrumada deve ter ficado sob uma pilha de escombros e fiquei impressionada.

"Seu apartamento é onde ficava a lavanderia!", disse ele com uma risada, explicando como, até o início de 1990, as pessoas subiam até o último andar para lavar roupa no sótão e depois estender para secar sob o beiral da casa. Ele também se lembrava de quando ainda era criança e seu pai e os outros homens do prédio iam até o outro lado de Charlottenburg no primeiro dia do mês pagar o aluguel. Mas a senhoria, *frau* Schwarzer, não era uma proprietária qualquer. Era uma senhora com faro para o setor imobiliário, dona de vários prédios e que requisitava que o pagamento fosse feito pessoalmente no primeiro dia do mês em seu escritório, num bordel perto de Savignyplatz. Aqueles que pagassem o aluguel em dia ganhavam um taça de Schnaps de graça. Outra rodada se seguia e, inevitavelmente, o grupo acabava num bar ali perto, acompanhado das meninas de *frau* Schwarzer pelo restante da noite. O que *herr* Schiller se lembrava mais especificamente era das esposas em casa, esperando, furiosas, que os maridos bêbados voltassem, e das brigas que se seguiam, ecoando das janelas abertas para o pátio embaixo.

No fim do verão de 1988, o ano em que voltei a morar com minha mãe, estava apreensiva e inquieta antes do primeiro dia de aula. Quisera desesperadamente voltar para Berlim, mas ali no escuro do meu quarto, só com meus pensamentos, fiquei preocupada com o que encontraria na escola no dia seguinte, os colegas sem rosto que me esperavam. *Será que iam ser legais?*, me perguntava. *Queria tanto que fossem legais*. De repente, vi meu pai no apartamento de Brookline, sozinho, e tive uma crise de dor de barriga.

Naquela noite, minha mãe tinha saído para jantar com Florian na casa dos amigos Muck e Jürgen. Quando chegou, entrou no quarto para me dar um beijo de boa-noite. "Trouxe uma coisinha", ela sussurrou, puxando uma tigela de cerâmica azul de dentro da bolsa. "Muck fez *rote Grütze* e separou uma tigelinha para você." Espiei e vi uma sobremesa vermelho-escura salpicada com sementes e cerejas quase negras. "Tem até calda de baunilha." Ela me mostrou o jarrinho e levantou o plástico para eu cheirar. A calda tinha um aroma leitoso e adocicado. Ela ergueu uma colher que trazia escondida atrás das costas e me deu, e eu peguei um pedacinho de *rote Grütze*; era frio e agridoce. As sementes quebravam com um barulhinho em meus dentes. E a sobremesa tinha gosto de nada mais, nada menos que verão concentrado numa tigela.

"Você pode comer o resto no café da manhã. Agora é hora de dormir. E pare de se preocupar com o dia de amanhã. Vai dar tudo certo. *Sogni d'oro*", disse ela, levantando-se e alisando meu cabelo. Então saiu, e a porta do quarto se fechou de novo. Podia ouvir sua voz suave misturando-se com a de Florian do outro lado da parede, as tábuas do assoalho rangendo a cada passo que eles davam no corredor.

Com aquelas rápidas colheradas de *rote Grütze* na barriga, fui tomada de uma calma e de um calor. Adormeci pensando que estava no lugar certo.

Depois do jantar no pátio do prédio, quando o céu escureceu, Brigitte trouxe duas tigelas grandes de *rote Grütze*, cheias de cerejas gordinhas, framboesas doces e groselhas azedinhas. Cada um se serviu por conta própria, e até as crianças turcas se levantaram para pegar um potinho e cobrir com a calda fria de baunilha.

Enquanto comíamos, Brigitte confessou timidamente que, na verdade, quem sempre trazia o *rote Grütze* era *frau* Romero, a mulher que morava no apartamento em que Max e eu alugáramos. Era a sobremesa essencial, sem ela a festa não seria a mesma. Assim, desde que ela morrera, Brigitte passara a fazer o *rote Grütze*. De repente, fiquei envergonhada por não saber desse pequeno detalhe. "Eu teria adorado preparar o *rote Grütze*! Tenho uma receita excelente", eu disse. "Fica para o ano que vem", disse

Brigitte, sorrindo, e, em seguida, sussurrou em meu ouvido: "*Frau* Romero comprava o dela pronto. O meu é feito em casa."

Quando a última luz desapareceu do céu depois das onze da noite, Max e eu demos boa-noite e subimos os quatro lances de escada de volta para casa. Deitados lado a lado no quarto antes de dormir, podíamos ouvir os últimos vizinhos ainda no pátio, conversando baixinho e rindo, as vozes chegando até a nossa janela. Revivi a mesma sensação de calor de todos aqueles anos antes, quando fiquei ouvindo Florian e minha mãe murmurando na sala ao lado depois de comer o *rote Grütze* de Muck. "Não foi nem metade do que achei que seria", sussurrei para Max. "São todos tão simpáticos..." Eu podia ver seu rosto se virando para mim. "Não acredito que estou dizendo isso, mas mal posso esperar pelo churrasco do ano que vem."

Rote Grütze com calda de baunilha

Rendimento: 6 porções

Rote Grütze é uma sobremesa de verão em que se cozinham rapidamente framboesas, ginjas e groselhas com suco, um pouco de açúcar e amido de milho para engrossar. A *rote Grütze* de Muck, que para mim é uma das melhores, tem uma base de purê de ameixas-selvagens que, em alemão, se chama *Spillinge*. Já que o restante de nós não tem acesso a essa preciosidade azedinha e carmesim, adaptei a receita com suco de ameixa ou suco de cereja (sem açúcar). Consistente e macio, doce e azedo, além de refrescante, no *rote Grütze* as frutas vermelhas se harmonizam com uma colherada de creme de baunilha (receita a seguir). Não deixe de fazê-la.

ROTE GRÜTZE

- ¼ de xícara de amido de milho
- 2 xícaras de suco de ameixa ou de cereja, sem adição de açúcar
- ¼ de xícara de açúcar (gosto do meu *Grütze* mais azedinho, mas você pode acrescentar mais açúcar se preferir)

- Sabores opcionais: casca de limão ralada, fava de baunilha, canela em pau
- 2 xícaras de framboesas
- 2 xícaras de groselhas, fora do cacho
- 2 xícaras de ginjas, sem caroço

1. Numa tigela pequena, coloque a maisena e mexa com ¼ de xícara de água até o líquido ficar homogêneo, sem empelotar. Reserve.

2. Numa panela de fundo grosso de 4l, coloque o suco e o açúcar (caso queira acrescentar um dos sabores opcionais, adicione-o nesse momento). Leve em fogo médio e mexa até o açúcar dissolver. Adicione as frutas e levante fervura.

3. Mexa novamente a mistura de maisena e despeje-a na panela assim que o caldo de frutas começar a borbulhar. O *Grütze* começará a engrossar quase imediatamente. Deixe ferver e retire do fogo. Caso use fava de baunilha ou canela em pau, retire-os da panela.

4. Transfira o conteúdo da panela ainda quente para uma tigela grande ou para pratos individuais e deixe esfriar completamente antes de levar à geladeira por uma noite. Sirva frio, com uma jarra de calda de baunilha (veja a seguir).

CALDA DE BAUNILHA

- 2 colheres (sopa) de amido de milho
- 2 xícaras mais 2 colheres (sopa) de leite integral
- ¼ de xícara de açúcar
- ½ fava de baunilha, cortada ao meio e raspada, sementes reservadas
- até ¼ de xícara de creme de leite (opcional)

1. Preparar um banho-maria de gelo.

2. Coloque o amido de milho numa tigela pequena e acrescente duas colheres (sopa) de leite, mexendo até ficar homogêneo, sem formar caroços. Reserve.

3. Despeje as 2 xícaras de leite numa panela de 2l. Adicione o açúcar, a baunilha e as sementes de baunilha. Coloque em fogo médio e, sem parar de mexer, deixe ferver.

4. Assim que o leite ferver, acrescente a mistura de maisena, batendo muito lentamente. A calda começará a engrossar imediatamente. (Se você gosta de caldas mais finas, use um pouco menos da mistura de maisena; se gostar de caldas espessas, use toda a mistura.) Bata por alguns segundos, até que a calda esteja completamente homogênea. Em seguida, retire-a do fogo.

5. Coloque a panela no banho-maria de gelo para interromper o cozimento (tomando cuidado para que a água fria não caia dentro da calda) e continue batendo até a calda esfriar consideravelmente. Se você quiser diluir a calda, acrescente creme de leite, sem parar de bater, até obter a consistência desejada.

6. Sirva a calda de baunilha em temperatura ambiente com o *rote Grütze*, ou refrigere até o momento de servir (se a calda engrossar na geladeira, simplesmente bata com um pouco mais de leite, ou creme de leite, até obter a consistência desejada).

31. Uma jornada e tanto

Meu primeiro verão de volta a Berlim foi quente, como se os deuses quisessem me compensar pelo longo e tenebroso inverno que tanto me desafiara. O sol brilhou por semanas, e o tempo estava perfeito, mesmo quando nossa casa no sótão se enchia do vento quente desértico que soprava por entre os tornozelos. Era um calor incomum para o norte da Alemanha. À noite, em vez de ligar o ar-condicionado, eu mergulhava toalhas de banho em água fria e me enrolava nelas até dormir. Quando comprávamos casquinhas de sorvete perto de casa, tínhamos de tomar depressa, antes que o creme, derretido, escorresse pelas mãos. E regávamos os tomates e as flores na varanda de manhã e de noite, já que eles murchavam de um jeito preocupante sob o sol do meio da tarde.

Mas os tomates que prometi a mim mesma que plantaria estavam crescendo no calor, aninhados contra uma parede que pegava sol a tarde toda. Tomatinhos verdes tinham acabado de se encher de cor, e nem Max nem eu resistíamos a pegar um punhado para enfiar na boca quando passávamos por eles. Às vezes, era tudo o que conseguíamos comer, além de picles direto da geladeira, sopas frias e sanduíches de queijo preparados rapidamente sob a estranha luz que caía sobre a cidade por volta das dez da noite.

Com pé-direito de três metros, os apartamentos da Berlim da virada do século eram perfeitamente adequados para resistir a uma onda de calor, permanecendo frescos e escuros. Mas nosso apartamento, construído há menos tempo, tinha um isolamento muito ruim, e logo o ar dentro de casa se tornava opressivo. Houve um dia em que mal podíamos respirar. Na manhã seguinte, eu estava com um leve pânico.

"Não sei se vou aguentar outro fim de semana assim", disse a Max, que estava deitado no piso frio da cozinha. Minha mãe estava na Itália, e o apartamento dela, um desses antigos que graças a Deus permanecia fresco, estava vazio. "Será que a gente não devia passar o fim de semana na casa dela?", eu perguntei. Max ficou deitado em silêncio, pensando, e então se sentou num sobressalto. "Não. Tenho uma ideia melhor. Vamos para a praia. Você nunca foi ao Báltico e não fica tão longe. É a época perfeita. O clima aqui é tão instável que, em geral, não tem muito sentido dirigir tanto para o norte. Mas a previsão é de que o clima fique assim por semanas. E se sairmos em uma hora chegaremos na hora do almoço." Seus olhos brilhavam. "Agora? Neste instante?", perguntei, incrédula. Não costumávamos fazer planos para viagens de fim de semana numa manhã de sexta-feira. "É, agora", respondeu ele. "Não precisamos de muito além do carro e de roupa de banho." E acrescentou: "Além disso, vai ser uma espécie de comemoração. Pense nisso: há um ano, num fim de semana, você veio me ver em Berlim pela primeira vez. E agora você está aqui, morando aqui. Comigo!" Eu me juntei a ele no chão, e nós ficamos lá, sentados e sorrindo um para o outro. Era um bom argumento. A gente tinha que comemorar.

Enquanto Max arrumava nossas coisas, liguei para alguns hotéis. Estavam todos lotados, exceto uma pensão numa cidade chamada Ahlbeck, que tinha um quarto vago. "Mas são duas camas de solteiro, e o banheiro fica no corredor", disse a recepcionista, desculpando-se. Em seguida, acrescentou: "A praia fica a menos de quarenta metros." Era tudo o que precisava saber. "Fechado!" Colocamos uns sanduíches e um punhado de tomates num saco plástico e descemos correndo as escadas até o carro, tomados de empolgação.

Para alguém parcialmente criado na Alemanha, eu conhecia pouco do país além de Berlim. Tinha feito algumas viagens com a escola até a Baviera, e fui com regularidade a Frankfurt e a Munique ao longo de minha vida editorial. Mas a enorme região ao norte e em torno de Berlim, todo o caminho até o mar, na fronteira com a Dinamarca, eu desconhecia. Enquanto dirigíamos para o norte, rumo ao mar, passamos por campos de papoulas, aerogeradores eólicos e vacas. O carro não tinha ar-condicionado, mas as estradas estavam tão vazias que logo abrimos as janelas e respiramos o ar fresco e limpo enquanto comíamos os sanduíches.

Como Max previra, chegamos a Ahlbeck na hora do almoço. Era uma cidade de veraneio da virada do século, cheia de casas em tons pastel que haviam sido restauradas após a reunificação alemã. Nossa pensão ficava numa dessas casas, e o quarto, com as duas camas de solteiro, era limpo e simples. Deixamos nossas coisas e fomos direto para a praia. Quando entramos na água fria, foi um alívio. Nadamos e lemos até depois do pôr do sol, ouvindo o barulho calmo das ondas e observando as gaivotas sobrevoando um cais distante. Para o jantar, escolhemos um restaurante aconchegante na praia, e comemos arenque frito e salada de batata, acompanhados de tulipas de cerveja gelada. Naquela noite, deixamos as janelas abertas para ouvir o barulho do mar e deixar o ar fresco entrar.

No dia seguinte, deitamos um ao lado do outro na areia, relembrando o verão anterior, quando eu ainda estava em Nova York e Max em Berlim, os dois tímidos, tentando, com cuidado, definir os passos seguintes. Numa das viagens de Max até Nova York, no fim do verão, passamos um dia em Fire Island. Ele ficou maravilhado com as casinhas, as trilhas tranquilas e o azul profundo do Atlântico, e almoçamos no bar de um restaurante, comendo hambúrgueres enquanto olhávamos as ondas na beira do cais. Estávamos nos conhecendo de novo. Era tudo tão empolgante, mas familiar ao mesmo tempo. No fim do dia, com a praia vazia, logo antes de começarmos a arrumar nossas coisas para voltar à cidade, uma corça caminhou lentamente até a praia para fuçar uma lata de lixo, enquanto observávamos a distância.

Um ano depois, ali estávamos, em Ahlbeck, e embora a vista fosse relativamente parecida – uma praia calma, as ondas quebrando, os gritos roucos das gaivotas –, nossa vida era tão diferente. Fechei os olhos, deitada na praia, sentindo a areia quente na minha nuca. Naquela tarde, compramos sanduíches de peixe numa lanchonete de um shopping ali perto. Grandes pedaços de cavala e hadoque defumados com alface fresquinha em fatias crocantes de pão branco. Os sanduíches estavam tão bons e estávamos com tanta fome que assim que terminamos fomos comprar mais dois. À noite, vimos a tirinha de luz do sol vermelha no horizonte, delineando a fronteira entre a água e o céu.

Quando chegamos em casa no domingo, foi como se tivéssemos passado uma semana fora. Embora a onda de calor tenha durado mais duas semanas, por algum motivo não foi mais tão insuportável. Afinal de contas, embora não tivéssemos o ar fresco da noite ou o escuro mar Báltico a quarenta metros da porta de casa, tínhamos uma fonte inesgotável de arenque em conserva e peixe defumado a apenas dez minutos do prédio. A Rogacki era uma loja famosa de Berlim que ainda defumava os próprios peixes, desde espadilhas minúsculas e douradas a grandes postas de salmão rosa, atum, halibute e muito mais. Eles também vendiam todos os tipos de arenque que se pode imaginar: em conserva, enrolados e em salmoura. Então achei que um estoque constante dos peixes da Rogacki poderia ajudar a prolongar nossas miniférias.

Sempre tive uma queda por arenque em conserva, que na Rogacki era vendido em filés inteiros e com pele numa salmoura forte de vinagre. Era chamado *Bismarckhering*, o que sempre me fazia evocar uma imagem de um peixe sério, de bigode e rosto comprido, talvez até de capacete. Os alemães almoçam esses filés no pão branco com picles ou cortam em pedacinhos e misturam na salada de batata. Eles colocavam pedaços de *Bismarckhering* até em *aspic* de vinho branco, mas eu arriscaria um palpite de que a combinação de *aspic* gelatinoso com arenque em conserva deve agradar a apenas umas... sete pessoas no mundo inteiro.

Quando eu era criança, achava que arenque em conserva era tão apetitoso quanto um pano de chão úmido. Em nossas viagens à Filadélfia, para visitar meus avós, a geladeira estava sempre cheia à nossa espera. Mantendo a tradição das avós judias, minha avó Ann perguntava no café da manhã o que iríamos querer para o almoço, e no almoço perguntava sobre o jantar. Ela fazia uma caçarola de macarrão com tomate enlatado, peras cozidas e carne assada. Tinha também salada de repolho e suco de ameixa, cubinhos de gelatina e tomates coração-de-boi. E, para meu pai, sempre tinha arenque em conserva e cebola com molho de creme. Ele e meu avô Dave colocavam o peixe sobre um *bagel* torrado e cortado ao meio e comiam com um sorriso no rosto. Eu tinha aprendido a me comportar à mesa na marra, noite após noite, educada tanto por meu pai quanto por minha mãe, mas precisava de um autocontrole de outro mundo para não cair da cadeira de tanta repulsa.

No entanto, um dia, todas as menininhas crescem, e, ao longo do caminho, algumas chegam até a descobrir que seus pais talvez não estivessem tão errados assim. Aprendi a amar arenque em conserva num ano aventureiro na faculdade, quando vi meu pai comendo-o em fatias quadradas de pão ázimo, o biscoito neutro a superfície perfeita para os pequenos pedaços de peixe aveludado e vinagroso. Por muitos anos depois, esse era o único jeito que eu comia arenque. Comprava um pote de arenque em conserva e uma caixa de pão ázimo e fazia os dois durarem semanas, tirando um pedaço ou dois de peixe do pote e meio quadrado de pão toda noite, antes do jantar, até acabar.

Agora, com o cabelo ainda grosso e cheio de sal da praia, os dois famintos por mais do que só um aperitivo, decidi fazer do arenque o centro da refeição. Achei duas batatas no jarro de pedra debaixo da pia, umas beterrabas dando sopa na geladeira e peguei um pote de picles azedinho. Fervi as batatas e a beterraba e, quando elas esfriaram, cortei em cubos grandes, junto com o arenque e o picles, arrumando tudo em camadas numa grande tigela branca e observando, até descobrir o que poderia estar faltando. Piquei uma grande quantidade de salsinha e acrescentei à tigela, para então temperar a salada. Nesse ponto, as beterrabas já tinham soltado a tinta, manchando num instante as batatas e o peixe de rosa. Provei o tempero, tentando pegar um pouco de cada ingrediente no garfo. O sabor forte do peixe precisava do gosto simples e adocicado da beterraba e da batata, e os picles acrescentaram uma textura muito necessária para uma salada que, de outro modo, teria ficado macia demais. O molho era forte o suficiente para unir os elementos díspares, enquanto a salsinha dava um toque de frescor.

Eu estava apreensiva sobre o que Max ia achar da salada; arenque não é a praia de todo mundo. Mas quando ele entrou na cozinha, arregalou os olhos. "*Bismarckhering*?" Assenti. "Com batata, picles e beterraba", disse, apontando, esperançosa, as outras coisas na tigela. "Parece bom", respondeu Max, e se serviu três vezes durante o jantar, limpando o restinho rosado de molho agridoce do fundo da tigela com um pedaço de pão. Não demorou muito e começamos a fazer planos de voltar a Ahlbeck no verão seguinte e no outro depois daquele: nossa primeira tradição no que esperávamos ser uma longa vida de aniversários de namoro.

Salada de arenque em conserva com batata e beterraba

Rendimento: 2 porções (como uma refeição leve)

Se você tiver onde comprar arenque fresco curado, não pense duas vezes. Caso contrário, um pote de arenque em conserva do supermercado dá conta do recado. Misture a salada apenas antes de servir, para que as beterrabas não soltem muita tinta. Sirva com um pão de casca grossa para mergulhar no molho.

- ¾ de xícara de arenque em conserva drenado; ou 2 filés cortados em pedaços pequenos (caso você tenha onde comprar arenque fresco curado)
- 1 pepino em conserva grande, bem picado
- 2 batatas-inglesas médias cozidas em temperatura ambiente, descascadas e cortadas em cubos
- ½ xícara rasa de salsinha picada
- 1 colher (chá) de mostarda Dijon
- sal e pimenta-do-reino moída
- 1 colher (sopa) de vinagre de vinho branco
- 3 colheres (sopa) de azeite extravirgem
- 3 beterrabas pequenas cozidas ou assadas em temperatura ambiente

1. Coloque o arenque, o pepino, as batatas e a salsinha numa tigela de servir.

2. Coloque a mostarda numa tigela pequena e adicione sal e pimenta a gosto. Mexendo com um garfo ou um batedor pequeno, adicione o vinagre e então regue com azeite até que o vinagrete tenha emulsificado. Despeje o vinagrete sobre a salada e misture bem.

3. Pouco antes de servir, descasque e corte as beterrabas em cubos médios. Adicione à salada e misture tudo uma ou duas vezes. Espere até o último minuto para adicionar a beterraba, assim você poderá observar as cores da salada se misturando como uma aquarela.

32. Subindo a temperatura

Havia muito tempo que eu já superara a crise da falta de verduras. Agora, dificilmente me chateava com alguma coisa. Estávamos no auge do verão e os mercados de Berlim, com seus toldos de lona listrados, estavam entupidos de alface, tomates reluzentes, pepinos, cogumelos frescos e uma aparentemente interminável variedade de frutas selecionadas de produtores locais. Max e eu comíamos salada todos os dias e saíamos para andar de bicicleta na floresta de Grunewald, em Berlim, sempre que podíamos, o ar quente alisando nossas pernas nuas enquanto pedalávamos. Os dias se mesclavam uns aos outros, e eu me sentia como se estivesse vivendo numa nuvem de alegria a maior parte do tempo.

A única coisa que ainda faltava ajustar era a falta de tempero. Os alemães, ao que parece, são alérgicos a especiarias. E quando digo especiarias, quero dizer pimenta. Pimenta de verdade. De arder os olhos, formigar o bumbum e rachar a língua.

Fui a um restaurante mexicano e implorei que meu taco de carne de porco picadinha viesse picante. O garçom assentiu educadamente, e, quando o taco chegou, estava no ponto certo de sal, mas não havia nem uma lasquinha de pimenta à vista. Fui a duas lanchonetes vietnamitas, imaginando que nelas seria impossível evitar a pimenta – o que era um *banh mi* sem os *jalapeños* e o molho Sriracha além de um simples sanduíche de presunto? Infelizmente, em ambos os lugares o *banh mi* era nada mais do que um sanduíche de presunto. Nem o molho apimentado que era colocado nos sanduíches turcos de kebab serviam para fazer a testa suar.

Então decidi esquentar as coisas em casa. Max e eu enchemos a geladeira com *sambal* indonésio, *gojuchang* coreano e o molho vietnamita

Sriracha, que comprávamos nos mercados asiáticos que haviam pipocado por toda Berlim nos últimos dez anos. Colocávamos as pastas e os molhos no feijão cozido, no repolho e nos ovos fritos. Se a cidade não me oferecia a pimenta que eu tanto queria, iria atrás dela por minha conta. Estocávamos pimenta seca mexicana que os amigos traziam dos Estados Unidos; pedi a minha mãe para mandar da Itália pimenta seca da Calábria; e desafiávamos um ao outro para ver quem enchia mais o prato com o molho de pimenta.

Quando chegou o aniversário de Max, em julho, no meio da onda de calor, eu o convenci a dar uma festa em casa. Nossa sala de estar era do tamanho ideal, com bastante espaço para uma pista de dança no fim da noite. "Você não vai ter que fazer nada além de comprar a cerveja", eu disse. "Eu cuido da comida, e todo mundo vai se divertir. Vamos lá! Só se faz 34 uma vez." Queria comemorar o aniversário dele com todos os nossos amigos e uma boa mesa de comida. Meu aniversário era no inverno, quando os dias são curtos e frios, então acreditava piamente que aniversários no verão precisavam ser comemorados em grande estilo, tirando o máximo de proveito dos dias longos e das noites quentes. E, na Alemanha, aniversários são assunto sério, mesmo o dos adultos. Mal podia esperar para começar a trabalhar e a planejar o cardápio.

Cozinhar para muita gente requer algum planejamento. Queria servir uma refeição bonita, com muitas cores e texturas, como uma salada refrescante para contrastar com o calor lá fora, e algo que as pessoas pudessem comer com as mãos, mas que também não exigisse muito guardanapo, já que elas iriam estar dentro de casa, caminhando até a varanda para fumar um cigarro e voltando até a sala. E como Max se jogaria na frente de um carro por uma boa almôndega, sabia que elas tinham de estar no cardápio.

Escolhi um macarrão frio asiático feito com amendoim e bastante pasta de alho com pimenta. Planejei fazer uma travessa enorme de *brownies* de cacau ligeiramente mal-assados para que mantivessem o interior bem melado. E a estrela da noite, para meu amante de almôndegas, o alemão apaixonado por pimenta, uma enorme panela de almôndegas mexicanas recheadas com cebola picada e abobrinha, num delicioso molho de pimentas chipotle e tomate. Max aprovou o cardápio na mesma hora. Tudo liberado para a festa.

No entanto, na véspera, no último minuto em termos de cozinha, comecei a ficar preocupada com a ideia de servir tanta pimenta para nossos amigos alemães. E se eles não conseguissem passar da primeira garfada? *Não posso fazer isso com eles*, pensei. Queria que a comida da festa deixasse as pessoas limpando os pratos e implorando por mais, e não correndo até as torneiras com lágrimas nos olhos. Então, fui até o açougue do mercado orgânico e, a contragosto, comprei uma peça grande de ombro de porco para fazer um *goulash* com bastante páprica, cebola e chucrute. O resultado final foi um prato robusto e meio avermelhado que parecia mais comida de inverno, mas estava muito gostoso. "Assim é mais seguro", murmurei para mim mesma enquanto limpava a cozinha, já tarde da noite.

No dia seguinte, Max demonstrou bastante autocontrole e manteve distância da panela de almôndegas mexicanas enquanto arrumávamos a mesa e a sala de estar. Quando nossos amigos chegaram, logo a mesa ficou cheia, todos enchendo os pratos de papel e pegando garfos. Depois de uma hora, mal podia acreditar no que via. A panela de macarrão picante de amendoim (eu tinha feito o triplo da receita original) estava quase vazia. A de almôndegas mexicanas tinha uma única almôndega (que Max olhava ferozmente do outro lado da sala). Mas o *goulash* de porco sem pimenta estava inteiramente intocado.

No decorrer da festa, que durou até as quatro da manhã, as pessoas vieram me perguntar, abanando a boca. "O que tinha no macarrão? As almôndegas estavam maravilhosas! Preciso da receita. E de outra cerveja." Na hora de arrumar a bagunça, a única coisa que ainda havia na mesa era o *goulash*. E enquanto arrastávamos a pesada panela de ferro fundido de volta para a cozinha para congelar, Max me disse: "No ano que vem, você pode fazer uma porção tripla de almôndegas? Eles comeram tudo antes de eu chegar à mesa."

Almôndegas em molho de tomate e chipotle

Rendimento: cerca de 34 almôndegas de 4cm

Esta receita foi adaptada de *The Cuisines of Mexico* [As cozinhas do México], de Diana Kennedy. Adoro que as almôndegas sejam recheadas com abobrinha em cubinhos e cebola. Mas o melhor de tudo é que não preciso dourar as almôndegas, o que sempre faz a maior bagunça. Você simplesmente prepara um molho de tomate e pimenta chipotle e joga as almôndegas cruas para cozinhar no molho, e o resultado são almôndegas macias e deliciosas e um fogão limpinho. A quantidade de molho da receita é enorme, mas ele é tão bom que duvido que você ache isso ruim. Sirva para um grupo grande (a receita pode facilmente ser dobrada ou triplicada, como Max gostaria que eu tivesse feito) ou num jantar, com arroz branco para acompanhar.

ALMÔNDEGAS

- 340g de carne de porco moída
- 340g de carne de boi moída
- 1 abobrinha média
- 8 grãos de pimenta-do-reino preta
- ¼ de colher (chá) de sementes de cominho
- ¼ de colher (chá) de orégano mexicano seco
- 2 ovos, levemente batidos
- ⅓ de xícara de cebola picada bem fininha
- 1½ colher (chá) de sal

1. Coloque a carne de porco e a carne bovina numa tigela grande. Corte as pontas da abobrinha e pique bem fininha. Adicione à tigela.

2. Moa os grãos de pimenta e as sementes de cominho num moedor de especiarias ou num pilão e adicione à carne. Acrescente o orégano, os ovos, a cebola e o sal e, com cuidado, use as mãos ou uma espátula para misturar todos os ingredientes.

3. Com cuidado, forme almôndegas de 4cm de diâmetro. Coloque em uma assadeira, cubra com filme plástico e deixe na geladeira enquanto prepara o molho.

MOLHO E COZIMENTO

- 900g de tomates
- 2 a 4 pimentas chipotle em molho de tomate, a gosto
- 3 colheres (sopa) de óleo vegetal
- ¾ de xícara de caldo de galinha
- sal

1. Coloque uma panela grande de água para ferver. Retire o miolo dos tomates e coloque-os na água fervente. Reduza o fogo e cozinhe por 5 minutos. Escorra os tomates e deixe esfriar por alguns minutos.

2. Triture os tomates e as pimentas chipotle num liquidificador ou num multiprocessador até obter uma mistura homogênea.

3. Numa frigideira grande, aqueça o óleo e adicione o molho de tomate. Quando começar a ferver, reduza o fogo e cozinhe por 5 minutos. Adicione o caldo de galinha. Quando o molho começar a ferver, adicione as almôndegas.

4. Tampe a panela e cozinhe as almôndegas em fogo baixo por cerca de 50 minutos, até que estejam cozidas. Pouco antes do final do tempo de cozimento, ajuste o tempero e adicione sal. Este prato pode ser preparado um dia antes ou pode ser congelado e reaquecido.

33. Tanta fartura

No fim do verão, as flores que transformaram Berlim num paraíso perfumado ao longo da primavera já tinham nos abandonado havia muito tempo. Os arbustos de lilases que um dia ficaram vergados, carregados de tantas flores, voltaram à postura ereta; as árvores de tília já não sujavam os carros com suas folhas e flores grudentas e cheirosas. Agora, havia frutas por todos os lados.

Havia ginjeiras repletas de frutos vermelhos e brilhantes nas ruas de paralelepípedos de Friedrichshain, cerejas enormes, pretas e doces no jardim das casas nos quarteirões tranquilos de Marienfelde. Em todos os parques, brotavam arbustos de sabugueiro carregados de frutinhas azuis e pretas. Os campos nos arredores de Berlim estavam tomados de frutas. Meu amigo Jürgen me levou ao quintal de um amigo que tinha duas ameixeiras, os galhos estavam lotados de esferas roxas do tamanho de bolinhas de gude. Colhemos quilos e mais quilos de ameixas, e enchemos os dois carros com várias caixas. Depois, passamos o restante do dia na cozinha de Jürgen, fervendo as ameixas, coando os caroços e enchendo copos, frascos e garrafas com a polpa magenta que é usada no fim do ano para fazer geleia e *rote Grütze*.

Todo fim de semana eu ia a um campo diferente e colhia alguma fruta. Numa tarde quente, minha mãe e eu enchemos enormes cestas de palha com mirtilos que cresciam no meio de uma floresta de pinheiros em Brandeburgo e os comemos aos montes numa mesa de piquenique ali perto; nossa gengiva ficou completamente roxa. Joanie, Dietrich e eu fomos até os campos de morango de Potsdam para a segunda e mais doce colheita, e lá me deparei com longas fileiras de arbustos de framboesa repletos de frutinhas aveludadas. O porta-malas do carro ficou lotado.

Colher as frutas era a parte lânguida do verão. Nos campos, não havia nada mais urgente do que as árvores para esvaziar e o sol que batia nas costas. Lidar com o resultado da colheita é que era trabalhoso. Em casa, eu tinha apenas um ou dois dias para cozinhar todas as frutas colhidas antes que elas começassem a apodrecer e mofar. Preparava frascos de geleia de ginja, e minha cozinha ficava parecendo um açougue, todas as superfícies cobertas com pontinhos de suco de cereja da cor de sangue. Cozinhava os morangos com fatias finas de limão até os dois estarem envoltos por uma geleia vermelha. E desmanchava as framboesas ainda frescas para colocar no vinagre ou misturar com hortelã numa compota cheirosa.

Num fim de semana de agosto, Max, os pais dele e eu pegamos o carro e dirigimos até a ponta norte de Berlim, para um enorme pomar abandonado do lado de onde um dia passara o Muro. Berlim é uma cidade enorme em termos geográficos, e, embora tivéssemos levado quase uma hora desde que saíramos de nosso apartamento, ainda estávamos dentro dos limites da cidade. Paramos numa estrada arborizada, pegamos nossas cestas e atravessamos um matagal, passando por um pequeno sinal que marcava o ponto em que um dia existira o Muro. Olhei de relance para o pai de Max, que ficara preso na Alemanha Oriental por quase dois anos, no fim da década de 1970, com Kerstin, Max e o irmão.

O pomar estava abandonado havia algum tempo e crescera um tanto descontrolado. Eu não teria sido capaz de encontrar o caminho se Sepp e Kerstin não estivessem conosco. Havia pés de pera e de maçã retorcidos, embora as frutas ainda estivessem pequenas e duras, e enquanto prosseguíamos pelo pomar, entrando mais e mais nos bosques silenciosos, encontramos árvores repletas de ameixas do tamanho de bolinhas de gude, amarelas, vermelhas e roxas, cobertas de um pó prateado. Estávamos quase inteiramente sozinhos, exceto por alguns russos que passavam de vez em quando carregando escadas de madeira. Aparentemente, o local era sua fonte de comida não oficial. Ficamos de olho nos javalis, que haviam proliferado nos últimos anos na cidade e nos arredores de Berlim.

Kerstin explicou que o pomar provavelmente era privado, mas que o proprietário original deve ter sido forçado a abandoná-lo para o Estado durante a Guerra Fria, e, depois que o Muro caiu, não havia ninguém para reivindicar a terra. Mais ou menos o que aconteceu com a terra de sua família, em Meissen. Na República Democrática da Alemanha, seus avós foram obrigados a ceder para o Estado a terra em que sua casa fora construída. Depois que eles morreram, construíram-se apartamentos públicos no local. Quando o Muro caiu e a Alemanha foi reunificada, os direitos sobre a terra deveriam ter sido revertidos para Kerstin e sua mãe, mas como havia prédios residenciais na área isso não aconteceu. Kerstin e Sepp juntaram suas economias para comprar de volta a casa em que ela havia crescido. Algumas semanas antes, Max e eu visitamos Meissen, e Kerstin me mostrou o tamanho do terreno de seus avós. Nada daquilo era mais deles.

Começamos colhendo ameixas, uma brisa fresca em nosso pescoço enquanto enchíamos os sacos, os cestos e a barriga com a fruta ao mesmo tempo doce e azeda. Em silêncio, cada um numa árvore diferente, evitando os frutos mofados ou bichados. Pensei em como era maravilhoso ser ainda possível encontrar tanta abundância natural. A cidade ainda tinha um quê de selvagem. Havia algo de inocente e intocado num pomar abandonado, em se fazer geleia de frutas encontradas em arbustos no parque do outro lado da rua e encontrar pés de ameixas silvestres no quintal das pessoas.

Mais tarde, em casa, tentei descaroçar as ameixas-amarelas antes de cozinhar, mas a carne de cor viva se agarrava teimosamente ao caroço. Então, cozinhei a fruta inteira, na esperança de extrair a polpa depois. O que não deu muito certo, e fui forçada a deixar os caroços na geleia. Marquei nos rótulos avisos e pontos de exclamação e espalhei a geleia que não coube nos frascos numa pontinha de pão e comi de pé na cozinha. Estava azedinha e gostosa, com uma textura pegajosa deliciosa, e a cor tinha suavizado para um tom quente de âmbar. A casca fina quase se dissolvia sob a pressão da faca.

As ameixas roxas eram mais fáceis de lidar. Rapidamente, cortei as frutas em pedaços, retirei os caroços pontudos, coloquei no açúcar e deixei curtir pela noite numa panela de fundo grosso. Na manhã seguinte, as ameixas estavam nadando no próprio suco. Acrescentei um pau de canela e alguns cravos e coloquei a panela no forno para cozinhar por horas, até a fruta borbulhar e se reduzir a uma geleia grossa, com cheirinho de especiarias e um aroma rico de amêndoas. Em toda a Alemanha, havia *donuts* e bolinhos recheados de *Pflaumenmus*, e eu também adorava usar como recheio de tortas ou para passar no pão com manteiga no café da manhã. O sabor era surpreendentemente refrescante.

Preservar as frutas em compotas é muito mais do que simplesmente cozinhá-las antes de estragarem. Também se preserva um instante no tempo. E quando você mesmo colhe as frutas, juro que a geleia fica ainda mais doce. No inverno, meses depois de nossa incursão ao pomar selvagem, cada frasco de *Pflaumenmus* que abria me lembrava daquele dia quente e silencioso, quando Max, a família dele e eu colhemos frutas juntos. E, em suas profundezas ricas e sombrias, cada frasco continha tudo o que eu amava naquela cidade.

Pflaumenmus (manteiga de ameixas e especiarias)

Rendimento: 4 a 5 frascos

Se você nunca fez geleia, esta é uma ótima receita para os iniciantes: basta misturar as ameixas sem caroço, o açúcar e algumas especiarias numa panela grossa e colocar no forno para cozinhar por horas, mexendo de vez em quando. Passe o *Pflaumenmus* na torrada no café da manhã (ele fica especialmente gostoso com uma fatia de queijo *cottage*) ou use para rechear *donuts* (p.182).

- 1,8kg de ameixas frescas
- 2 xícaras de açúcar
- 1 pau de canela
- 2 cravos

1. Corte as ameixas em quatro, retire os caroços e coloque-as numa panela de 4l. Adicione o açúcar, a canela e os cravos. Mexa bem e deixe descansar durante a noite ou por 8 horas.

2. No dia seguinte, aqueça o forno a 175°C. Coloque a panela, sem tampa, no forno e cozinhe por 2 horas, mexendo ocasionalmente.

3. Esterilize os frascos de vidro e as tampas em água fervente.

4. Quando as ameixas tiverem desmanchado e o líquido ficar reduzido a uma geleia grossa, retire a panela do forno e descarte a canela (se você encontrar os cravos, descarte-os também). Bata tudo num microprocessador até obter uma geleia grossa e, em seguida, encha os frascos esterilizados com a geleia ainda quente, coloque as tampas e, imediatamente, vire os frascos de cabeça para baixo. No entanto, caso prefira uma geleia com pedaços de frutas visíveis, não bata no microprocessador, com uma concha transfira a geleia ainda quente para os frascos esterilizados. (Tecnicamente, isso se chama *Pflaumenmarmelade*; *Pflaumenmus* significa o fruto macerado.)

5. Deixe os frascos esfriarem completamente antes de virá-los de cabeça para cima e colocar os rótulos. A geleia dura pelo menos um ano.

34. Tão incrivelmente completo

Agosto, em Berlim, é um mês engraçado. Não dá para ter certeza de que o tempo estará quente; na verdade, muitas vezes o clima é absolutamente outonal. Mas é o último respiro antes de as aulas recomeçarem. A cidade fica vazia, todo mundo vai para o norte, acampar na Escandinávia, ou para as montanhas do sul da Alemanha, caminhar entre as flores selvagens e o mato alto. Alguns vão para as praias do Báltico, torcendo para que o calor afaste as nuvens cinzentas do céu.

Após a turbulência do inverno, quando estávamos nos ajustando à vida juntos, Max e eu estabelecemos uma rotina tranquila. Nosso apartamento tinha um cheirinho gostoso dos produtos de limpeza dele e da minha comida. Minhas revistas *New Yorker* dividiam espaço com seus jornais alemães sobre a mesa de centro. Enquanto o clima ainda estava bom, saíamos para correr juntos de manhã no parque do palácio de Charlottenburg, e passávamos pelos canteiros de flores, as fontes e os pequenos aglomerados de turistas.

Por algum tempo durante o verão, Max trabalhou em casa, no pequeno escritório nos fundos do apartamento, enquanto eu ficava na sala. Ao meio-dia, almoçávamos na cozinha. De tarde, quando concluíamos o trabalho, íamos ao Lietzensee, um pequeno lago perto de casa. E ali, caminhávamos e parávamos para uma cerveja ou um refrigerante de maçã no Biergarten perto do lago, o pôr do sol sempre suave e lânguido. Com sua mistura de famílias turcas, senhoras alemãs e seus cachorrinhos e famílias com crianças pequenas, nosso bairro começou a ficar com cara de casa. Tínhamos uma vendinha de legumes e verduras preferida no mercado dos agricultores, e os três turcos que cuidavam de uma lanchonete na esquina, abastecendo o fogão a lenha com deliciosos pimentões recheados com carne de cordeiro e *böreks* de espinafre com queijo feta, sorriam para nós quando chegávamos para o almoço.

De certa forma, nossos dias transcorriam normalmente e eram também especiais. Max não passou muito tempo trabalhando em casa; logo, conseguiu um emprego em outra cidade e voltava para casa nos fins de semana. Em parte, talvez seja por isso que esse período tenha parecido tão extraordinário.

Agosto começou úmido e chuvoso. Mas o dia em que Muck e Jürgen nos convidaram para jantar estava lindo, ensolarado e apenas levemente úmido. Max e eu havíamos encontrado uns amigos à tarde, num café ao ar livre, e dividimos um copo de leitelho, havia uma suave brisa no ar. O sabor claro e puro e sua textura espessa e refrescante permaneceram em minha garganta por muito tempo depois de nos despedirmos e voltarmos para casa.

Muck havia pedido que levássemos uma sobremesa, então revirei minhas receitas e livros de culinária à procura de algo para fazer, ao mesmo tempo me sentindo indecisa e adorando a tarefa. Podia fazer um bolo, algo simples, coberto com frutas. Mas na Alemanha as pessoas costumam comer bolo à tarde, com uma xícara de café ou de chá. E embora eu levasse um bolo para as festas de Nova York, a ideia de uma fatia depois do jantar já não me atraía mais. Fazia muito mais sentido comer aquela massa fofinha com uma fina camada de cobertura de tarde, quando um lanche substancial era necessário para uma injeção de açúcar e criatividade no sangue. Depois do jantar, especialmente num dia quente de verão, queria algo mais leve e mais refrescante.

Pensei em fatiar pêssegos e mergulhar no vinho, mas a verdade é que não é fácil encontrar bons pêssegos em Berlim. Comprávamos pêssegos deliciosos na beira da estrada, na Itália, quando visitava minha mãe – que passava os verões lá. Eram tão bons, tão suculentos sob a pele aveludada, que raramente os comprava em outro lugar. Fazia deles uma iguaria sazonal da casa de minha mãe, para ser comido junto da pia ou no jardim, o pescoço inclinado num ângulo para que o suco dourado escorresse na grama, enquanto os gatos observavam, curiosos, a uma distância segura.

Uma *pavlova* também parecia boa ideia: um merengue bem melado com um toque de marshmallow, coberto com chantili e frutas vermelhas, que havia em abundância nos mercados de Berlim. Na verdade, eu já tinha groselhas que pareciam contas de rubi e uma cesta de morangos pequenos e perfumados na cozinha.

Mas, numa tarde lânguida como aquela, *pavlova* dava muito trabalho. Eu me recostei no sofá e fechei os olhos, ouvindo o barulho distante do trânsito lá fora e pensando em nosso dia. Lembrei do leitelho que dividimos, cremoso e azedinho. Concluí que leitelho com frutas vermelhas seria a sobremesa de verão ideal. Quase de imediato, encontrei a receita que estava procurando na antiga coleção de recortes: *panna cotta* de leitelho.

A sobremesa consistia em não muito mais do que leitelho, creme de leite e açúcar, com um pouco de gelatina para dar forma. Para acompanhar a *panna cotta*, decidi colocar açúcar nas frutas, para formar uma calda vermelha. O toque ao mesmo tempo doce e azedo das frutas seria um bom contraste ao quê de sobremesa infantil da *panna cotta*.

Foi fácil de preparar, mas, na hora de desenformar, ela tinha grudado nas laterais. Max entrou na cozinha no momento em que eu estava perdendo a calma e acabou me ajudando. Depois, espalhei as frutas e a calda, cobrindo-a quase por inteiro.

Na varanda deles, ao entardecer, comemos trutas cor-de-rosa escaldadas em caldo de funcho, batatinhas cozidas – cerosas, amarelinhas e polvilhadas com salsinha picada – e uma salada de folhas com sementes de girassol torradas. Havia uma garrafa fria de Riesling e um molho cremoso de raiz-forte misturado com maçã ralada para dar uma leve doçura, que usamos para temperar o peixe, a carne macia e apenas levemente quente. Mais tarde, quando o céu escureceu e nos sentamos lá fora à luz de velas, cheios de peixe, batatas e vinho, todos vibraram quando servi as porções firmes de *panna cotta* e frutas vermelhas nos pratinhos de Muck.

Enquanto comíamos a sobremesa, o leitelho balanceando o creme pesado e as frutas açucaradas formando um intenso contraste com a suavidade da *panna cotta*, ficamos ouvindo as crianças do vizinho brincarem no jardim ao lado. A mesa logo ficou em silêncio, e, ao rasparmos os pratos, vendo a luz sumir no céu, senti de repente que meu mundo estava tão incrivelmente completo, tão pleno e rico como deveria ser, e quase perdi o fôlego.

Panna cotta de leitelho*

Rendimento: 6 porções

Esta receita foi adaptada de um livro de Claudia Fleming que é um marco entre os livros de receitas, *The Last Course* [O último prato]. Ela suaviza a *panna cotta* tradicional usando uma mistura de leitelho e creme de leite. Gosto de servir com frutas vermelhas no açúcar, devido ao toque azedinho que elas adicionam ao creme macio de baunilha. Mas você pode servir com qualquer outra fruta ou simplesmente puro, se preferir.

- 2 colheres (chá) de gelatina em pó
- 1¼ de xícara de creme de leite
- 9 a 10 colheres (sopa) de açúcar
- ½ fava de baunilha, aberta ao meio e raspada
- 1¾ de xícara de iogurte natural
- 2 xícaras de morangos, sem o cabinho e as folhas e cortados em quatro
- 2 xícaras de groselhas, fora do cacho
- suco de ¼ de limão-siciliano, ou algumas gotas de vinagre balsâmico

1. Numa tigela pequena, coloque uma colher (sopa) de água fria e polvilhe a gelatina uniformemente na água. Reserve e deixe dissolver por 5 minutos.

2. Numa panela grossa de 2l, coloque o creme de leite, 7 colheres (sopa) de açúcar e a baunilha (com as sementes) e coloque em fogo médio. Aqueça o creme de leite até dissolver o açúcar, mexendo constantemente.

3. Acrescente o iogurte natural. Em seguida, adicione a gelatina, mexendo por alguns minutos para dissolvê-la. Passe a mistura por uma peneira fina para um copo de medidas ou um jarro com bico.

* Nas receitas, pode-se substituir o leitelho por iogurte natural. (N.R.T.)

4. Divida a mistura em seis potinhos ou pratinhos de sobremesa e deixe passar a noite na geladeira.

5. Uma hora antes de servir, coloque os morangos e as groselhas numa tigela e polvilhe com as 2 a 3 colheres (sopa) de açúcar restantes. Adicione o suco de limão ou o vinagre balsâmico e misture bem para incorporar.

6. Para desenformar a *panna cotta* antes de servir, mergulhe os potinhos em água morna por 1 a 2 minutos, então vire-os com cuidado e transfira a *panna cotta* para os pratos de sobremesa, servindo-a com as frutas.

Parte 5

35. O homem mais feliz do mundo

Fazia quase um ano que eu havia deixado Nova York, e era como se Berlim pertencesse a mim novamente. Onze meses haviam se passado, mas parecia um século. Levei muito mais tempo do que imaginara para me encontrar em Berlim. Mas agora tinha meu pequeno círculo de amigos e uma rotina, e acordava quase todas as manhãs com a sensação de que deveria estar exatamente ali. Às vezes ainda tinha que me certificar: eu me beliscava e pensava em Nova York para ver o que acontecia. Mas nunca aconteceu nada. Nem uma pontada no coração. Tudo o que sentia era tranquilidade. Estava em casa.

Os dias começaram a encurtar e, mais uma vez, as ruas se encheram de crianças carregando suas mochilas enormes a caminho da escola. As folhas secas cobriram as ruas, acumulando-se nos bueiros e no para-brisa dos carros. Tivemos de tirar o edredom pesado do armário de novo. As saladas e os sanduíches simples do fim do verão deram lugar aos ensopados de feijão e carne de cozimento lento. Passei horas na cozinha assando maçã para fazer compota ou caramelizando cebolas para a sopa.

Uma semana antes do meu voo para Boston e Nova York, quando iria encontrar meu pai, meus amigos e minha editora, Max deixou um bilhete em minha mesa me convidando para jantar na véspera da viagem. Achei que era apenas uma última noite romântica antes das duas semanas que passaríamos sem nos ver. Ele queria me levar a um restaurante chamado Renger-Patzsch, numa de minhas ruas preferidas em Berlim. O restaurante tinha fotografias em preto e branco de paisagens tranquilas penduradas na parede, um bar comprido de madeira e mesas de madeira simples postas com guardanapos de pano. Tinha um pouco do glamour de Berlim Ocidental, que ultimamente estava sendo apagado pelo barulho e o brilho do bairro de Mitte. "Sim, sim!", gritei de alegria com o bilhete na mão quando Max chegou em casa de noite. Sempre quis ir até lá para tomar um vinho e comer *Flammkuchen*, a especialidade da casa, um pão fino e crocante da Alsácia coberto com lascas de cebola, pedaços de bacon defumado e *crème fraîche*.

Mas a noite do nosso jantar foi corrida. Teri tinha vindo de Nova York a trabalho e queria tomar um drinque depois do jantar; antes de sair, eu precisava pegar um celular com um amigo para usar em Nova York, e Joanie tinha algumas encomendas para a irmã em Boston. Como em qualquer véspera de uma viagem longa, havia uma dúzia de outros pequenos detalhes para resolver, e eu estava uma pilha de nervos, como ficava frequentemente quando viajava. Corremos de um compromisso a outro e ainda pedimos a Joanie que nos entregasse os pacotes no restaurante, onde conversamos um pouco até que nossa mesa estivesse pronta. Então, assim que nos sentamos, Max percebeu que nosso garçom, Victor, era um velho conhecido do colégio. Eles passaram dez minutos conversando antes de Victor pedir licença para voltar ao trabalho.

Pedimos taças de espumante, e, quando o *Flammkuchen* ficou pronto, veio cortado em quatro e servido em grandes tábuas de madeira. O pão estava delicadamente chamuscado, crocante e salgado, ideal para comer com um vinho seco da Alsácia. Enquanto comíamos e conversávamos, percebi que Max estava muito bem-vestido, de calça preta e um suéter de cashmere também preto. Um contraste e tanto com as camisetas que sempre usava com calça jeans. Hum, pensei. Mal podia me lembrar se tinha penteado o cabelo antes de sair de casa de manhã. O vinho estava apenas começando a me ajudar a relaxar.

Victor passou por nossa mesa diversas vezes para conferir se estava tudo certo, em seguida uma família barulhenta e feliz se sentou na mesa ao lado da nossa, e Max e eu acabamos passando o restante da refeição escutando o assunto das pessoas à nossa volta. Às vezes, eu o pegava sorrindo para mim. *Nunca vou me cansar disso*, eu pensei.

Quando chegamos em casa, Teri estava esperando por nós com uma bebida e nós três conversamos na sala de estar enquanto eu arrumava minhas coisas. Teri e eu iríamos viajar juntas para os Estados Unidos na manhã seguinte. Depois da meia-noite, com as pálpebras pesadas, dei boa-noite e fui para a cama, o relógio já programado para despertar. Só depois de já estarmos debaixo das cobertas, lendo, os dentes escovados e o rosto lavado, é que Max se virou para mim e limpou a garganta, uma, duas vezes, antes que eu percebesse que ele estava tentando chamar minha atenção. Foi então que lentamente me dei conta de que ele talvez tivesse passado a noite inteira tentando fazer isso.

"O que foi?", abaixei o livro e sorri para ele. "Bem, hum...", ele sorriu, sem graça. "Foi uma noite agitada..." "Pois é! Dá para acreditar que Victor era o nosso garçom? A gente tem que voltar lá. Adorei a noite. Obrigada de novo pelo jantar." E me inclinei para beijá-lo. Ele recebeu meu beijo e então jogou a cabeça para trás e olhou para mim. "Você sabe que dia foi hoje?" Pensei por um instante e falei: "12 de outubro?" "É, 12 de outubro. Bem, não sei se você se lembra, mas 12 de outubro foi o dia em que a gente se conheceu em Paris, naquela noite no Le Breguet. Lembra?" É claro que eu me lembrava; na verdade, poucas semanas antes, foi *ele* quem me perguntou o dia em que nos conhecemos. "Isso foi há onze anos." Ele sorriu para mim de novo, depois virou-se de costas. "Aconteceu um monte de coisas desde então." Então enfiou a mão sob as cobertas, puxou um pequeno envelope e me entregou. "Queria perguntar mais cedo, durante o jantar, mas foi tudo tão corrido..." E sua voz sumiu.

Abri o envelope e puxei duas folhas pequenas de papel em que ele escrevera uma carta de amor. Quando cheguei ao final, virei a segunda folha e vi que na parte de trás ele tinha escrito a frase "Você faria de mim o homem mais feliz do mundo?". Olhei para ele, que estava sorrindo para mim e esperando, tão feliz e alegre que não pude conter um sorriso. Então começamos a rir, e, entre risos e as folhas de papel no edredom, percebi que ele estava me pedindo em casamento, e respondi sim.

Claro que respondi sim!

Flammkuchen (pão da Alsácia com bacon e *crème fraîche*)

Rendimento: 2 porções

O segredo para um *Flammkuchen* delicioso (também conhecido como *tarte flambée*) é fazer a massa o mais fina possível – o ideal é que o *Flammkuchen* pronto quebre quando você o cortar. Ao abrir a massa, estique-a o máximo sem quebrá-la, depois transfira-a depressa para a assadeira. Se você conseguir encontrar Speck magro (bacon alemão defumado), não hesite em usá-lo. Caso contrário, fatias finas de bacon sem gordura também podem ser utilizadas. Sirva o *Flammkuchen* com um Riesling gelado.

- 3 xícaras de farinha de trigo (e um pouco mais para sovar a massa)
- 1 colher (chá) de fermento instantâneo
- 2 colheres (sopa) de azeite de oliva (e um pouco mais para untar a tigela)
- 2 colheres (chá) de sal
- 1 xícara rasa de água morna
- 14 colheres (sopa) de *crème fraîche*
- 2 cebolas vermelhas ou amarelas médias, cortadas em fatias bem fininhas
- 200g de Speck (bacon alemão defumado) ou bacon sem gordura, cortado em cubinhos de 0,5cm
- pimenta-do-reino moída

1. Coloque a farinha, o fermento, o azeite e o sal num multiprocessador e ligue-o algumas vezes na função "pulsar". Em seguida, com o motor em funcionamento, adicione a água. A massa vai formar uma bola em questão de segundos.

2. Passe a massa para uma superfície levemente polvilhada de farinha. Sove algumas vezes até que esteja suave e macia. Faça uma bola e coloque numa tigela untada com um fio ou dois de azeite. Cubra com um pano de prato e deixe descansar por 1 hora.

3. Passada a 1 hora, aqueça o forno na temperatura mais alta possível. Divida a massa ao meio e reserve uma das partes. Com a outra, abra-a até que fique bem fina, interrompendo de vez em quando para deixar a massa descansar. Forre uma assadeira com papel-manteiga.

4. Transfira a massa aberta e já quase translúcida com muito cuidado para a assadeira, esticando as beiradas até as bordas para que a massa fique uniforme. Cubra-a com uma camada fina usando metade do *crème fraîche* e deixando uma borda livre ao redor da massa. Em seguida, distribua uniformemente metade das fatias de cebola e metade do Speck ou do bacon sobre o *Flammkuchen*.

5. Coloque a assadeira no forno e asse por 10 minutos, até que a massa esteja crocante e dourada. Retire do forno, polvilhe com bastante pimenta-do-reino moída, corte em quadrados e sirva imediatamente. Repita o procedimento com o restante da massa e os demais ingredientes.

36. Ação de Graças em Berlim

Nem meu pai nem minha mãe ligam muito para tradições. Eles acham isso muito sufocante e repetitivo, além de dar muito trabalho. É algo que preferem deixar para os outros. O que significa, claro, que passei a maior parte da vida criando minhas tradições. Meus pais consideram um comportamento absolutamente burguês, mas gosto de fazer a mesma coisa muitas vezes, ano após ano. Algo que me enche de segurança e aconchego é o período que antecede o Dia de Ação de Graças. Saber que o recheio do peru sempre terá um gostinho de sálvia e alho-poró, que o garfo vai brilhar daquele jeito perfeito à luz das velas e que sempre sobra um restinho de torta para o café da manhã do dia seguinte. Isso me faz sentir segura em momentos em que a realidade frequentemente não me dava motivos para isso.

Por muito tempo, era como se eu estivesse esperando a hora certa de começar a levar as tradições a sério. Ainda não tinha me assentado, não estava no momento de relaxar e me sentir à vontade para escolher as coisas que marcariam um feriado ou uma festa como meus. Mas agora que Max e eu iríamos formar uma família, parecia um bom momento para deixar minha marca. Especialmente com o Dia de Ação de Graças que estava chegando.

Quando morava em Nova York, normalmente passava o feriado de Ação de Graças em Boston, na casa de meu pai e de Susan. Esse feriado, em Boston, era o mais próximo a uma tradição familiar que jamais tive. E imagino que minha madrasta tinha muito a ver com isso. Passávamos dois dias juntos na cozinha: eu ficava encarregada de fazer as tortas, meu pai era o assistente de cozinha, descascava cebolas, lavava pilhas de couves-de-bruxelas, corria até o mercadinho uma última vez, e Susan cuidava do peru, do molho e do recheio, seus dedos delicados mergulhados em alguma cavidade fria, colocando cubinhos de pão. Todo ano, Susan preparava o mesmo recheio, com aipo, sálvia e castanhas, e se preocupava se o peru estaria pronto na hora e ficava satisfeita de gerenciar a cozinha de tal forma que todos nos sentíamos parte fundamental para que a refeição desse certo.

Certa vez, num ano excepcional, reunimos 24 pessoas, incluindo amigos, colegas e os alunos estrangeiros de meu pai e de Susan. Tivemos de espalhar as mesas pela casa para acomodar todo mundo: crianças, adolescentes, adultos, idosos e velhinhos. Alguém trouxe patinhas frescas de caranguejo para servir como aperitivo. E Susan pediu a todos que agradecessem pela comida antes de se servirem. O peru era enorme. O vinho estava bom. E eu preparei três tortas diferentes: maçã com marmelo, abóbora com biscoito de gengibre e amêndoas com oxicoco. Foi emocionante.

No Dia de Ação de Graças, juntos em Berlim, Max e eu fomos convidados para a casa de Kim com minha mãe e outros amigos mais chegados da família. Meu pai decidiu vir de Boston e passar o fim de semana conosco, para comemorar o noivado também, e Susan ficou nos Estados Unidos, onde visitaria a irmã, que não encontrava havia algum tempo.

Assim que meu pai chegou, ficou claro que as coisas não estavam fáceis para ele. No verão anterior à minha mudança, ele tinha participado de uma conferência em Berlim. "Esse lugar é tão legal", disse, ao telefone. "Acho que você está fazendo a coisa certa. Se tivesse a sua idade, me mudaria para Berlim num piscar de olhos!" Fiquei tão contagiada pela animação dele que não disse nada sobre ele ter feito exatamente isso.

No entanto, agora que eu estava mesmo aqui, e a realidade de que não iria retornar a Nova York foi se instalando, ele não estava tão certo de que apreciava a ideia. Meu pai gostava de Max e estava feliz por nosso casamento. Mas também se sentia abandonado por mim e inexplicavelmente não amado, o que me fez sentir culpada, na defensiva e um tanto ansiosa. Na véspera do Dia de Ação de Graças, tivemos uma briga na calçada perto de casa. Foi horrível. Podia ver a dor em seus olhos, mas não sabia como ajudá-lo, e não estava certa se esse era meu dever.

Na manhã seguinte, meu pai estava sentado à mesa da cozinha descascando maçãs, enquanto eu fazia a massa. Queria levar duas tortas para a casa de Kim naquela tarde: uma rústica de maçã com massa crocante coberta de açúcar, e o meu sabor preferido, abóbora, levemente picante e macia. Meu pai e eu trabalhávamos na torta num mal-estar e numa trégua implícita. A cozinha parecia tão pequena e silenciosa. Estava faltando Susan, bem como estava faltando o clima de Ação de Graças.

Enquanto misturava pedaços de manteiga fria e farinha numa bola cerosa de massa, percebi como estava com raiva. Raiva do meu pai, por sua confusão de emoções, e raiva tanto do meu pai quanto de minha mãe, por terem criado essa situação em primeiro lugar – os dois sempre tão distantes um do outro, que eu sempre fosse forçada a deixar um deles para trás. Como podíamos ser uma família se estávamos separados por um oceano? Estava cansada de ter que fazer todo o trabalho sozinha. Queria agradecer pelas coisas boas em minha vida – Max, nosso amor e nossa nova vida juntos –, mas agora simplesmente não conseguia. Um belo banho de água fria nas novas tradições.

Naquela noite, na casa de Kim, meu pai se sentou duas cadeiras longe de mim num silêncio deprimido, ressentido com o fato de que minha mãe estava ao meu lado. Mesmo com a mão firme de Max em meu joelho, me senti muito pequena e triste e criança ao mesmo tempo. E torci para que a conversa feliz das outras pessoas à mesa ao menos disfarçasse um pouco de nossa infelicidade.

Em vez de peru, Kim assou um javali e o serviu em grandes fatias rosadas com girassol-batateiro refogado num molho tão gostoso que eu poderia beber direto do prato. Havia couves-de-bruxelas deliciosas e um molho de oxicoco que rodava a mesa de mão em mão. Mas, estendendo-se pela mesa feito corrente elétrica, a tensão entre mim e meu pai me distraía de aproveitar o banquete. Quando os filhos de Kim nos cercaram, animados – eles adoravam Max –, tive de usar toda minha força para não subir até o andar de cima e me esconder no quarto deles até a noite acabar.

Depois do jantar, Joanie e eu trouxemos as tortas para a mesa, enquanto Kim fazia um café, e sua esposa, Susanne, preparava um chá de ervas com verbena-limão do jardim de minha mãe, na Itália. Eu gostava de torta de abóbora, sua textura sedosa e o sabor doce de outono me transportando direto para Boston e para tempos mais felizes. Mas torta de maçã era uma opção mais fácil de agradar a todos. A massa estava muito levinha – praticamente quebrando sob a faca –, as maçãs que meu pai tinha fatiado mais cedo com perfeição estavam macias, e o forno quente realçara seu sabor. A torta desapareceu em minutos, e a conversa se voltou para o nosso noivado e o casamento que tínhamos de planejar.

Mais tarde naquela noite, quando Max e eu voltamos para casa, ele me disse para dar um tempo a meu pai. "Não o apresse", disse. "Para ele, é como se estivesse perdendo a filha de novo, e isso deve trazer de volta algumas memórias ruins. Você está onde gostaria de estar?" Concordei com a cabeça. "Na verdade, não tem mais lugar nenhum no mundo onde poderia estar", respondi. E era verdade. "Bem, então, se concentre nisso e dê um tempo para ele se habituar. Você é a menina dele e sempre será. Quero dizer, se tivesse uma filha morando tão longe..." Max balançou a cabeça.

Deitada no escuro, pensava em meu pai, que estava em nosso quarto de hóspedes, e na torta de maçã que fizéramos juntos e fora devorada tão depressa. No próximo Dia de Ação de Graças, Max e eu estaríamos casados, pensei. E me enrolei na cama, aquecendo os pés na coxa de Max, enquanto ele respirava baixinho, e comecei a pensar em como seria esse dia dali a um ano.

Vi a mesa de jantar de minha mãe aberta em toda a sua extensão e arrumada com o jogo de jantar branco e os talheres de prata de minha bisavó. Vi couves-de-bruxelas fatiadas com sementes de mostarda, um chutney de oxicoco, o ensopado de castanha com ameixa de Joanie, vagem cozida, um molho grosso, e, é claro, o recheio de peru de Susan. Vi a nossa sala de estar com Max e sua família, meus pais, nossos amigos de Berlim, todas as pessoas que chamo de família. De alguma forma, a mesa acomodava todo mundo. Ela só aumentava. Estavam todos felizes, uma torrada com patê de peixe numa das mãos e uma taça de espumante na outra. Meu pai estava rindo, as pequenas rugas ao redor dos olhos se acentuando, e Susan estava ao lado dele, e não havia nem um pingo da tristeza sombria que nos atormentara na última noite. As crianças brincavam no chão. E tortas esfriavam no parapeito da janela, e minha mãe não podia acreditar que eu tivesse preparado todas elas. Havia também, claro, um peru no centro da mesa, grande e brilhante. E quando ergui o rosto para olhar as pessoas que lotavam a casa, vi Max do outro lado da sala, os olhos brilhando e abrindo seu sorriso de esguelha para mim.

Torta de maçã

Rendimento: uma torta de 25 a 30cm

O segredo dessa torta é o gosto puro e simples de maçãs, açúcar e um pouquinho de manteiga. Nada de especiarias para confundir os sabores. Aqui, as maçãs são a estrela da festa. Devo esta receita a quatro pessoas: a Jacques Pépin, por criá-la. A Alice Waters, por mantê-la no cardápio do Chez Panisse por vinte anos. A Deb Perelman, por escrever sobre isso em seu blog, *Smitten Kitchen*. E a Melissa Clark, cujas dicas num vídeo sobre massas do *New York Times* em que ensinava a deixar os pedaços de manteiga do tamanho de feijões e não de ervilhas me ajudaram a alcançar a massa de torta mais leve de todos os tempos.

MASSA

- 1 xícara de farinha de trigo, e um pouco mais para polvilhar a massa
- ½ colher (chá) de açúcar
- ⅛ de colher (chá) de sal
- 6 colheres (sopa) de manteiga sem sal, fria e cortada em pedaços de 1,5cm

RECHEIO

- 900g de maçãs Golden Delicious, descascadas, descaroçadas e fatiadas (reserve a casca e o miolo das maçãs)
- 2 colheres (sopa) de manteiga sem sal, derretida
- 3 a 5 colheres (sopa) de açúcar, a gosto

CALDA

½ xícara de açúcar

1. Coloque a farinha, o açúcar e o sal num multiprocessador. Adicione a manteiga. Pulse o multiprocessador algumas vezes, até que a manteiga se parta em pedaços do tamanho de feijões, e não menores que isso. (Se você não tem um multiprocessador, use duas facas para cortar a manteiga na farinha numa tigela grande.)

2. Acrescente até 3½ colheres (sopa) de água fria, uma colher de cada vez, batendo após cada adição, até que a massa forme uma bola. Você pode precisar de um pouco mais ou menos de água, dependendo de como é o clima onde mora.

3. Passe a massa para uma superfície levemente polvilhada de farinha e, trabalhando depressa, amasse-a formando um círculo de 10cm de largura. Embrulhe o disco em filme plástico e refrigere-o por, pelo menos, 30 minutos e até 3 dias.

4. Na hora de assar, aqueça o forno a 200°C e polvilhe uma superfície com um pouco de farinha. Em seguida, retire a massa da geladeira. Remova o plástico e abra-a com um rolo de massa, virando-a repetidas vezes para que não grude na bancada enquanto se torna mais fina. Acrescente farinha conforme necessário. Quando a massa estiver com cerca de 35cm e 0,5cm de espessura, retire a farinha em excesso com um pincel.

5. Ponha papel-manteiga em uma assadeira, em seguida coloque a massa. Cubra-a com as maçãs fatiadas, sobrepondo-as e deixando uma borda de 5cm. Coloque o máximo de fatias que puder, elas vão murchar ao longo do cozimento. Dobre as bordas da massa sobre as maçãs para criar uma crosta grossa, deixando o centro da torta descoberto.

6. Pincele a manteiga derretida nas maçãs e na crosta de massa, então polvilhe o açúcar.

7. Coloque no centro do forno e asse por cerca de 45 minutos, virando na metade do cozimento, até que as maçãs tenham ficado macias e escuras nas pontinhas, e a massa, dourada.

8. Enquanto isso, faça a calda: numa panela, coloque o açúcar, as cascas e os miolos das maçãs reservados. Cubra com água, deixe ferver e cozinhe por 30 minutos. Coe o líquido, descarte os pedaços de maçã e leve o líquido de volta à panela, em fogo baixo. Reduza por 10 a 15 minutos, até a calda estar mais grossa e licorosa.

9. Quando a torta estiver pronta, retire-a da assadeira e coloque-a numa grelha para esfriar. Deixe por cerca de 15 minutos, e então cubra as maçãs com a calda. Sirva quente ou em temperatura ambiente.

37. Uma espécie de epifania

Para meu pai, comemorar o Natal era deixar que Susan colocasse lampadazinhas numa grande planta de borracha que eles tinham na cozinha por alguns dias. Acho que ele não pode ser culpado disso, afinal de contas, meu pai é judeu. Mas minha mãe não é muito melhor. Ah, ela comemora o Natal com prazer, mas comprar ou decorar uma árvore ou assar uma ave ou lidar com qualquer um dos estresses de organizar uma festa definitivamente não é a praia dela. Então cresci celebrando o Natal na casa de outras pessoas. Para ser mais específica, cresci celebrando o Natal na casa de Christa.

Christa e o marido, Rainer, eram vizinhos de porta de minha mãe, na Bamberger Strasse, e moravam com a filha, Julia, que era exatamente um ano e cinco dias mais nova que eu. Ainda me lembro da primeira vez em que vi Julia, espreitando por trás das pernas de Christa enquanto nossas mães conversavam à porta de casa. Logo ficamos amigas, duas crianças com sensibilidades semelhantes, e tentávamos convencer os estranhos no parquinho de que éramos irmãs, apesar de não haver duas crianças mais diferentes do que nós. Eu era moreninha de cabelo escuro, enquanto Julia parecia uma fadinha de pele translúcida e cabelo tão louro que era quase branco.

Nós dormíamos e jantávamos uma na casa da outra (*Leberwurst* no pão preto na casa dela; espaguete com molho de tomate na nossa), e a porta ficava sempre aberta. Lembro que em um ano Christa chegou a colocar um sofá pequeno no corredor do prédio, porque gostávamos tanto de conversar à porta de casa que ela achou que precisávamos de um lugar para sentarmos.

Naqueles primeiros anos, quando Rainer e Christa ainda eram casados, ainda não passávamos o Natal juntos. Mas depois, quando Christa e Julia passaram a morar sozinhas no apartamento, e eu já tinha voltado de Boston para viver com minha mãe, comemorar o Natal com elas fazia todo sentido. Christa comprava um grande pinheiro, e seu irmão gêmeo, que morava dois andares abaixo de nós, ajudava a carregá-lo até o apartamento. No dia 23 de dezembro, eles o decoravam em segredo e trancavam a porta da sala diante de nossos olhinhos curiosos, desesperados por um vislumbre da árvore brilhante e da pilha de presentes sob ela.

No dia seguinte, às seis da tarde, usando nossas melhores roupas, minha mãe e eu batíamos na porta e esperávamos com Julia no corredor da casa, tremendo de expectativa, até Christa tocar o sininho de bronze que indicava que podíamos abrir a porta e entrar na terra de *Weihnachten* (o Natal), iluminada por lampadazinhas e velas, quente e cheirando a folhas de pinheiro, além das vozes límpidas dos Pequenos Cantores de Viena se espalhando pela noite.

Não existe lugar melhor no mundo para comemorar o Natal do que na Alemanha; nenhum país que eu conheça leva a festa tão a sério. E nenhum outro lugar ainda é capaz de dar à data um sentimento tão forte de tradição solene e de beleza. O Natal da Alemanha, ou *Weihnachten*, ainda conserva um quê de sagrado e divino.

Talvez por conta da preparação, os quatro domingos do Advento que antecedem o Natal, sempre ocupados com chás da tarde intermináveis com os amigos, mastigando todos os tipos de biscoitos caseiros, Stollen bem úmido ou pães também de fruta seca. Talvez seja porque aqui a tradição diz que a árvore só deve ser decorada na véspera do Natal, acumulando a emoção até o último instante. Talvez sejam as bandas de metais nos mercados de Natal ou os próprios mercados de Natal, todos iluminados e cheirando a *Glühwein* quente (vinho quente europeu)* e a salsicha. Ou talvez seja a luz das velas. Na Alemanha, as pessoas ainda colocam velas – velas *acesas*, com chamas de verdade – em suas árvores, em vez de lâm-

* Vinho quente com especiarias. (N.R.T.)

padas elétricas. (E deixam um balde de água escondido atrás da árvore, em caso de emergência.)

Mas, para mim, é por causa da comida: ganso assado, rico e saboroso, uma pilha de repolho-roxo agridoce refogado com fatias tenras de maçãs ou uma colher de geleia de groselha, e batatas cozidas banhadas num molho tão maravilhoso que você poderia comer às colheradas diretamente da panela.

A maioria dos berlinenses faz uma refeição simples na véspera de Natal, como uma salada de batata com salsicha feita no vapor, e guarda o assado para o almoço do dia 25. Isso é sensato e austero, e combina perfeitamente com a cidade. Mas, como você já deve ter percebido, não éramos como a maioria dos berlinenses, e porque Christa, que era de Hamburgo, crescera comendo ganso assado na véspera do Natal, era isso que fazíamos.

A primeira coisa é achar um ganso. Em Berlim, isso não é muito difícil. Se estiver disposta a gastar um pouco mais, gosto de encomendar um no Bachhuber, um antigo açougue do bairro de Wilmersdorf, com azulejos brancos e presuntos e salames pendurados sobre o balcão. O açougueiro compra os gansos numa fazenda em Brandeburgo, que abate todas as suas aves até a véspera do Natal. Os gansos crescem ao ar livre, são bem alimentados e gordinhos, e ficam com a pele tão crocante e dourada que você vai se encher de orgulho de servi-los em sua ceia.

No entanto, não são aves baratas. Custam cerca de dezesseis euros o quilo, o que significa que uma ave média para uma refeição de seis pessoas (a carne de ganso é muito mais pesada que a de peru; uma fatia ou duas rende muito mais) pode custar cerca de oitenta euros. O que dá uns 105 dólares pelo câmbio de hoje; 105 dólares por um ganso! A primeira vez que o gentil assistente de açougueiro me disse o preço ao telefone, tive que me sentar e me abanar. Enquanto tentava me recompor, podia ouvir o burburinho dos fregueses de Wilmersdorf ao fundo. Então decidi encomendar um. Afinal de contas, era Natal. Quando mais você iria poder comprar uma ave de oitenta euros? Aliás, esse espírito intrépido e aventureiro é fundamental para o Feliz Natal alemão.

A segunda coisa é encontrar uma travessa grande o suficiente para comportar o ganso. Um ave de cinco quilos não é um animal pequeno.

Para minha sorte, eu tinha uma assadeira bem grande, com grelha e tudo, presente que minha generosa tia Laura me dera alguns anos antes. E eu havia tido o bom-senso (discutível, para alguns) de colocá-la numa das quarenta caixas com meus valiosos bens que enviei para o outro lado do Atlântico. Agora ela estava juntando poeira no porão do prédio porque mal cabia em nosso pequeno forno europeu. Na verdade, quase tinha me esquecido dela. Quase, até me ver encarando, perplexa, a enorme ave depenada, nua e indefesa sobre meu fogão.

Oito andares e meio depois, e levemente sem fôlego, estava de volta à cozinha com a assadeira. Por um golpe de sorte, o ganso não apenas cabia (bem, as asas não, mas aquele monstro ia ter de se contentar com o que eu tinha), como a assadeira, com o ganso sobre ela, também podia ser acomodada no forno, embora ficasse tão apertada que entrou com um som de metal raspando um contra o outro. Eu me sentia vitoriosa. Estávamos no páreo. O Natal da Alemanha estava ao meu alcance.

Vou ser direta com você sobre a empreitada. Assar um ganso não é para os fracos. Exige cabeça fria e bíceps bem-definidos. Se você souber disso de antemão, acho que vai se divertir. De qualquer modo, com essas dicas, você já vai estar um passo à minha frente em relação a minha primeira tentativa. Então, considerem-se sortudos.

Gansos, em geral, são aves bem alimentadas. Comparados a outras aves, eles têm uma camada generosa – enorme até – de gordura. Então, se você tentou assar um ganso do jeito que assaria um peru ou um frango, por exemplo, pode acabar com uma *coisa* gordurosa, por falta de palavra melhor, que não serviria muito para comer e muito menos para servir numa festa.

Para contornar o problema, você tem de começar cozinhando o ganso num caldo, para que a maior parte da gordura seja eliminada. Isso pode ser feito na mesma travessa em que vai assar o ganso, por conveniência (a menos que você tenha uma panela, ou um caldeirão, grande o suficiente para acomodar um ganso inteiro mergulhado em caldo). O caldo é temperado com cerveja, cebola, folhas de louro e uma erva alemã de nome misterioso chamada *Beifuss*, ou artemísia, que evoca fantasias *à la* Harry Potter. Na Alemanha, ela é cultivada com a única finalidade de temperar ganso (pode ser substituída por tomilho). O caldo de cerveja temperado não só dá sabor à carne, mas depois produz uma espessa camada de gordura branca pura na superfície que tem um gosto maravilhoso de carne, cebola e ervas. Essa gordura vale quase tanto quanto a própria carne (quase), e você deve guardá-la (na geladeira, em frascos de vidro) para assar batata ao longo do ano.

Uma vez que já se cozinhou o ganso, e a maior parte da gordura foi eliminada, você deve reservá-lo por uma noite. Eu cobri a travessa com uma folha de alumínio e o coloquei na varanda, já que minha adorável geladeira europeia tinha espaço suficiente para um pote de iogurte e algumas geleias, mas certamente não para uma ave de cinco quilos numa panela de metal de fundo grosso. Se você mora numa região de clima mais quente, imagino que também tenha uma geladeira grande o suficiente para acomodar um ganso.

No dia seguinte, seja na véspera de Natal ou no dia 25, o ganso estará pronto para assar. E isso não é brincadeira. É hora de trancar as crianças fora da sala de estar e embrulhar os últimos presentes, para não falar do repolho-roxo refogado e das batatas cozidas, que são indispensáveis para a refeição. (Aqui vai uma dica: prepare o repolho um ou dois dias antes da refeição, ninguém vai notar. Algumas pessoas até dizem que ele fica mais gostoso.)

Não pense nem por um momento que você é capaz de fazer tudo sozinho. Vai precisar de um assistente, ou noivo apaixonado, ou algo similar, para ajudá-lo. Caso contrário, o Natal será a última festa que organizará na vida. Peça a essa pessoa que arrume a mesa. Cuide das crianças. Esquente o repolho. Descasque e ferva as batatas. Acenda as velas. E, se ainda assim, no meio de uma crise de pânico, você se vir engolindo um copo ou dois de vinho no meio da tarde para acalmar os nervos, saiba que não está sozinho.

Além disso, a partir daqui, o restante do processo é relativamente fácil. Você vai colocar a ave cozida, já quase sem gordura e recheada com cebolas descascadas, uma maçã e mais artemísia, na grelha da assadeira. Levar a assadeira ao forno e regar o ganso regularmente com um pouco de vinho. O fígado você reserva para fritar para si mesma e comer no lanche da tarde, porque você é a cozinheira e merece. Vai beber um copo de vinho ou três.

E continuar a regar a ave. Então, antes que possa se dar conta, encontrará um ganso reluzente dentro do forno – cheiroso e macio sob uma camada crocante de pele.

Enquanto tudo isso estiver acontecendo, por algum milagre, você irá tomar um banho e trocar as roupas oleosas que usou para cozinhar pelo vestidinho justo de Natal. (Sim, justo! Vai por mim, você não vai querer comer essa refeição de calça de veludo e casaco de moletom.) Seu fiel assistente terá colocado a mesa com seu melhor jogo de pratos e os belos guardanapos de linho. E, com uma taça de vinho na mão, terá recebido os convidados, guardado seus casacos no corredor e os conduzido para seus assentos. Sua casa vai ficar com um cheirinho que só existe no Natal: cera de vela e folhas de pinheiro, ganso assado e batatas cozidas.

Terá alguns minutos na cozinha para se maravilhar com o fato de que você conseguiu. O molho estará suave e fluido, o ganso, delicioso e cozido com perfeição, e a pele crocante deixará um gostinho de prazer proibido. O repolho oferecerá a acidez perfeita para balancear a refeição pesada, e as batatas cozidas proporcionarão uma muito necessária esponja para absorver todo o molho cremoso e o suco agridoce do repolho em seu prato.

Então, você vai se sentar à mesa com a família ou sua tribo, de um jeito ou de outro, com as pessoas que ama, e, em poucos minutos, verá a refeição que levou dois dias para fazer desaparecer, exatamente como estava torcendo que acontecesse. É impressionante. E, em vez de se sentir irritada ou ressentida, tudo o que vai experimentar é o prazer profundo de dar continuidade a uma tradição cimentada por duas amigas e suas filhas ao longo dos anos em Berlim.

A comida alemã é muito criticada no mundo atualmente. É fácil zombar dos Krauts* comedores de Wurst e achar que a maior contribuição da Alemanha para o mundo da culinária é a salsicha comum. Mas eu seria capaz de apostar que até mesmo os mais determinados críticos nunca provaram uma ceia de Natal tão sofisticada e deliciosa como essa. Só isso já é uma espécie de epifania.

---

* Como eram apelidados os soldados alemães durante as duas Guerras Mundiais. (N.T.)

Ganso assado

Rendimento: 6 porções

- um ganso (5kg)
- 1 cebola grande, cortada ao meio
- 2 talos de aipo
- 2 cenouras grandes
- 2 maços grandes de salsinha
- 1 alho-poró cortado ao meio e bem lavado
- 2 dentes grandes de alho
- ½ limão-siciliano orgânico
- 1 folha de louro
- 10 pimentas-do-reino pretas
- 1 maço grande de artemísia (ou de tomilho)
- 2 garrafas de cerveja escura
- sal e pimenta-do-reino moída
- 1 maçã, cortada em quatro (use a sua preferida!)
- 2 cebolas amarelas pequenas, cortadas em quatro
- 1 xícara de vinho tinto de boa qualidade
- 3 colheres (sopa) de manteiga sem sal
- 3 colheres (sopa) de farinha de trigo
- ¼ a ½ xícara de creme de leite (opcional)

1. Remova os miúdos e o pescoço, lave e seque o ganso. Coloque-o, com o peito voltado para cima, numa assadeira grande o suficiente para acomodar a ave e os legumes. Adicione as cebolas, o aipo, as cenouras, a salsinha, o alho-poró, o alho, o limão-siciliano, a folha de louro, a pimenta e metade da artemísia. Em seguida, regue com a cerveja e água suficiente para encher a assadeira até a metade. Cubra bem com papel-alumínio e coloque sobre o fogão, em fogo alto. Quando o caldo começar a ferver, abaixe o fogo e deixe ferver por uma hora e meia.

2. Retire o ganso da assadeira e coloque-o num prato grande para passar a noite na geladeira. Remova todos os sólidos do caldo e reserve-o por uma noite na geladeira.

3. No dia seguinte, o caldo estará com uma camada espessa de gordura branca na superfície. Ele pode e deve ser removido e guardado para ser usado no repolho-roxo (ver receita a seguir) e para assar batatas. (Você pode guardá-lo num frasco na geladeira por meses.) Coloque o caldo gelatinoso numa panela e reserve para o molho.

4. Retire a ave da geladeira algumas horas antes de assar.

5. Lave e seque a assadeira. Aqueça o forno a 200°C. Corte fora as asas do ganso e tempere com sal e pimenta dentro da cavidade. Recheie a cavidade com a artemísia restante, a maçã e as cebolas. Coloque o ganso, com o peito voltado para baixo, na assadeira e leve ao forno.

6. Depois de 20 minutos, regue a ave com um pouco do vinho tinto. Depois de mais 20 minutos, vire o ganso de peito para cima e regue com mais vinho. Continue regando com o vinho tinto a cada 20 minutos por uma hora e meia a duas horas, até que a pele esteja crocante e dourada. Se a carne estiver com uma aparência muito escura antes de estar cozida, cubra com papel-alumínio.

7. Enquanto o ganso está sendo assado, prepare o molho: aqueça o caldo gelatinoso. Em outra panela, derreta a manteiga e adicione a farinha e uma pitada de sal, mexendo por alguns minutos para a farinha cozinhar. Em seguida, adicione o caldo quente aos poucos, sem parar de mexer, até obter um molho homogêneo e sedoso. Mantenha quente até a hora de servir. Para engrossar ainda mais o molho, você pode adicionar creme de leite a gosto pouco antes de servir, mexendo com cuidado para não empelotar.

8. Quando o ganso estiver assado, retire-o do forno e transfira-o cuidadosamente para uma tábua. Deixe descansar por 10 minutos antes de destrinchar e sirva numa travessa. Acrescente o molho e sirva com repolho-roxo refogado (receita a seguir) e batatas cozidas.

Repolho-roxo refogado

Rendimento: 6 porções (como acompanhamento)

- 1 repolho-roxo médio (cerca de 1kg)
- 3 colheres (sopa) de gordura de ganso (receita anterior)
- 1 cebola grande cortada em cubos
- 1 maçã descascada, sem sementes e picada
- ½ xícara de vinho tinto seco
- ¼ de xícara de vinagre de maçã
- 3 colheres (sopa) de açúcar mascavo
- 1 folha de louro
- 3 cravos
- sal e pimenta-do-reino moída
- 1 colher (sopa) de geleia de groselha

1. Corte o repolho ao meio e retire o miolo. Corte as metades ao meio e pique em fatias finas. Reserve.

2. Coloque a gordura de ganso numa panela grande e de fundo grosso em fogo médio. Adicione a cebola e cozinhe por cerca de 8 minutos, até ficar translúcida, mas não deixe que ela doure. Adicione o repolho em dois lotes, mexendo sempre para que ele murche um pouco.

3. Adicione a maçã, o vinho, o vinagre de maçã, o açúcar mascavo, a folha de louro, os cravos, 1 colher (chá) de sal e pimenta-do-reino a gosto e misture bem. Reduza o fogo, tampe e deixe refogar por 1 hora, mexendo de vez em quando, até o repolho estar bem macio ao toque de um garfo. Acrescente a geleia de groselha.

4. Antes de servir, descarte a folha de louro e os cravos (se conseguir encontrá-los...). Prove o sal. O repolho pode ser servido imediatamente ou guardado na geladeira por até 2 dias (ele fica ainda mais gostoso). Aqueça antes de servir.

38. Um monte de recompensas

Logo depois do Ano-novo, Max e eu demos uma festa em casa em que tudo parecia errado. Não do jeito como você pode estar pensando: nossos hóspedes comeram tudo o que preparei (duas galinhas, preparadas com uma receita palestina complicada de um livro da moda, vários quilos de couve-de-bruxelas, um bolo inteiro de castanha, um litro de chantili e seis marmelos em calda), e não sobrou nada. Mas – isso já aconteceu com você? – quando me sentei para jantar com os convidados, olhei para o prato e pensei: "Não quero nada disso." (Bem, exceto o marmelo. Eles estavam muito bons.)

Não que a comida não estivesse *boa*. Só que parecia tudo tão tenso, digo, a minha relação com o que tinha cozinhado. Levei muito tempo e gastei energia decidindo o cardápio, planejando o jantar, comprando os ingredientes e cozinhando, e então, uma vez que meu prato estava diante de mim, parecia tão estranho, tão longe do que eu de fato queria comer. Minha garganta se fechou completamente. Foi um momento inesperado e perturbador. Estar cercada por nove pessoas devorando gentilmente tudo o que era colocado diante deles e sentir-se tão alheia à experiência.

No dia seguinte, ao pensar no jantar, não pude deixar de traçar paralelos entre ele e a minha vida. Havia gastado muito tempo e energia em Nova York, construindo uma vida que, por fora, parecia maravilhosa. Muitas pessoas teriam gostado de viver aquela vida e teriam ficado satisfeitas em devorá-la. Na verdade, alguns de meus amigos nunca compreenderam como as coisas pareciam erradas no final, quão deslocada, estranha e equivocada era para mim estar naquele papel a longo prazo. Eles não conseguiam entender por que abri mão de tudo aquilo para perseguir algo intangível e, sim, mais do que um pouco arriscado.

Agora, amo organizar jantares. Amo planejá-los, preparar a casa, escolher um cardápio e ver pessoas se sentando à mesa, abrindo os guardanapos que minha mãe me deu e colocando-os no colo. Passei dias mergulhada em livros de culinária, revistas e recortes de receita, montando um cardápio que fizesse sentido, procurando algo especial, talvez até um pouco incomum, para cozinhar. Adoro servir as pessoas; adoro a conversa fácil de quando se está no conforto da casa de alguém, longe da agitação e da formalidade de um restaurante. Se pudesse, organizaria um jantar todo fim de semana. (Só me falta alguém para arrumar a bagunça depois.)

No entanto, depois dessa refeição fatídica, decidi que tinha de encarar meus jantares de outro modo. Estava claro que o modelo antigo não estava dando certo. Eu tinha que deixar os livros de receitas complicadas e as ambições pretensiosas de lado e pensar simplesmente no cerne da questão. Primeiro, e acima de tudo, tinha de saber *o que* eu queria comer quando recebia visitas. É isso que importa. Era tão simples e tão complicado.

O que eu quero comer? Essa pergunta me fez lembrar de outras mais complexas que costumava me fazer quando passava as noites acordada em Nova York. E depois do jantar que me fez perder o apetite, resolvi que, na verdade, Max e eu comíamos muito bem quando estávamos sozinhos em casa. Por que eu tinha que mudar a fórmula vencedora só porque iria receber visitas? Na verdade, não era essa a hora de me ater aos sucessos que nos faziam felizes, com convidados ou não? Já sabia que Max confiava no meu gosto; ele sempre ficava satisfeito com o que eu fazia. E, como cozinheiro, você tem direito de ser egoísta. É parte da recompensa por todo o trabalho que tem antes e depois de um jantar. Você tem direito de fazer o que quiser, o que o faz feliz. O desafio é aprender a acreditar nisso também nos outros aspectos de sua vida.

Queria pratos testados que podia fazer de olhos vendados, coisas que satisfizessem e alimentassem nossos convidados, mas que ainda me fizessem sentir fiel a mim mesma. Na verdade, isso era o crucial. Encontrar um cardápio – e uma vida – que fosse *meu*. Genuíno e verdadeiro. Algo simples. Mas que levei mais de trinta anos para descobrir.

Para testar essa nova abordagem, organizei uma festa de aniversário para minha mãe. Convidamos vários de seus amigos mais chegados, e montei um cardápio com as coisas que tinha acordado desejando naquela manhã: *panade*, salada e aqueles fantásticos marmelos em calda. E foi isso.

Tinha descoberto a *panade* poucos anos antes: uma espécie de cozido do sudoeste da França feito com camadas de pão grosso camponês de qualidade, verduras salteadas, cebola cozida, queijo Gruyère e caldo de galinha. Já tinha feito *panade* só para nós dois muitas vezes antes, me divertido com as idas ao mercado para comprar o pão camponês e o Gruyère, maços escuros de acelga e cebola amarela, e me apaixonava um pouco mais pela receita toda vez que a preparava. Era o prato de inverno perfeito – uma refeição sem carne e ainda assim muito substanciosa e repleta de sabor, recheada de verduras escuras para descansar a mente e um pouco de queijo para confortar a alma. Simples, mas festiva.

A salada era de alface e erva-benta com abacate cortado em cubinhos, fatias suculentas de laranja e temperada com um vinagrete de echalota. Bebemos algumas boas garrafas de vinho tinto, e então, de sobremesa, os mesmos marmelos em calda do jantar desastroso, cobertos com uma colherada de iogurte grego grosso e avelãs picadas e torradas.

O jantar foi um enorme sucesso. As pessoas repetiram uma, duas vezes, limparam os pratos, e – animada – me juntei a elas. Dias depois, minha mãe, uma crítica severa, ainda estava elogiando a refeição. Foi o suficiente para uma anfitriã que adora dar um jantar se sentir orgulhosa novamente.

Era tudo tão *fácil*, se você me entende. Como se estivesse cozinhando só para nós dois, segura e certa de que podia tomar as decisões por mim e por Max, escolhendo a comida e a vida correta. Embora seja verdade que estivesse tudo gostoso, isso era quase incidental. O que realmente me deixou nas nuvens foi o fato de que tivesse escutado meus instintos e de que isso tivesse sido suficiente. No fim das contas, seguir seu coração na cozinha é o mesmo que na vida real: traz um monte de recompensas.

Panade de acelga e Gruyère

Rendimento: 6 porções

A *panade* está mais ou menos no meio do caminho entre um gratinado e um pudim de pão. Cubinhos de pão amanhecido, acelga salteada, cebola cozida e pedaços de Gruyère arrumados cuidadosamente em camadas e depois cozidos muito lentamente no forno até a *panade* estar macia e aveludada, quase mole e com uma crosta na superfície. Um prato rústico simplesmente divino. O preparo é demorado, mas eu prometo que vale a pena. Esta receita foi tirada do livro de Judy Rodgers, *Zuni Café Cookbook* [O livro de receitas do Zuni Café], e é absolutamente perfeita, embora sempre tenha vontade de acrescentar algumas fatias finas de abóbora para ver o que acontece. Um aviso: por favor, faça o seu próprio caldo de galinha. Os caldos artificiais simplesmente não produzem o mesmo resultado sublime.

- ½ xícara de azeite
- 1kg de cebolas picadas bem fininhas
- 6 raminhos de tomilho (retirar as folhas do caule)
- 6 dentes de alho cortados em fatias finas
- sal
- 500g de acelga fatiada, com 2,5cm de espessura
- 280g de pão branco tipo italiano envelhecido e cortado em cubinhos de 2,5cm
- 4 xícaras de caldo de galinha
- 170g de queijo Gruyère ralado grosso

1. Numa panela de fundo grosso de 4l, coloque metade do azeite, acrescente a cebola e misture. Refogue por cerca de 3 minutos em fogo médio a alto, até as fatias do fundo começarem a mudar de cor, em seguida adicione as folhas de tomilho e misture novamente. Cozinhe por mais 3 minutos e adicione o alho e ¼ de colher (chá) de sal. Misture bem e deixe cozinhar por mais 20 minutos, mexendo de vez em quando. As cebolas devem ficar douradas e macias, mas não moles. Se durante o

cozimento as cebolas secarem, abaixe um pouco o fogo e tampe a panela para reter a umidade. Prove o tempero e acrescente mais sal, se necessário.

2. Aqueça o forno a 160°C.

3. Corte as folhas de acelga dos caules, lave-as e corte-as em fatias. Coloque a acelga ainda molhada numa frigideira grande com um fio de azeite e uma pitada generosa de sal. Cozinhe em fogo médio até que a água comece a evaporar. Em seguida, reduza o fogo e misture a acelga por 3 a 4 minutos, até ela começar a murchar. Talvez você tenha que fazer isso aos poucos. Verifique o sal e reserve.

4. Misture o pão com algumas colheres (sopa) de azeite, ¼ generoso de xícara do caldo e algumas pitadas de sal a gosto.

5. Num pirex ou numa panela de ferro fundido esmaltada, monte a *panade* em camadas: comece pelas cebolas, em seguida, um punhado de cubos de pão, uma segunda camada de cebola, uma de acelga e um pouco de queijo. Repita até o pirex estar cheio. O ideal seriam de 2 a 3 camadas de cada ingrediente. Em seguida, verifique se a última camada tem um pouco de tudo. Regue com o azeite restante.

6. Coloque o caldo restante para ferver e prove o sal. Despeje o caldo de galinha quente ao longo das beiradas do pirex até ficar cerca de 1,5 centímetro abaixo da última camada. Espere um minuto para o caldo ser absorvido e adicione mais, caso seja necessário para alcançar a quantidade desejada. A *panade* pode aumentar um pouco se o pão inchar.

7. Cubra o pirex ou a panela com papel-alumínio e leve ao forno. Asse até a *panade* estar quente e borbulhante. Ela vai subir um pouco e levantar o papel-alumínio. A última camada deve ficar com um tom dourado mais pálido no centro e mais escura nas beiradas. Isso geralmente leva cerca de uma hora e meia, mas varia de acordo com a assadeira ou o material do pirex e do forno.

8. Nesse ponto, descubra a *panade*, aumente a temperatura para 190°C e asse por 10 a 20 minutos, até dourar. Deslize uma faca ao longo da lateral do pirex e verifique a consistência. Sob a crosta, a *panade* deve estar lustrada e soltar um caldo à medida que você a pressiona com a lâmina da faca. Se a *panade* parecer seca, acrescente algumas colheres (sopa) do caldo quente e asse por mais 10 minutos. Sirva imediatamente.

Marmelo em calda

Rendimento: 8 porções

Esta receita foi adaptada do genial *Cozinha mediterrânea*, de Paula Wolfert. Depois de 5 horas no forno, o marmelo fica com uma consistência de *fudge* que você pode fatiar, um gosto mágico e muito cheiroso (e também deixa sua casa com um perfume maravilhoso). Cuidado ao descascar, cortar ao meio e retirar o miolo do marmelo, eles são muito duros e às vezes a faca pode escorregar. Sirva quente ou gelado, com iogurte no café da manhã, ou com chantili e um bolo simples de outono.

- 6 marmelos pequenos
- ¾ de xícara de açúcar
- 2 cravos inteiros ou ½ pau de canela
- suco de 1 limão

1. Preaqueça o forno a 120°C.
2. Descasque os marmelos e então corte-os ao meio e retire o miolo. Reserve a casca e o miolo. Numa assadeira rasa que possa ser colocada sobre a chama do fogão, misture o açúcar, o cravo ou a canela, o suco de limão e ⅔ de xícara de água e coloque em fogo baixo. Mexa para dissolver o açúcar. Arrume as metades de marmelo numa camada sobre o caramelo e cubra com a casca e o miolo reservados (eles vão evitar que o marmelo resseque).
3. Cubra com papel-alumínio e asse no forno por 5 horas. O marmelo ficará macio e mudará de cor – de vermelho-escuro para rosa-claro, dependendo da origem dele. Descarte então o miolo e as cascas e transfira o marmelo para um recipiente com tampa.
4. Passe a calda do cozimento por uma peneira fina sobre o marmelo (não deve haver muita calda; no entanto, se parecer muito, reduza antes de colocar sobre a fruta). Sirva imediatamente ou guarde na geladeira por até uma semana (deixe o marmelo esfriar completamente antes de levar à geladeira).

39. O lugar perfeito

MINHA MÃE ME ENSINOU a adorar figos há catorze anos. Ela morava em Roma na época, depois que seu namorado, Florian, partiu seu coração e ela teve de se mudar para a Itália para trabalhar. Eu a visitava durante as férias de verão da faculdade. Ela estava hospedada no apartamento do primo Paolo até encontrar um lugar para morar. Havia uma varanda estreita que se estendia por todo o apartamento, que tinha piso de mármore frio e uma pequena cozinha. Na sala de estar, uma garrafa de três litros de Veuve Clicquot. Eu me perguntava para que ocasião Paolo estava guardando aquela garrafa.

Uma noite, depois do jantar, minha mãe e eu nos sentamos à pequena mesa para dois na cozinha – estava escuro lá fora – e, devagar, comemos um prato enorme de figos verdes descascados que ela havia comprado no mercado naquele dia. Estava muito quente lá fora, minha mãe estava triste, e eu, muito confusa, porque também amava Florian. Nunca vou esquecer a sensação da fruta fria em minha boca, a surpresa que eram aquelas centenas de pequenas sementes crocantes, a doçura quase impossível de cada figo. Minha mãe estava de volta a sua cidade natal, e eu estava longe da minha, e estávamos tristes pelos mesmos motivos e por motivos diferentes.

Passei um bom tempo sem comer figos depois disso. Os figos à venda nos mercados de Boston e de Nova York não eram tão bons como os da Itália. Mas, num verão, o último de meu avô, decidi visitá-lo na Itália perto do Dia do Trabalho norte-americano, no início de setembro, muito mais tarde no verão do que jamais o visitara antes, e encontrei as figueiras na frente de sua casa repletas de figos roxos maduros. Minha mãe e eu passamos horas sob as árvores, colhendo e comendo as frutas doces, meu avô nos observava da sombra de casa. Os que não comíamos, descascávamos depois do jantar e usávamos para fazer geleia com casca de limão-siciliano ou pedaços de gengibre.

Cinco meses depois, ele faleceu, três dias antes de seu 99º aniversário. Depois de sua morte, quando voltei à Itália para visitar minha mãe, a principal pessoa a cuidar da casa, senti saudade de ver meu avô e seus dedos nodosos, as camisetas sujas e o sorriso dentuço, sentado no banco sob a sombra. Quando meus avós compraram a casa ela não era muito mais do que uma ruína, e meu avô passara os anos de sua aposentadoria reformando e a colocando de pé novamente. Mas minha avó morreu apenas um ano depois de eles se mudarem de Roma para o vilarejo de Torre. E meu avô viveu o resto da vida, quase um quarto de século, sozinho ali, exceto por nossas visitas anuais.

Depois de sua morte, à medida que os anos foram passando, a casa acabou ficando para minha mãe. Ela plantou uma ginjeira no jardim junto dos arbustos de framboesa e uma horta de alface. Em novembro, colhia azeitonas das árvores retorcidas que meu avô plantara havia muito tempo e então as levava ao moinho local para fazer azeite e armazenar nas grandes latas de metal no porão. E sempre que eu visitava a casa na época certa no fim do verão, ficava de pé sob as duas figueiras no gramado, o desfiladeiro se estendendo do outro lado, e comia inúmeros figos, olhando para o vale lá embaixo, uma gota de seiva leitosa no pulso.

NUNCA QUIS UM casamento grandioso. Minhas fantasias de criança em geral envolviam vestidos sem manga, touquinhas e um desejo fervoroso de voltar no tempo para a época revolucionária de Laura Ingalls Wilder, para que pudesse aprender a fazer a torta de tomates verdes com Ma Ingalls. Nunca gostei de ser o centro das atenções, e estava um tanto constrangida com a perspectiva de dizer nossos votos privados na frente de tanta gente. A ideia de todos aqueles *rostos* me olhando enquanto eu caminhava até o altar me assustava. Embora gostasse de ir ao casamento dos outros, eles quase sempre pareciam envolver trabalho demais, e não era o tipo de trabalho com o qual eu me divertiria. O maior problema, porém, era a timidez.

"Será que a gente não devia apenas ir para Las Vegas?", perguntava a Max vez ou outra, depois de ficarmos noivos. "Só nós dois? A gente aluga uma moto! E vai passar a lua de mel em Los Angeles!" Eu adorava Los Angeles – o sol quente, as flores cor-de-rosa, as esquinas escuras e os palácios chineses. Queria levá-lo até lá, descer a imensa praia de Santa Mônica com ele e vê-lo se apaixonar pela cidade como eu, para sonharmos com a ideia de um dia viver lá. Até o pai de Max, que, quase aos sessenta, ainda rodava com sua Ducati nas *Autobahns* alemãs, achava Vegas e uma lua de mel de moto uma ótima ideia.

"Se é o que você realmente quer, a gente pode fazer", dizia Max. "Mas pense nisso. É a única chance que a gente vai ter na vida de reunir todo mundo que a gente ama num só lugar. Suas amigas de Nova York. Nossas famílias. Meus amigos. Joanie e Dietrich. Todo mundo. Acho que não vamos nos arrepender. E não há nada do que ter medo – eu vou estar o tempo todo do seu lado."

Era um bom argumento. E pensei que, se conseguíssemos dar um jeito de organizar um casamento com a nossa cara, talvez não fosse a experiência desgastante que sempre achei que seria. Talvez fosse até divertido. E ao pensar com mais calma, vimos que não havia lugar melhor para um casamento do que a casa de minha mãe na Itália.

Nós dois adorávamos o lugar; Max se sentia tão em casa quanto eu. Torre ficava numa parte linda e relativamente desconhecida da Itália, situada entre colinas próximas da costa do Adriático e totalmente fora dos roteiros turísticos. Quando eu era nova, minha mãe e eu pegávamos um avião até Milão e um trem até Pesaro que levava horas para cruzar os campos. Em Pesaro, meu avô nos buscava de carro e ia dirigindo por estradas à beira-mar e depois subia devagar as colinas cobertas de flores selvagens, borboletas brancas e ovelhas. A casa em Torre ficava fora da estrada e sempre era uma surpresa fazer a curva final e vê-la emoldurada pelo céu azul e as folhas de acácia.

Na verdade, esse era o único problema do lugar: não ia ser fácil para os convidados chegarem. Mas se eles conseguissem, seria espetacular. Havia um gramado plano junto da casa onde poderíamos arrumar os bancos para as pessoas se sentarem enquanto Max e eu dizíamos nossos votos diante das duas figueiras. E, atrás da casa, no promontório com vista para o terreno dos vizinhos e as colinas da região, havia uma clareira do tamanho exato para uma tenda e uma pista de dança. A vista das colinas de Montefeltro era impressionante.

Minha mãe estava pronta para o desafio de sediar o casamento em seu quintal. "Vai ser divertido!", comemorou ela ao telefone quando Max finalmente conseguiu me convencer em janeiro. A data foi marcada para o fim de junho, tínhamos cinco meses. "Antonio e eu já vamos começar os preparativos." Antonio era seu amigo e vizinho que a ajudava, podando as árvores e construindo cercas para manter os cervos fora do jardim meticulosamente bem-cuidado. A clareira onde queríamos colocar a tenda e a pista de dança servira de local para uma fogueira por vinte anos. Eles teriam de cobrir o buraco com relva, plantar grama e torcer para dar certo. Embora a casa que meu avô levantara das ruínas e o terreno do qual minha mãe cuidava tão bem fossem bonitos, não estavam prontos para receber cem convidados de todos os cantos do planeta. Minha mãe e Antonio tinham muito trabalho pela frente.

Enquanto os dois cavavam, plantavam, regavam e esperavam, Max e eu, em Berlim, começamos a planejar o casamento despojado ideal – uma festa no jardim. Decidimos pedir emprestados alguns bancos de piquenique do clube de cavaleiros da região, para colocar perto das figueiras. Em vez de um padre, pedimos que nossos amigos Dave e Tilman usassem ternos pretos e fizessem um discurso de coração para celebrar o casamento. Em seguida, na frente da casa, serviríamos champanhe que meu tio Pietro disse que poderia comprar por atacado de seus amigos na França e cones de papel com *fritto misto* e pastéis de *prosciutto*. Depois disso, os convidados iriam passar pelo galpão de madeira que o meu avô construíra quando ainda era um octogenário relativamente ágil e por um pequeno bosque de pinheiros até chegar à tenda de plástico transparente alugada que parecia uma estufa montada no final do terreno, com vista para o vale e as colinas ao redor da casa. Se o tempo colaborasse, teríamos até um vislumbre do mar no horizonte. Então serviríamos o jantar, dançaríamos e pronto. Estaríamos casados.

Quanto ao vestido, logo vi que um branco longo de casamento não ia combinar muito comigo. Experimentei alguns, mas quando me olhei no espelho do trocador, todos pareciam estranhos. Era como se estivesse brincando de me fantasiar com as roupas de outra pessoa. Então, um dia, passeando pela avenida KuDamm, vi um manequim brilhante na vitrine da Yves Saint Laurent, do outro lado da rua, usando um vestidinho branco. Fiquei um bom tempo do lado de fora, no frio, olhando o vestido – sem alça, a saia bem cheia e na altura do joelho –, até ter coragem para entrar.

Quando coloquei o vestido – que era de linho grosso – e fechei o zíper, me senti imediatamente à vontade. Estava longe de ser um vestido de casamento, não tinha enfeite nenhum, exceto duas pregas na altura do bolso, e era exatamente o que queria usar. Levei um tempo para comprá-lo, afinal de contas nunca tinha sequer olhado para a vitrine da Yves Saint Laurent. Mas não consegui encontrar nada que chegasse à altura. E quando você tem certeza é porque tem.

Max e eu, então, tínhamos que fechar o cardápio. Catorze anos antes, minha prima Valeria também se casara em Torre, na casa de meus tios do outro lado da montanha. O casamento de Valeria e Jack fora fantástico, com música até tarde da noite e muito riso e alegria. Mas a coisa que mais me lembrava da noite era o risoto de camarão graúdo que foi servido no jantar pelos simpáticos garçons. *Não ia ser tão fácil se aquele serviço de bufê ainda estivesse funcionando?*, pensei um dia. Logo descobri que ainda estava. Em pouco tempo, *signor* Perugini e eu estávamos trocando e-mails todos os dias.

Max e eu queríamos uma refeição rústica italiana, com pratos da região como *tagliatelle* com ragu, um peixe simples grelhado e legumes cozidos. A comida na região de Marcas era simples e deliciosa, e achei que servir as refeições que comia todo verão combinaria perfeitamente com o casamento casual e caseiro que estávamos planejando.

Para o *signor* Perugini, no entanto, isso era um verdadeiro pecado. Afinal de contas, estávamos falando de comida de camponeses – pratos que os agricultores comiam num domingo à tarde, e não o tipo de coisa que uma dama serviria em seu casamento. Minha mãe e eu tentamos argumentar, prometendo que os convidados italianos não iriam ficar chocados e que os estrangeiros ficariam encantados com tudo o que colocássemos diante deles. Mas o *signor* Perugini não se convencia.

Ele torceu o nariz para todos os nossos pedidos: coelho assado com batatas e alecrim, *tagliatelle* e salada verde. O *signor* Perugini queria costeletas de cordeiro com couve-galega e lagostins grelhados. E *margherite* de peixe e *mezzalune* recheado com bochecha de boi. Educadamente, os e-mails iam e vinham por semanas, até o *signor* Perugini sugerir o impensável. Ele nos disse que devíamos servir sushi.

Depois de xingar por um tempo, eu me sentei para escrever um último e-mail para o *signor* Perugini. E tinha uma ideia do que poderia funcionar. Max ficou de braços cruzados em pé atrás de mim. "Caríssimo *signor* Perugini", digitei. "Obrigada por sua última sugestão, que é sem dúvida muito elegante e especial. No entanto, depois de muita discussão com meu noivo, devo dizer que, desde que começou a planejar o casamento, ele está determinado a servir um cardápio apenas de comida rústica italiana. Claro que minha mãe e eu entendemos a sua dedicação para criar uma refeição espetacular e deliciosa para essa ocasião tão alegre. Mas não posso suportar ter que negar o desejo de meu futuro marido. Espero que entenda a minha situação. Deixo-lhe minhas saudações mais afetuosas, Luisa Weiss." E me virei para Max, que sorriu para mim. "Italianos são tão machistas. Quer apostar que vai dar certo? Vamos jantar."

Na manhã seguinte, recebi o e-mail de resposta do *signor* Perugini, com um enorme pedido de desculpas. "Mas claro, *signora*. Entendo perfeitamente", começava ele. Anexo, havia um cardápio revisado que continha tudo o que fora pedido desde o início. Sem sinal algum de sushi.

Geleia de figo

Rendimento: cerca de 5 frascos

A verdade é que se você tiver a sorte de conseguir alguns figos, é melhor comê-los crus, mordendo a carne e suas sementinhas crocantes. Nada pode melhorar a natureza, especialmente quando se trata de figos. Mas se você tiver uma fonte abundante de figos frescos, perceberá que muitas vezes eles amadurecem tão depressa que simplesmente não é possível acompanhar. É aí que entra a geleia de figo. Geleias de figo normalmente são doces demais, por isso é crucial adicionar um pouco de suco de limão ou raspas da casca de um limão.

- 1kg de figos frescos roxos ou verdes
- 2 xícaras de açúcar
- suco de ½ limão-siciliano e/ou raspas da casca de ½ limão
- uma pitada de canela em pó

1. Limpe os figos com um pano úmido, mas não os descasque. Corte-os em quatro e coloque-os numa panela de fundo grosso de 4l. Adicione o açúcar e o suco ou as raspas da casca de limão (ou ambos) e misture bem. Cubra e deixe descansar durante a noite ou por pelo menos 4 horas.
2. Leve a panela em fogo bem baixo, sem tampa, e deixe ferver bem pouquinho. Cozinhe por 2 horas, mexendo de vez em quando (apenas uma ou duas vezes). A ideia é que o açúcar esteja quase caramelizado ao final do cozimento.
3. Enquanto isso, esterilize os potes de geleia e as tampas.
4. Ao final do cozimento, retire do fogo e acrescente a canela. Então passe a geleia quente para os potes, feche as tampas, vire-os de cabeça para baixo e deixe esfriar completamente.
5. Depois de frios, vire os potes de cabeça para cima e rotule. A geleia dura um ano.

40. Eu, por inteiro

Duas semanas antes do casamento, fui para a Itália. Havia algumas coisas de última hora para resolver, os arranjos de flores das mesas, se iria fazer o cabelo com Milly, a cabeleireira do vilarejo, ou se o arrumaria sozinha, e quais sabores de sorvete iríamos encomendar a Claudia, a *gelataia* da cidade vizinha, para a sobremesa.

Minha mãe e seu amigo Antonio passaram meses trabalhando no jardim e no vasto gramado onde queríamos montar a tenda para a festa. Depois da última fogueira, quando o que restara era um grande círculo queimado de fuligem e terra negra, Antonio veio todos os dias com um ancinho e uma pá para cobrir tudo com terra fresca. Ele plantou sementes de grama e regou diariamente, fazendo surgir os pequenos brotos verdes do chão. Em junho, o promontório estava verde e exuberante. Era quase uma pena colocar a tenda em cima de todo aquele trabalho árduo.

Quando cheguei à Itália, em meados de junho, minha mãe e meu pai estavam esperando por mim. Por cinco dias, até a família de Max chegar de Berlim e minha madrasta vir de Boston, éramos apenas minha mãe, meu pai e eu. Max não chegaria até dois dias antes do casamento porque tinha de trabalhar. Ter meus pais só para mim era um acontecimento raro. Passamos alguns dias resolvendo coisas, revendo velhos amigos na cidade e preparando *frittata* de abobrinha para o almoço.

Estava um tanto arrependida com o vestido. Tinha comprado um vestido branco Yves Saint Laurent seis meses antes e me esquecera de como era. Agora, diante dele no quarto, estava insegura. Será que tinha que ser longo? Com mangas? Ou com muitas rendas? Em outras palavras, será que tinha que ter dado mais atenção ao meu vestido de noiva? "Você vai ficar linda de qualquer jeito", disse meu pai de olhos marejados na hora do almoço. "Deixa de palhaçada! O vestido é lindo", caçoou minha mãe da bancada da cozinha, descaroçando cerejas para fazer geleia e sujando tudo com o suco vermelho e brilhante das frutas. Felizmente, não havia muito o que fazer àquela altura. Torre não tinha muitas lojas de casamento. Além disso, estava com a nítida impressão de que era só medo. Meus pais queriam discutir coisas mais importantes.

Meu pai: "Ainda não estou conseguindo acreditar que você não vai colocar música."

Eu: "..."

Meu pai: "Sério? Você está mesmo me dizendo que não vai ter música nenhuma?"

Eu: "Não, não vai ter música. Nenhuma."

Meu pai: "Tenho certeza de que essa é a coisa mais absurda que já ouvi. Você não vai mesmo mudar de ideia? Posso ligar para o Max?"

Mas bati o pé. Max e eu já tínhamos decidido havia muito tempo que não haveria música no caminho até o altar. Do mesmo jeito como não queríamos uma primeira dança, cerimonial, bolo nem uma figura religiosa. Queríamos que o casamento fosse puro e simples. E não queria ouvir nada mais que o vento nas acácias sobre a nossa casa. Embora meu pai concordasse com muitas de nossas idiossincrasias, a história de não ter música o incomodou como nunca.

Aqueles foram dias movimentados. Toda manhã começava com listas e tarefas pelas estradas sinuosas que serpenteavam no campo. Mas também havia momentos que não queria que acabassem. Meu pai ouvindo uma gravação de Beniamino Gigli da década de 1920 no radinho laranja na cozinha enquanto eu fatiava abobrinha para o jantar, o pôr do sol entrando pela porta de tela e iluminando a parede atrás dele. Nós três de pé junto do balcão do florista cheio de flores falsas, um olhando para o outro, impotentes, enquanto o gentil florista enchia um vaso gordinho com seixos brancos de borracha que deviam se parecer com pedras de verdade e acrescentava um buquê de crisântemos amarelos fosforescentes. Nós três bufando na colina íngreme de Urbino para chegar ao mercado de sábado em tempo de comprar legumes para o almoço e depois seguindo até a *vinoteca*, onde degustamos os vinhos tintos e brancos locais que queríamos servir no casamento, que agora estava a apenas poucos dias.

As semanas que antecederam o casamento pareciam os primeiros três quartos de uma corrida de revezamento, cada etapa servia para fortalecer a equipe, nos aproximar e construir a passagem perfeita do bastão. Gostava simplesmente do fato de estarmos juntos, nós três, mesmo sendo um grupinho tão diferente, os corações expostos, os ânimos elevados. Naqueles dias, preparei refeições simples para meus pais: espaguete, *frittata* e saladas de alface que colhi no jardim. Uma tarde, meu pai e eu fomos até a plantação de framboesa e passamos uma hora enchendo uma tigela em silêncio. Comemos de sobremesa, com as mãos. Os figos não estariam maduros por mais alguns meses.

Então, lentamente, a mesa começou a aumentar. Primeiro veio Susan de Boston, irradiando tranquilidade no meio de três criaturas bastante ansiosas. Depois que contamos a ela dos crisântemos amarelos fosforescentes, Susan me disse que iria cuidar das flores do casamento. Havia bastante material nos campos ao redor da casa e ao longo das estradas. Flores silvestres me pareceram uma opção muito melhor que crisântemos, e minha mãe tirou do armário os copos de cristal de sua tia-avó para Susan usar como vasos. Um dia, na hora do almoço, minha mãe fez para nós quatro um ensopado simples de duas panelas de grão-de-bico com macarrão, tomate fatiado, alecrim e pimenta. Desacostumada a cozinhar para mais do que duas pessoas, calculou mal as quantidades e terminamos o almoço com fome. Ela sorriu enquanto raspávamos os pratos e dizíamos como estava gostoso.

Quando a família de Max chegou de Berlim, cozinhamos pilhas de *tagliatelle* e requentamos travessas de lasanha que os vizinhos tinham nos dado. A mãe de Max prometeu me ajudar a fazer os cartões com os assentos e a organizar a disposição das mesas, que eu tinha deixado para o último minuto, e logo ela e a avó de Max estavam costurando saquinhos com lavanda fresca do jardim e amêndoas da Jordânia, tradições italianas de casamento que minha mãe insistia que seguíssemos. Quando o companheiro de minha mãe, Maurizio, chegou de Bari, trouxe caixas de plástico cheias de muçarela fresca e cremosa, que comemos com *focaccia* de batata e salada. E então comecei a ansiar pela chegada de Max. Todos aqueles pequenos momentos especiais estavam passando sem ele por perto. Queria apertar a mão dele ao ver sua avó descansando na sombra, depois do almoço, ou quando vi seu irmão escalando as árvores, de cesta na mão, para pegar frutas para a sobremesa.

Depois que Laura, Pietro e a família chegaram, eles tomaram a cozinha, que liberamos de bom grado. Haviam comprado pilhas de verduras amargas que lavaram com cuidado antes de ferver e refogar no azeite e no alho, e serviram batatas cozidas temperadas com o vinagre balsâmico artesanal do namorado de minha prima, grosso feito melaço. Meu pai também cozinhou, aventurando-se num gratinado de abobrinhas e batatas, salpicado de azeitonas picadas e cozido no leite. Não parece nada de mais, mas todos repetiram o prato e pediram a receita. Timidamente, ele admitiu que era de um folheto do supermercado Conad que havia ali na estrada.

Essas jantares grandes servidos ao anoitecer, do lado de fora da casa, foram alguns dos momentos mais bonitos da preparação para o casamento. À medida que as pessoas chegavam, continuamos a colocar mais cadeiras e pratos na mesa de madeira no pátio de pedra nos fundos da casa. Quando ainda estava sozinha com meus pais, de vez em quando uma lagartixa disparava pela parede até ser expulsa por um dos gatos. Mas, à medida que a mesa aumentava, os animais se distanciavam e o ar se enchia com uma mistura de idiomas: alemão, italiano, francês e inglês. E, por fim, Max também estava lá. Quando Betsy, o marido e a filhinha chegaram, eles colocaram o bebê-conforto de Isla numa rede perto da mesa, e ela dormiu enquanto comíamos e conversávamos.

Noite após noite, assisti à mesa de jantar crescer: Max e meus sogros numa ponta; minhas amigas de Nova York, que tinham vindo mais cedo para ajudar na preparação, no meio; minha família italiana na outra ponta; e todos os meus pais, um do lado do outro, no canto. E ao ver todos comendo juntos, passando grandes pratos de massa um para o outro, rindo e tentando se fazer entender em diferentes idiomas, pensei: *Isso é tudo. Isso me basta. Não preciso de um casamento. Só de ter todas essas pessoas aqui comigo já é suficiente.*

Quando você tem um pai em cada país, quando você é quem viaja de um lado para outro, aprende a dividir a vida com muito cuidado. Você tem a vida alemã e a vida norte-americana, os amigos de Berlim e os de Nova York. Em raras exceções, essas vidas se misturam. Era eu quem conseguia passar facilmente de uma para a outra, entrando e saindo de diferentes línguas e de suas vidas. E é um tanto solitário imaginar que as pessoas mais queridas e mais próximas não têm uma visão completa de mim. Mas aprendi, há muito tempo, que era assim que sempre seria. Isso era tudo o que conhecia. O fato de que agora todo mundo, de todas estas diferentes partes de minha vida estavam num só lugar, bem na frente dos meus olhos, era quase demais para mim.

Lá atrás, em Paris, Max já tinha percebido, de cara, que havia mais a meu respeito do que estava mostrando a ele. Eu era muito boa naquela dança cuidadosa, compartimentando minha vida para conseguir organizá-la. Era como eu fazia as coisas funcionarem. Quando Max se apaixonou por mim, ele entendeu que a menos que me pressionasse, só teria uma parte de mim. Mas eu não estava pronta para ser pressionada, e ele me deixou sem chão. Levei quase uma década para entender que ele merecia me conhecer por inteiro: a italiana, a norte-americana, a berlinense do coração dividido, a mulher que se dedicou à carreira, a escritora e a brincalhona. Max me fez perceber que não precisava esconder parte nenhuma de mim. Ele estava pronto para isso. Tudo o que tinha de fazer era me abrir e deixá-lo entrar. O restante viria depois.

E foi assim, com essa sensação de paz completa, que assisti à mesa de jantar lotar, e vi todas as pessoas que povoaram todas as partes de minha vida juntas, sabendo que Max havia tornado isso possível me convencendo a organizar o casamento. Ele me motivou a trocar minha vida em Nova York por uma nova em Berlim. Ele me cobriu de gratidão por dar aquele passo enorme e foi paciente comigo ao longo de todo o caminho, enquanto eu soluçava com a solidão, sentia saudade de minhas amigas, me ressentia com a dureza do inverno de Berlim. Ele me deixou fantasiar um retorno aos Estados Unidos quando sentisse falta de Nova York, prometendo que sempre estaríamos juntos. Max entendia que, para ficar, eu tinha que me sentir livre para ir.

E ali, sentindo-me plena de gratidão, felicidade e completude, achei que aquilo seria o melhor do casamento. Isso, é claro, até o casamento propriamente dito acontecer.

Pasta e ceci com alecrim e pimenta

Rendimento: 4 porções

Esta é uma versão mais picante e mais ensolarada do clássico italiano *Pasta e fagioli*. Não use grão-de-bico enlatado; o grão-de-bico seco tem uma textura levemente mais delicada e um sabor que tornam uma delícia esta receita. Quanto à pimenta, gosto de usar pequenos *peperoncini* italianos secos (os da Calábria são os melhores), mas você também pode usar a mexicana *chiles de arbòl*.

- 1½ xícara de grão-de-bico seco
- folhas de 1 raminho de alecrim fresco
- 1¼ de colher (chá) de sal, ou mais, a gosto
- 3 tomates-italianos
- 2 colheres (sopa) de azeite, e um pouco mais para servir
- 1 dente de alho grande
- 2 pimentas italianas secas
- 120g de *pennette* ou *maccheroncini* secos

1. Coloque o grão-de-bico de molho em água fria por, no mínimo, 8 horas ou durante a noite.

2. Escorra o grão-de-bico e coloque numa panela de 3 a 4l com as folhas de alecrim e água fresca suficiente para cobrir tudo por uns 2 a 3cm. Levante fervura e reduza o fogo. Cozinhe o grão-de-bico coberto por uma hora e meia ou até que os grãos estejam macios. Nos 10 minutos finais de cozimento, tempere com uma colher (chá) de sal.

3. Quando os grãos estiverem macios, retire a panela do fogo. Usando uma escumadeira, retire 1 xícara de grão-de-bico e reserve. Em seguida, bata o restante num microprocessador até o caldo ficar homogêneo. Reserve.

4. Retire as sementes dos tomates e corte-os longitudinalmente. (Você pode descascar os tomates antes de cortar, mas eu nunca faço isso.)

5. Coloque o azeite numa panela pequena em fogo médio e adicione o alho. Cozinhe por alguns minutos, até o alho dourar levemente. Adicione a pimenta, o tomate e ¼ de colher (chá) de sal e cozinhe por 10 minutos, mexendo de vez em quando, até os tomates terem desmanchado. Descarte o alho.

6. Coloque os tomates cozidos na panela com o purê de grão-de-bico. Adicione o copo com o grão-de-bico reservado e misture bem.

7. Ferva água numa panela e cozinhe a massa até ficar *al dente*. Escorra e adicione o grão-de-bico. Misture bem. Prove o sal e ajuste o tempero. Sirva imediatamente, regando com um pouco de azeite adicional a gosto.

41. A garota mais sortuda

Na noite anterior ao casamento choveu; uma tempestade daquelas. Max e eu tínhamos colocado tapa-ouvidos para dormir porque o vento ao redor da casa era muito forte e queríamos estar bem descansados no dia seguinte. Então não ouvimos nada. Mas, na manhã seguinte, só se falava na chuva repentina. "Dá para acreditar?", disse minha tia no café da manhã. "Que sorte a sua que parou!" E, de fato, o dia estava bonito, claro e quente o suficiente sem estar escaldante.

Passei a manhã no porão com a mãe de Max, fazendo grandes flores de papel de seda verde, rosa e branco para decorar o jardim e o portão. Cuidadosamente, ela escreveu a mão os cartões marcando os lugares dos convidados. Minha madrasta levou minhas amigas aos campos próximos para juntar flores e depois se sentou atrás da casa com grandes baldes de flores silvestres, vasos de cristal com água e uma pilha de pedrinhas da entrada de carros para fazer os arranjos de mesa, a cabeça deitada de lado enquanto contemplava criteriosamente seu trabalho.

Era difícil me concentrar nas muitas tarefas da manhã com tantos dos meus amigos mais queridos a um braço de distância. Ao meio-dia, Max foi ficar com os pais, e eu fui de carro até a pensão em que Betsy, Jenny e Teri estavam hospedadas e as encontrei preparando um almoço com as coisas que tinham comprado de manhã, na cidade. Era um piquenique chique: fatias de melão, presunto cru bem fininho, azeitonas pequenas e picantes, tomates maduros, azeite de qualidade. Comemos com as pernas mergulhadas na piscina da pensão ao lado do olival do proprietário, enquanto os maridos nadavam na parte funda, até eu perceber, com um grito de susto, que o casamento estava marcado para começar em três horas e eu ainda não tinha nem tomado banho.

De volta, encontrei minha mãe correndo feito louca, agarrada ao telefone. Houvera um imprevisto com a fossa séptica. Ela estava entupida, e como era uma tarde de sábado, não se conseguia encontrar um encanador. Ninguém podia tomar banho ou dar descarga até aparecer alguém. Então fiquei na varanda da frente com minha prima Valeria e os filhos, esperando enquanto minha mãe ligava para todas as pessoas que conhecia que talvez pudessem consertar uma fossa séptica entupida. Em pouco tempo, Bruno, que morava adiante na mesma estrada, veio nos salvar.

Com a água normalizada, tomamos banho. Adorei a movimentação na casa cheia, ver a equipe do *signor* Perugini da janela do quarto, os bancos arrumados diante das figueiras. A distância, podíamos ver nossos amigos, Dave e Tilman, relendo trechos escritos em papel branco. Tínhamos dito a eles como queríamos nossos votos, mas não ensaiamos nada. Estava tão ansiosa para ouvir o que eles haviam preparado.

Max e eu nos arrumamos juntos no nosso quarto, com um fotógrafo espreitando de vez em quando para uma foto enquanto nos vestíamos. Não me importava que Max e eu nos víssemos antes do casamento; ele era o único que podia me acalmar naquele momento. "Você está nervoso?", perguntei enquanto ele dava o nó na gravata. "Porque eu estou um pouco nervosa." Max sorriu. "Para falar a verdade, não. Nós já somos casados, lembra?" Tínhamos feito uma cerimônia civil algumas semanas antes, em Berlim. "Só pense nisso como uma festa."

"É. Tem razão! É só uma festa." Mas minhas mãos estavam suando.

Quando terminei de me vestir, tentei o melhor possível fazer um coque liso, do jeito que vinha praticando no espelho do banheiro em Berlim, até acertar. Mas naquele dia não tive tanta sorte, e tive de prender o cabelo todo atrás. Com a supervisão cuidadosa do filho de dez anos de Valeria, fiz minha própria maquiagem e minhas amigas prenderam flores de *chiffon* em meu cabelo. Max estava de terno azul-escuro e Susan fez uma pequena flor de lapela com uma lavanda do arbusto da porta da frente e uma flor branca parecida com uma rosa, retirada de um buquê que um dos vizinhos mandara pela manhã. E arrancamos um monte de rosas do jardim de minha mãe para encher uma cesta para a nossa dama de honra, Emma, que vinha treinando a semana inteira a andar bem devagar enquanto espalhava pétalas ao longo do caminho.

De repente, estava na hora. Não tinha nem reparado nas pessoas chegando, mas quando olhei pela janela, os bancos junto das figueiras estavam tomados pela família e por nossos amigos. Max me deu um beijo e saiu para ocupar seu lugar sob as figueiras com Dave e Tilman logo atrás. Meu pai veio me buscar, e Emma foi na nossa frente, de cabeça erguida, as mãos pequenas soltando as pétalas como uma princesa. *É só uma festa, é só uma festa*, disse a mim mesma quando saímos pela porta da frente e então descemos as escadas e fizemos uma curva até o local em que os convidados estavam reunidos. *Fique calma, você já é casada. Lembra?* Mas era como se eu estivesse ruindo por dentro.

Meu pai se preocupara tanto com a falta de música em nosso caminho até o altar que chegou a tentar mudar minha opinião uma última vez naquela manhã. Mas eu achava que qualquer música clássica vindo de uma caixa de som equilibrada na janela da sala seria artificial. Com toda a beleza natural que nos cercava, o som do vento nas acácias acima de nós e o farfalhar de grama enquanto caminhávamos sobre ela, não precisava de música alguma.

Mas, ao nos aproximarmos do corredor improvisado, enquanto via Max sorrindo para mim, as mãos entrelaçadas diante de si (ele estava um pouco nervoso, afinal de contas), à medida que meu pai e eu passávamos pelas fileiras de bancos, nossos convidados – *todos* eles – começaram a cantarolar a "Marcha nupcial" cada vez mais alto. Era o som mais engraçado e bonito, tão forte, puro e perfeito que achei que pudesse chegar até onde eu achava que meus avós, todos eles, estariam assistindo. Queria rir e chorar e abraçar todo mundo a minha volta ao mesmo tempo, mas, em vez disso, só segurei no braço de meu pai e apertei com toda a força.

Algumas semanas antes, depois do casamento civil – que fora fácil e rápido, seis minutos ao todo, incluindo as piadas do escrivão, as assinaturas e o beijo –, não tivemos música nem lágrimas. Foi como eu esperava: algo rápido e maravilhoso que fez de mim e Max marido e mulher perante a lei. Depois da cerimônia, almoçamos *Schnitzel* com aspargos brancos e cerveja num restaurante simples de Berlim. Depois disso, cheguei a questionar, em segredo, a opção de ter uma segunda cerimônia.

Mas agora que estávamos ali com todo mundo a nossa volta – todas as pessoas que haviam nos acompanhado ao longo da jornada para nos tornar quem éramos agora, todos radiantes de amor e felicidade e muitas lágrimas, de pé, festejando conosco, agitando lenços e batendo palmas –, finalmente entendi por que as pessoas fazem festas de casamento. Por que é muito importante marcar a ocasião com votos de verdade e com as pessoas como testemunhas de seu amor e suas promessas mais íntimas. De pé ali com Max junto às figueiras, tentando não chorar e ouvindo Dave e Tilman nos pedindo que olhássemos as pessoas que tinham vindo de tão longe, de Berlim, Nova York, Jacarta, Los Angeles, Seattle, São Francisco e Bruxelas, percebi, afinal, que não eram uma multidão sem nome ou rosto da qual se deve ter medo. Esta era *a nossa gente*, nossa família, minhas muitas mães, minhas irmãs, minha tribo. E estavam todos ali, naquele lugar distante e difícil de chegar, para testemunhar o nosso amor, chorar conosco, cantar para nós. E estavam ali porque nos amavam, e entender isso foi a sensação mais profunda que já senti na vida.

Entender que era realmente amada, não só por Max, mas por todas as pessoas que me criaram e me acompanharam ao longo do caminho, foi um divisor de águas. Que todas essas pessoas estariam lá, muito depois de a festa acabar, cuidando de nós, participando de nossa vida, ouvindo nossas angústias, comemorando nossas alegrias, foi a mensagem mais importante daquele dia e de toda a minha vida. Max e eu não éramos apenas profundamente abençoados por termos nos encontrado uma segunda vez, por termos recebido essa rara oportunidade de recomeçar, tínhamos também o amor de todas aquelas pessoas.

A única coisa que não tínhamos feito na cerimônia civil em Berlim foi a troca de alianças. Estávamos guardando o momento para a Itália. Dave e Tilman traziam alianças simples de ouro escondidas nos bolsos do paletó e as estenderam para nós depois que nos voltamos um de frente para o outro para dizer nossos votos. Max estava com os olhos cheios d'água, e foi muito difícil não tremer o queixo enquanto o ouvi repetir os votos depois de Dave. Teria sido impossível imaginar nossa história de amor um ano antes, e antes disso minha felicidade parecia completamente fora de alcance. E agora estávamos ali. Então simplesmente segui o combinado, deixei Dave dizer meus votos, fiz o melhor que pude para não chorar e me casei com o amor da minha vida. Quando nos beijamos e nos abraçamos, os convidados se levantaram e aplaudiram. Se eu pudesse ter engarrafado o som, não hesitaria em fazê-lo.

E então foi a hora de comemorar com o champanhe que Pietro tinha trazido de carro de um vinhedo na França e cones de papel artesanal cheios de frutos do mar frescos fritos numa enorme frigideira com óleo nos fundos da casa. As crianças corriam ao redor enquanto as pessoas bebiam e o jardim se enchia de convidados. Depois, meu pai fez um discurso bonito e engraçado, cronometrado perfeitamente para acabar ao pôr do sol. O sol estava baixo no céu, Max tinha os braços em torno de mim, e foi então que olhei para as pessoas e vi todo mundo que ajudou a me criar, que abriu suas famílias para mim, lado a lado com meus amigos de Nova York e a família de Max; e, à mesma mesa, minha mãe em seu novo vestido de seda lilás, meu pai em seu bonito terno azul e minha madrasta, Susan, num vestido dourado, se abraçavam. Minha família. Minhas famílias. Com a música ecoando vale abaixo, dançamos até o sol nascer e depois os *carabinieri* serem chamados por causa do barulho, mas eles foram logo embora depois que entenderam que era só um casamento ("Um casamento! Não tínhamos ideia! *Auguri! Auguri! Scusate!*"), e não uma boate clandestina ao ar livre. Os últimos convidados foram embora com o canto dos pássaros.

Quando tudo acabou, depois que todos passaram para se despedir no dia seguinte – meu pai e Susan a caminho de Roma com a família do irmão, meus amigos voltando para Nova York, meus sogros de carro para Berlim e até Max voltando para trabalhar –, a casa ficou silenciosa. Éramos só eu e minha mãe de novo. Tirei centenas de fotos do sol lançando sua luz noturna especial sobre tudo, como sempre fazia quando vinha à Itália. Fotografei os gatos cochilando na pilha de lenha, o cavalo solitário bebendo num riacho a distância, as telhas de terracota da casa do vizinho, o galpão em que meu avô trabalhava, as figueiras. Então caminhei até o promontório onde ainda estava a tenda vazia e olhei as colinas.

Parecia um sonho que apenas dois dias antes as pessoas tivessem se reunido ali para comer e dançar e comemorar conosco. Vi umas pequenas lantejoulas azuis do vestido de uma amiga na grama, dois cigarros amassados, um garfo perdido, um guardanapo. Peguei esses talismãs e guardei no bolso. Eram como pequenos tesouros, uma prova de que havíamos estado lá.

Sou a garota mais sortuda do mundo, pensei fitando o terreno diante de mim. Por ter tido esse dia, esses dias. Por amar e ser amada. Queria lembrar cada instante do casamento, aquele momento maravilhoso da vida em que todos os meus mundos estavam reunidos num só lugar, quando tinha tudo o que importava ao alcance dos olhos.

E, por fim, também arrumei minhas coisas e fui para casa. Para a cidade em que nasci e onde meu marido me esperava, onde meu coração pulsava mais forte toda vez que chegava a suas ruas cinzentas engraçadas, que sabia ser o meu lugar. Voltei para casa.

Agradecimentos

Ao contrário de muitos escritores de primeira viagem, tive a enorme sorte de já ter um público antes de sonhar em escrever um livro. Então, os primeiros agradecimentos vão para os leitores do blog, sem os quais este livro jamais teria surgido. Obrigada por sempre voltarem para um pouco mais, por seus comentários inteligentes em todos esses anos, por estarem lá comigo, do frango com limão à abobrinha refogada, na hora do sofrimento e da vitória. Vocês me ajudaram a tornar realidade meu sonho de ser escritora.

A minha agente e amiga incomparável, Brettne Bloom, que ofereceu apoio e inspiração inabaláveis ao longo de todo o cozimento de *Minha cozinha em Berlim*. A minha editora, Joy de Menil, que trabalhou incansavelmente para melhorar o manuscrito o máximo possível. Também tenho uma dívida de gratidão com Molly Stern, Laura Tisdel, Jane Cavolina, Clare Ferraro, Roseanne Serra, Hal Fessenden, Carolyn Coleburn, Lindsay Prevette, Lawgan Kingsley, Christopher Russell e Beena Kamlani, da Viking Press.

Obrigada também aos cozinheiros cujas receitas foram adaptadas para o livro e que me mantiveram tão bem alimentada ao longo dos anos: Samuel Chamberlain, Melissa Clark, Andrew Feinberg, Claudia Fleming, Suzanne Goin, Diana Kennedy, Jim Lahey, Jamie Oliver, Jacques Pépin, Deb Perelman, Judy Rodgers, Suvir Saran, Bill Telepan, Paula Wolfert e Alice Waters.

Fui abençoada com a alegria de ter várias famílias. Os Klakow foram os primeiros a me ensinar que o amor transcende a linhagem sanguínea, principalmente Joanie, minha primeira professora na cozinha, minha segunda mãe e minha heroína. Minha tia Laura Gangemi me ajudou a espiar o que havia na panela enquanto seu marido, Pietro, me inspirava na cozinha, assim como os Carloni, Maurizio Catalano, os Crone von Gossler, os Klakow-Kaufhold, os Marsch-Ziegler, os Müller-Stühler, os Wertheimer-Schöning, além de Sepp, Robert e especialmente Kerstin Beuchel.

E nenhuma menção à família poderia estar completa sem Susan Ernst, a pessoa com quem mais gosto de cozinhar e a melhor madrasta que uma menina poderia desejar.

Meus amigos em ambos os continentes que me incentivaram de inúmeras maneiras enquanto eu trabalhava neste livro incluem Jördis Anderson, Stephen Bitterolf, Serena Carloni, Traci Ergün, Cynthia Barcomi Friedman, Becca Gordon, Sylee Gore, Joanna Gröning, Marguerite Joly, Kim Klakow, Liana Krissoff, David Lebovitz, Sharmaine Lovegrove, Sonia Kassel Mandelbaum, Mathias Meyer, Ian Mutch, Ulrike Nicolaus, Julie Rath, Ellen, Steve e Leah Rosenblum, Karen Roth, Gemma Saylor, Bettina Schrewe, Suzan Taher, Yvonne e Philippe Vom Bauer, Gisela Williams, Anna Winger, Molly Wizenberg e Andrea e Scott Zieher.

Gostaria de agradecer especialmente às minha irmãs de coração Jenny Bailly, Betsy Robbins e Teri Tobias pelo amor e pela amizade. Tenho uma sorte incrível de tê-las comigo. Bem como David Bressler, um príncipe entre os homens. Dervla Kelly e Kate Norment me mantiveram de pé com as risadas nos dias escuros. E Tara Austen Weaver, que foi tão generosa com seu sábio olhar editorial.

Obrigada à família Holstein, por me receber com tanto amor.

A Paula Glickman, que, no eufemismo do século, me ajudou a encontrar minha voz. Ela tem minha gratidão eterna.

Uma vez li que os escritores nunca deveriam incluir pessoas mortas em seus agradecimentos, mas os *meus* mortos me mantiveram de pé de tantas formas enquanto escrevia que simplesmente não posso não mencioná-los: Ninì Cosentino, que sempre quis escrever um livro; Ann Weiss, por incutir em mim há muito tempo que cozinhar é amar; e Florian von Buttlar, que comia tudo que saía da cozinha na Bamberger Strasse quando eu estava aprendendo a assar e de quem sinto falta todos os dias.

Acho que o mais difícil é encontrar palavras para agradecer aos que estão mais próximos de nós. Tentei escrever um livro inteiro e ainda não consegui. Então vou simplificar: à minha mãe e ao meu pai, Letizia Cosentino Weiss e Richard Weiss, que são o sol e a lua no meu céu. Obrigada a vocês dois, por tudo.

E, por fim, este livro é dedicado ao meu marido, Max, por seu amor, sua constância e por me ajudar a ser corajosa, a cada passo ao longo do caminho. Ele é a pérola em minha ostra, o amor da minha vida.

Índice remissivo

FSC
www.fsc.org
MISTO
Papel produzido a partir de fontes responsáveis
FSC® C019498

A marca FSC é a garantia de que a madeira utilizada na fabricação do papel deste livro provém de florestas de origem controlada e que foram gerenciadas de maneira ambientalmente correta, socialmente justa e economicamente viável.

Este livro foi composto por Mari Taboada em Dante Pro 11,5/16 e impresso em papel offwhite 70g/m² e cartão triplex 250g/m² por Geográfica Editora em setembro de 2013.